新・分県登山ガイド

12

東京都の山

東京都山岳連盟

新・分県登山ガイド

12

東京都の山

目次

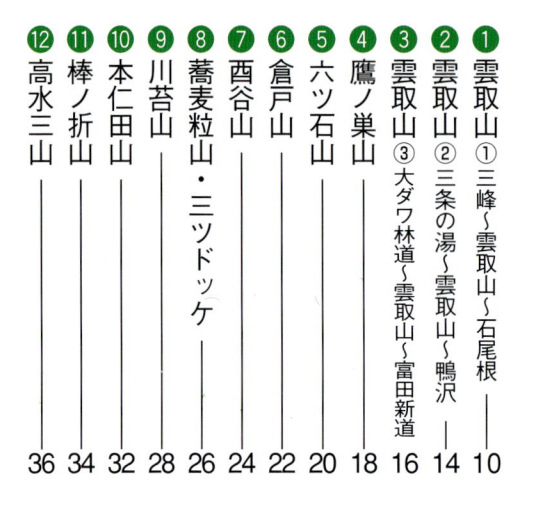

東京都の山全図

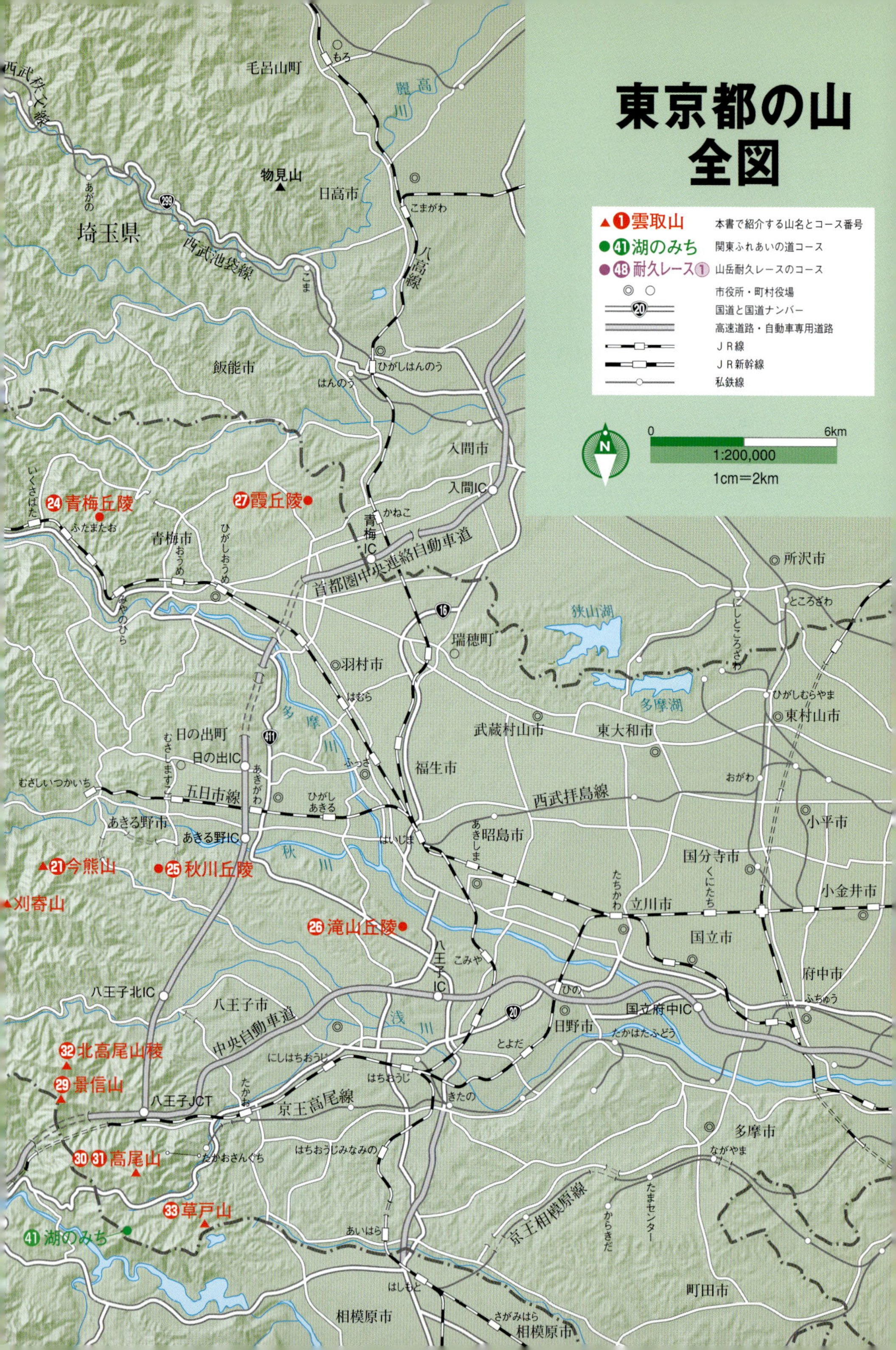

▲①雲取山 本書で紹介する山名とコース番号
●㊶湖のみち 関東ふれあいの道コース
●㊽耐久レース① 山岳耐久レースのコース
市役所・町村役場
国道と国道ナンバー
高速道路・自動車専用道路
ＪＲ線
ＪＲ新幹線
私鉄線
N
0
6km
1:200,000
1cm＝2km
埼玉県
毛呂山町
西武秩父線
あがの
物見山
日高市
もろ
高麗川
こまがわ
西武池袋線
こま
八高線
飯能市
ひがしはんのう
はんのう
入間市
入間IC
いくさばた
㉔青梅丘陵
ふたまたお
青梅市
おうめ
ひがしおうめ
みやのひら
㉗霞丘陵
かねこ
青梅IC
首都圏中央連絡自動車道
所沢市
ところざわ
にしところざわ
狭山湖
多摩湖
瑞穂町
羽村市
はむら
多摩川
ひがしむらやま
東村山市
武蔵村山市
東大和市
日の出町
日の出IC
むさしますこ
むさしいつかいち
五日市線
あきがわ
ひがしあきる
ふっさ
福生市
西武拝島線
おがわ
小平市
あきる野市
あきる野IC
はいじま
あきしま
昭島市
秋川
▲㉑今熊山
●㉕秋川丘陵
▲刈寄山
国分寺市
くにたち
小金井市
たちかわ
立川市
国立市
㉖滝山丘陵●
八王子IC
こみや
府中市
ふちゅう
八王子北IC
八王子市
中央自動車道
浅川
ひの
日野市
国立府中IC
たかはたふどう
とよだ
㉜北高尾山稜
㉙景信山
にしはちおうじ
はちおうじ
たかお
八王子JCT
京王高尾線
きたの
多摩市
ながやま
㉚㉛高尾山
たかおさんぐち
はちおうじみなみの
㉝草戸山
㊶湖のみち
京王相模原線
たまセンター
からきだ
あいはら
はしもと
相模原市
さがみはら
町田市

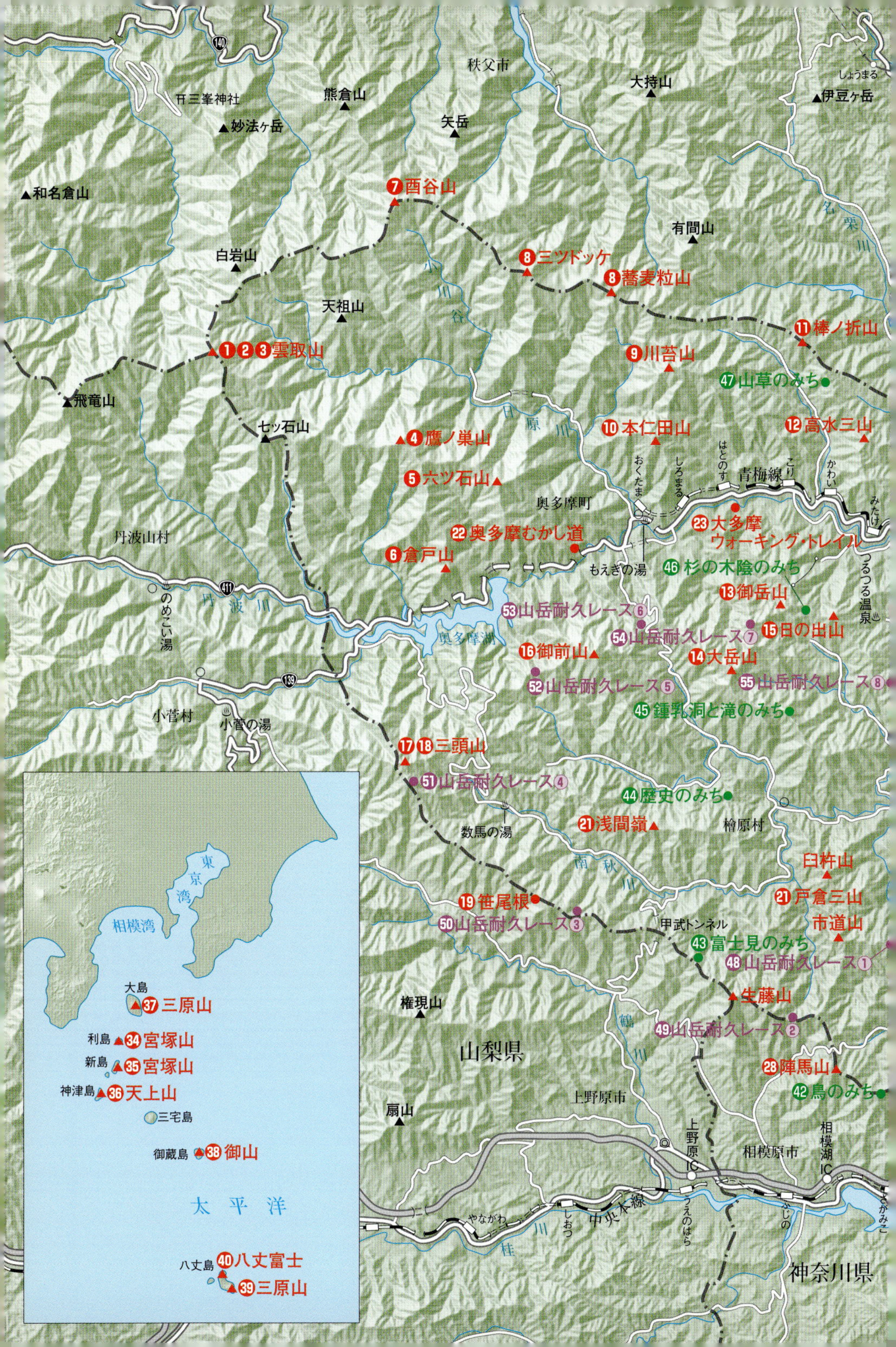

140
秩父市
大持山
しょうまる
伊豆ヶ岳
三峯神社
熊倉山
妙法ヶ岳
矢岳
和名倉山
7 酉谷山
有間山
名栗川
白岩山
8 三ツドッケ
8 蕎麦粒山
小川谷
天祖山
11 棒ノ折山
1 2 3 雲取山
9 川苔山
47 山草のみち
飛竜山
七ッ石山
日原川
4 鷹ノ巣山
10 本仁田山
12 高水三山
5 六ツ石山
おくたま
しろまる
はとのす
こり
かわい
青梅線
みたけ
奥多摩町
23 大多摩ウォーキング・トレイル
丹波山村
22 奥多摩むかし道
6 倉戸山
もえぎの湯
46 杉の木陰のみち
411
のめこい湯
丹波川
13 御岳山
つるつる温泉
53 山岳耐久レース 6
奥多摩湖
54 山岳耐久レース 7
15 日の出山
16 御前山
14 大岳山
52 山岳耐久レース 5
55 山岳耐久レース 8
139
45 鍾乳洞と滝のみち
小菅村
小菅の湯
17 18 三頭山
51 山岳耐久レース 4
44 歴史のみち
数馬の湯
21 浅間嶺
檜原村
南秋川
臼杵山
19 笹尾根
21 戸倉三山
50 山岳耐久レース 3
甲武トンネル
市道山
43 富士見のみち
48 山岳耐久レース 1
生藤山
権現山
鶴川
49 山岳耐久レース 2
山梨県
28 陣馬山
42 鳥のみち
上野原市
扇山
上野原IC
相模原市
相模湖IC
中央本線
やながわ
しおつ
うえのはら
ふじの
さがみこ
桂川
神奈川県
東京湾
相模湾
大島
37 三原山
利島
34 宮塚山
新島
35 宮塚山
神津島
36 天上山
三宅島
御蔵島
38 御山
太平洋
八丈島
40 八丈富士
39 三原山

「日本百名山」で大人気の雲取山山頂。展望もすばらしい山頂から富士山を望む

概説——東京都の山に登る

社団法人
東京都山岳連盟副会長
本木總子

天を突く高層ビル群が建ち並び、メガロポリスのイメージが優先する首都東京であるが、1200万都民の大半が暮らす都市部を一歩出ると、驚くほど豊かな自然が息づいている。週末ともなれば、この貴重な東京の自然を求めて、数多くの登山者や行楽客の姿が見られる。本書はその東京の自然を紹介し安全かつ楽しく歩くためのコース案内書である。

東京都は東西に長く広がり、東京湾に面した平野から西へのびる丘陵地帯が多くの面積を占めている。地図を都心から北西にたどれば、山梨県、埼玉県、神奈川県と接し、「日本百名山」のひとつである雲取山《くもとりやま》を主峰とした奥多摩《おくたま》の峰々とその前衛の丘陵地帯、そして都民のいこいの場として親しまれている高尾《たかお》山周辺の山々が集まっている。また、火山島が列なる伊豆《いず》諸島の山も、東京都の山として忘れてはならない存在だ。

■山域の特徴

●奥多摩の山々　秩父《ちちぶ》多摩《たま》甲斐《かい》国立公園に属する山々で、火山がまったくないことも大きな特徴である。喧騒にみちた都心から2〜3時間ほどのところにあるにもかかわらず、緑したたる豊かな森林と深く切れこんだV字谷は時として深山幽谷の趣さえ感じられる。

奥多摩は多摩川源流の山域とその支流である秋川《あきがわ》流域の山域に分けられる。まず多摩川源流の山には、東京都の最高峰である雲取山（2017メートル）を筆頭に鷹《たか》ノ巣山《すやま》、六《む》ツ石山《いしやま》がある。いずれも多摩川

大岳山〜御岳山のコース上にある七代ノ滝

奥多摩三山のひとつとして訪れる登山者も多い大岳山

絶景の鳩ノ巣渓谷。雲仙橋からは四季折々の風情が美しい

砂漠風景が珍しい神津島・天上山の裏砂漠

に平行する石尾根《いしおね》に連なる山々で、比較的標高の高い山が多い。

この石尾根とは多摩川支流の日原川《にっぱら》をはさんで対峙する山々の連なりが埼玉県境でもある長沢背《ながさわはい》稜《りょう》で、酉谷山《とりだにやま》、三《み》ツドッケ、蕎麦《そば》粒山《つぶやま》などが続く。いずれも険しく登りがいがある山々だ。埼玉県境の尾根はさらに川苔山《かわのりやま》、本仁田山《ほにたやま》、棒《ぼう》ノ折山《おれやま》、高水三山《たかみずさんざん》と標高を下げながら続いている。

一方、秋川流域の山々には、三《み》頭山《とうさん》、御前山《ごぜんやま》、大岳山《おおだけさん》をはじめ、御岳山《みたけさん》、日の出山、笹尾根、浅間嶺、戸倉三山《とくらさんざん》、今熊山《いまくまやま》などがある。いずれも1000メートルを超え、眺望がよいのが特徴だ。なかでも奥多摩三山として人気があるのが、都民の森としてよく整備された三頭山、カタクリの群落がある御前山（花の時期を中心に都岳連自然保護委員会が保護活動を行っている）、尖峰が特徴の大岳山などで、訪れる人が多い。平成5年からはじまった東京都山岳連盟主催の「日本山岳耐久レース」は、この秋川流域を囲む山々である今熊山から生藤山《しょうとうさん》、三頭山、御前山、大岳山、御岳山、日の出山を結ぶ約71・5キロが舞台となっている。

本書では触れていないが、奥多摩には谷も多く、沢登りの場としても名高い。多くの滝をかけてほとばしる清流は、特に夏、登山者にさわやかな涼を与えてくれる。

森の中ではサルやシカなどの姿を見かけることも多い。登山道はおおむねよく整備されているが、起伏に富み、チャートや石灰岩の露岩も多く、雨に濡れると滑りやすい。その石灰岩が溶食されてできた鍾乳洞がいくつかあるので、山行の途中に立ち寄って見学する

桜の季節にはにぎわう明王峠

鳩ノ巣小橋付近の紅葉はことのほか美しい

芥場峠(大岳山〜御岳山)付近の新緑

のも楽しい。また、山麓では温泉の開発も進み、日帰り温泉の施設も充実してきたので、山の帰りの楽しみが増えている。

●高尾山周辺の山　都民に最も親しまれている明治の森高尾国定公園の高尾山、そして高尾山から景《かげ》信山《のぶやま》、陣馬山《じんばさん》にいたる山稜は、いずれも1000㍍に満たない山々だが、都心から1時間というアプローチと高尾山にかかるケーブルやリフトのおかげで登りやすく、常ににぎわっている。穏やかな尾根は明るい草原や林が続き、山道はよく整備されており、四季折々の花を愛で、また小鳥のさえずりに耳を傾けてのんびり歩くのに適している。春や秋には遠足に来た子供たちの歓声が聞かれ、春の花見を皮切りに一年を通じて家族連れや、老若男女幅広い年齢層の人々が訪れ、まさに都民の憩いの山、癒しの場にふさわしい山域といえる。一方、高尾山周辺でも北山稜や南山稜は標高が低いながら起伏に富み、訪れる人も比較的少なく、静かな山歩きが楽しめる。

なお、この山域で裏高尾の小下《こげ》沢《さわ》キャンプ場跡から景信山にかけて、森林を再生しようと日本山岳会が「高尾の森」つくり事業に積極的に取り組んでいる。

●島嶼部の山　本書では伊豆七島のうち、噴火活動が完全におさまっていない三宅島《みやけじま》を除き、利島《としま》、新島《にいじま》、神津島《こうづしま》、大島《おおしま》、御蔵島《みくらじま》、八《はち》丈島《じょうじま》の6島をとりあげた。いずれも富士箱根伊豆国立公園に属しており、火島活動でつくられた自然豊かな島である。南国的な気候とともに、風光明媚なことから夏には多くの観光客を迎えている。

それぞれ島の中ほどに標高400〜800㍍の火山がある。溶岩流や爆裂火口、砂漠などが随所に見られ、奥多摩や高尾の山とはまったく異なる登山が楽しめる。足もとの悪いところもあるが、たどり着いた山頂からの眺望はさえぎるものがなく絶景！「すばらしい」の一語につきる。

島へのアプローチは客船、ジェット船、飛行機などだが、便数が少ない上、天候に左右されて運行できないこともある。島の観光やマリンスポーツと合わせて、ゆったりした日程で登山を計画するのが望ましい。

なお、御蔵島では自然保護のため、登山にはガイドの同行が義務付けられており、案内なしでの登山は禁じられている。事前に問い合わせてから出発したい。

■本書執筆にあたって

本書は(社)東京都山岳連盟に加盟している約260の山岳会によびかけて有志を募り、29の山岳会が分担して執筆したものである。それぞれ得意の山域を担当したうえで、調査と写真撮影に何度か現地を訪れ、読者の皆様に喜んでいただけるよう、心をこめて執筆した。多数の執筆者が参加していることで、やや統一性にかける面があることはご容赦いただきたい。
紹介した山岳・コースは、奥多摩、高尾、島嶼部の山域のほか、「武蔵野のおもかげ」を残すいくつかの丘陵歩きコースや、歴史をしのぶ「むかし道」、さらには「関東ふれあいの道」の東京都内7ルート、「日本山岳耐久レース」を分割した8コースも取り上げた。一部で山岳・コースが重複しているが、同じ山を違うルートや観点で登る楽しさとともに、ひと味違う山のよさを発見できるのではないだろうか。

いずれの山に登るにも、油断は禁物。安全登山を第一に心がけてほしい。事前にコースをよく調べ、綿密な計画を立て、充分な装備を調えた上で、天候を見極めて出発してほしい。

山を愛してやまない私たちと同じように、本書の読者ひとりひとりが非日常の一日あるいは数日を、山に登ることによって、清々しい空気を満喫してリフレッシュ、明日への鋭気を養うことのお手伝いができたら幸いに思う。

東京都山岳連盟が主催する「日本山岳耐久レース」のスタート風景

本書の使い方

●日程　都内主要ターミナルを起点に、アクセスを含めて、初級クラスの登山者が無理なく歩ける日程としています。

●体力度ランク　は歩行時間が4時間前後までで、登高差もあまりないコース。は5時間以上の歩行時間を要し、500mを超える標高差があるコース、は7時間以上の歩行時間を要し、1000mを超える標高差があるコースで、体力に自信のある人のみが歩けるコースです。本書で紹介する山岳では、このが最高ランクとなります。

●危険度ランク　はコース上に岩場やすべりやすいコースがなく、比較的安全に歩けるコース。は一部に岩場やすべりやすいコースがあるものの、滑落や落石、転落の危険度が低いコース。は困難で危険度の高い岩場の通過や沢登りの技術が必要なコースです。は単独行や初心者は避けて下さい。本書で紹介する山岳では、このが最高ランクとなります。

●歩行時間　登山の初心者が無理なく歩ける時間を想定しています。ただし、休憩時間は含みません。

●歩行距離　2万5000分ノ1地形図から算出したおおよその距離を紹介しています。

●累積標高差　2万5000分ノ1地形図から算出したおおよその数値を紹介しています。プラスは登りの総和、マイナスは下りの総和です。

●登山適期　登山の初心者が無理なく快適に歩ける季節を適期として紹介しています。

2月 3月 4月 5月 6月 7月 8月 9月 10月 11月 12

不快だったり、危険な時期　　快適に登れる時期

●山岳の特徴

紹介山岳の総合評価＝人気度、展望、花、森、コースの状況などを総合して4段階に評価しています。

コース上や山頂からの展望のよさを3段階に分けて紹介しています。

は展望が得られないコースです。

は花、は新緑、は紅葉が楽しめるコースです。は登・下山口周辺に宿泊施設があるコース、はコース上に休憩所や茶店があるコース。はコース周辺にキャンプ場があるコースです。

●付近の観光

は温泉、は神社・仏閣・その他の観光ポイント、は名物料理、は特産品、は歴史スポット、は博物館や美術館などがあることを示します。

写真＝アメニティ・アルパイン・クラブ　山岳写真ASA　奥多摩山岳会　聖稜倶楽部
ソニー山岳部　東京野歩路会　JMC高嶺会　日本山岳耐久レース長谷川CUP事務局

1

雲取山①

三峰～雲取山～石尾根

雲取山を目指す最も古くて長い上級コース

くもとりやま　2017・1m

一等三角点

山岳の特徴

付近の観光

↑一等三角点の雲取山山頂。展望はすばらしく、特に富士山の好展望台として人気が高い。南側からは石尾根の向こうに奥多摩の山々も見わたせる

←五十人平から雲取山山頂(左)と小雲取山(右)を振り返る

鷹ノ巣山から大岳山(左)と御前山(右)を見る

秩父《ちちぶ》側の三峯《みつみね》神社から雲取山を目指すコースを紹介しよう。雲取山荘に1泊し、翌朝に山頂に立ったあとは、石《いし》尾根を奥《おく》多摩《たま》駅に下る、1泊2日のロングコースである。

第1日　土曜・休日は西武《せいぶ》秩父発三峯神社行きのバス（所要1時間15分）を、平日は秩父湖からのバスを利用する。バスの終点、**三峯神社バス停**がある三峰観光道路駐車場から土産物店街に出て、**奥宮《おくみや》入口**の分岐から登山道に入る。時間が早ければ、三峯神社に参拝していってもよいだろう。

雑木林の坂道を登り、植林に囲まれた二股桧《ふたまたひのき》へ。さらに登りを続けると平坦な道となり、奥宮への道を分け、少し先で小広い炭焼平《すみやきだいら》となる。再び登りとなり、尾根通しに行くと地蔵《じぞう》峠だ。その上は大《おお》洞《ほら》川方面が開けて、両神山《りょうかみさん》がよく見える。その先が**霧藻《きりも》ケ峰《みね》**で、露岩に山名をつけられた秩父宮夫妻のレリーフがある。古いがトイレと休憩所もあり、休日には宿泊もできる。

小屋の先から木の根や岩角の出た急な下りを行けばお清平《きよだいら》だ。太《たい》陽寺《ようじ》からの道が合流する。ここから先はこのコースで最も急な登り

コースの難易度	
体力度	危険度
●●●○	●●○○
1泊2日	
歩行時間:	第1日＝4時間40分
	第2日＝7時間15分
歩行距離:	第1日＝9.5km
	第2日＝21.0km
	総　計＝30.5km
累積標高差:	第1日＝＋1420m
	−620m
	第2日＝＋874m
	−2361m
	総　計＝＋2294m
	−2981m

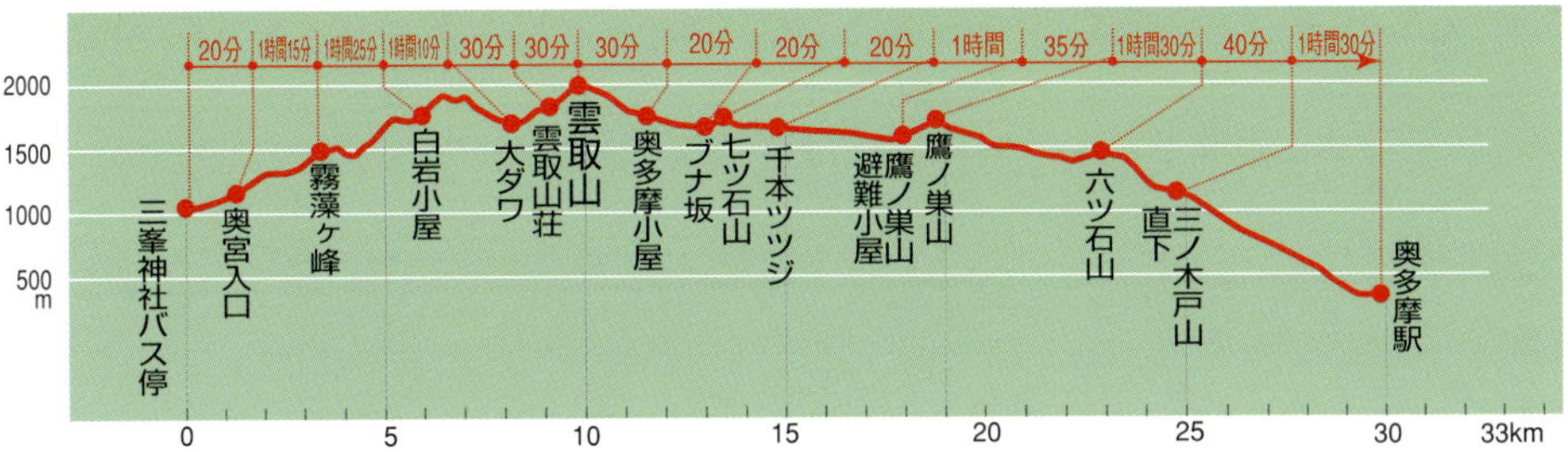

1月 2月 3月 4月 5月 6月 7月 8月 9月 10月 11月 12月

で、足場を岩角に求めてがんばり、緩急の登りを繰り返すと針葉樹林帯の肩に出る。奥秩父《おくちちぶ》特有の原生林の中を緩く登ると前白岩山《まえしらいわやま》。富士山も望まれる。

緩い下りを少しで**白岩小屋**に着く。古い小屋だが宿泊もできる。再び登りとなるが、傾斜は緩く、ダケカンバが出てくると平坦となり、木立に覆われた白岩山の山頂である。

白岩山からは、緩く下って、少しで都県境の長沢背稜《ながさわはいりょう》のピーク、芋《いも》ノ木《き》ドッケに着く。ここからは主稜線の北側を巻いていくが、足もとから切れ落ちている。

やがて長沢背稜からのルートを左から合わせ、南面の日原《にっぱら》側に移り、緩く巻いていくと、**大《おお》ダワ**で日原川からのルートが合う。雲取山荘へは尾根通しと巻道があるが、どちらを行っても大差はない。朽ちた雲取ヒュッテをすぎてほどなく、きれいな**雲取山荘**に着く。

第2日　快適な**山荘**をあとに、原生林の中をひたすら登っていく。30分ほどで、東京都の最高峰、**雲取山**の山頂に出る。北側を除けば展望は申し分ない。南に重畳と連なる奥多摩の山々、そして西に、とりわけ富士山の姿が印象的だ。

ここから先は、下りとはいえ行程は長いので、展望を楽しんだら、早々に下山にかかろう。山頂南側の避難小屋の横から南東にのびる石《いし》尾根を下る。幅広い尾根通しに、小《こ》雲取山をすぎ、防火帯の急な斜面を下ると、左手に**奥多摩小屋**がある。管理人も常駐しているが、自炊での宿泊小屋である。

なだらかな尾根筋を、右手に丹《たん》沢《ざわ》、富士山、南アルプスと、展望を楽しみながら下ると、鴨沢《かもさわ》道と

■登山シーズン

4～5月の新緑、10～11月の紅葉の時期が最適。積雪期はかなりハードなコースとなるため一般的ではない。標高が2000mを越えるので、盛夏に登る人も少なくない。ただし、この場合は暑さ対策を充分に。

■ワンポイント・アドバイス

＊土・日曜、祝日の入山は、西武秩父駅から出る三峯神社行きの西武観光バスを利用する。平日は秩父湖から三峯神社へのバスが出る。下山は、奥多摩駅からJR青梅線を利用して都心方面へ。

＊天候の悪化や体調不良で下山する場合は、雲取山山頂からは往路を戻るのがベスト。三条の湯を経由してお祭からバスで奥多摩駅に向かうコースもあるが、三条の湯からの林道歩きが長い。石尾根に入ってからは②④⑤コースを参照のこと。

快適な鷹ノ巣山避難小屋

■問い合せ

大滝観光協会☎0494-55-0707、奥多摩町役場☎0428-83-2111、西武観光バス☎0494-22-1635、秩父鉄道☎048-523-3313、西東京バス☎0428-83-2126、雲取山荘☎0494-23-3338、町営雲取奥多摩小屋☎0428-83-2112、白岩小屋☎0494-23-3338、七ツ石小屋☎0428-86-2191

■2万5000図

三峰・秩父・雲取山・武蔵日原・丹波・奥多摩湖

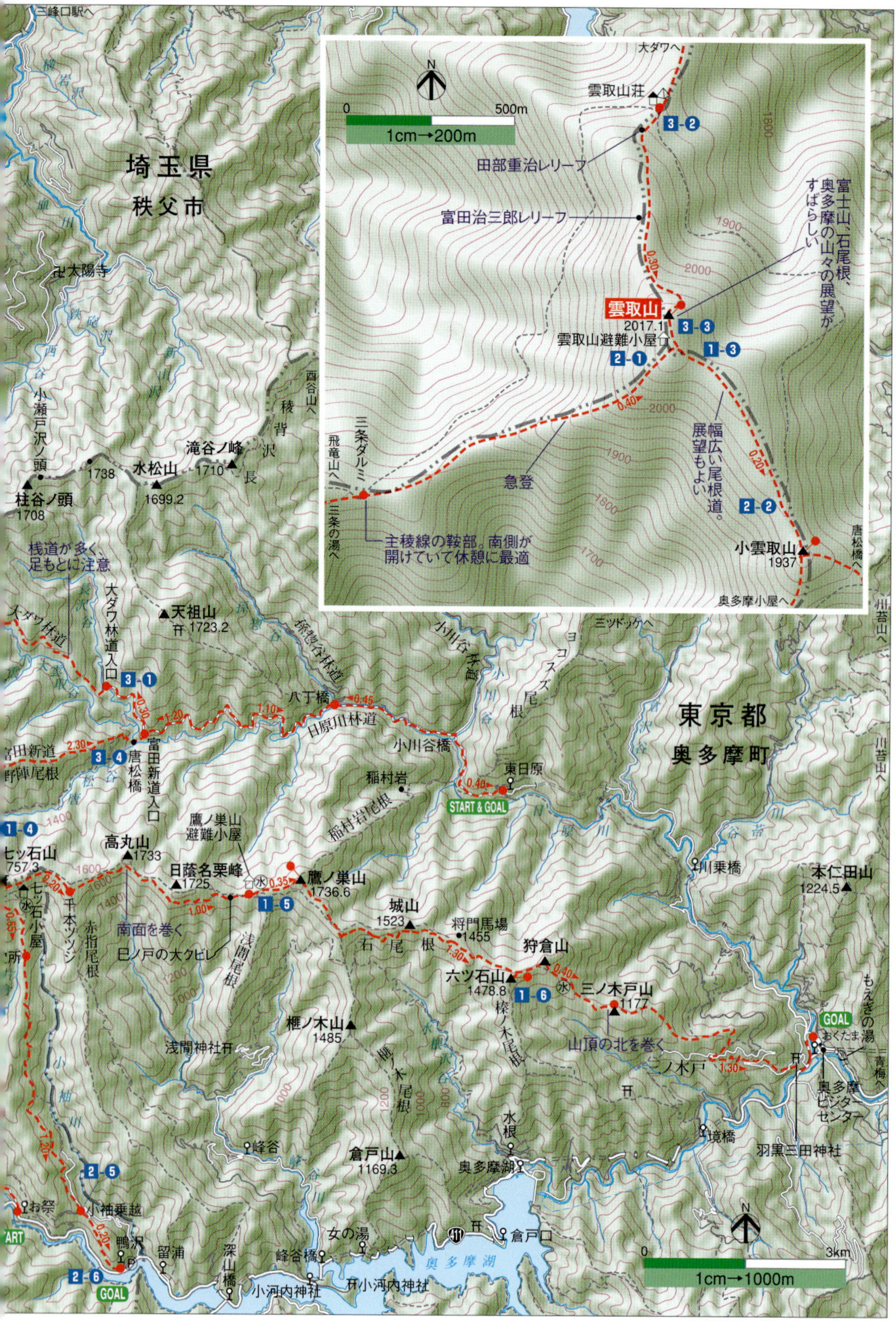
三峰口駅へ
大ダワへ
雲取山荘
0 500m
1cm→200m
田部重治レリーフ
富田治三郎レリーフ
富士山、石尾根、奥多摩の山々の展望がすばらしい
雲取山
2017.1
雲取山避難小屋
3-2
3-3
1-3
2-1
2-2
三条ダルミ
飛竜山へ
三条の湯へ
急登
幅広い尾根道。展望もよい
主稜線の鞍部。南側が開けていて休憩に最適
小雲取山
1937
唐松橋
奥多摩小屋へ
埼玉県
秩父市
太陽寺
小瀬戸沢ノ頭
1738
水松山
1699.2
滝谷ノ峰
1710
柱谷ノ頭
1708
桟道が多く、足もとに注意
大ダワ林道
大ダワ林道入口
3-1
天祖山
1723.2
八丁橋
日原川林道
小川谷林道
三ツドッケへ
東京都
奥多摩町
小川谷橋
東日原
稲村岩
稲村岩尾根
START & GOAL
富田新道
富田新道入口
唐松橋
3-4
野陣尾根
1-4
七ツ石山
1757.3
七ツ石小屋
高丸山
1733
日蔭名栗峰
1725
鷹ノ巣山避難小屋
鷹ノ巣山
1736.6
1-5
千本ツツジ
赤指尾根
南面を巻く
巳ノ戸の大クビレ
浅間尾根
城山
1523
将門馬場
1455
石尾根
狩倉山
六ツ石山
1478.8
1-6
三ノ木戸山
1177
山頂の北を巻く
榧ノ木山
1485
榧ノ木尾根
浅間神社
三ノ木戸
本仁田山
1224.5
川乗橋
もえぎの湯
GOAL
おくたま湯
奥多摩ビジターセンター
境橋
羽黒三田神社
水根
奥多摩湖
峰谷
倉戸山
1169.3
2-5
お祭
小袖乗越
鴨沢
2-6
GOAL
留浦
深山橋
峰谷橋
女の湯
倉戸口
小河内神社
奥多摩湖
0 3km
1cm→1000m

日原川方面への道が交差しているブナ坂である。

　行く手のカラマツの林に囲まれた斜面を登りきると七ツ石山《ななついしやま》に登り着く。振り返ると雲取山への稜線が美しい。ここから長い石尾根がはじまる。少し下った左に古い七ツ石神社があり、その先に由来を彫ったらしい石があるが、読みとれない。

　右へ七ツ石小屋への道を2本分けて、登山道は石尾根の南斜面を巻くようになる。尾根通しには防火帯がつけられているが、登山道ではない。

　千本《せんぼん》ツツジで峰谷への赤指《あかざす》尾根を分け、高丸山《たかまるやま》、日蔭名栗峰《ひかげなぐりみね》を巻いて、巳《み》ノ戸《と》ノ大《おお》クビレの先に**鷹《たか》ノ巣山《すやま》避難小屋**がある。巻道を右に分け、尾根通しに登ると石尾根の中央に位置する**鷹ノ巣山**山頂である。展望も申し分なく、北側の日原へ稲村岩《いなむらいわ》尾根コースがある。

　山頂から南東へ、尾根通しに下ると巻道に入り、水根山《みずねやま》から倉戸《くらと》山《やま》、奥多摩湖《おくたまこ》方面への榧《かや》ノ木《き》尾根が分岐している。その先で再び倉戸山への分岐があり、城山《しろやま》の南面を巻くようになる。

　将門馬場《まさかどばば》の手前で尾根に上がる道を分けるが、展望もなく急である。その先は馬場といってもまばらな雑木林の平坦地で、巻道は尾根筋を越えて六《む》ツ石山《いしやま》の北側を行く。再び尾根上に出ると**六ツ石山**へ往復する道を分岐する。小さな山だが、石尾根最後のピークで、展望もよい。

　縦走路は防火帯を下るようになり、**三《さん》ノ木戸山《きどやま》**の北側を巻いて植林帯に入る。赤土が雨水で削られ、歩きにくい箇所もある。下り一方の行程は、やがて車道に下り着く。あとは舗装道路をたどればよいが、途中でショートカットの道標もあるので利用できる。民家の間を下るとバス通りに出る。左へ最初の信号を渡って氷川《ひかわ》大橋を渡り、次の信号を左へ緩く登れば**奥多摩駅**である。

チェックポイント

❶コース起点の三峯神社。宿坊や休憩施設もある

❷白岩山1776㍍山頂。シカに出会うこともある

❸雲取山山頂から下山路の石尾根と奥多摩の山々を見る

❹七ツ石山山頂。通ってきた雲取山山頂が美しい

❺石尾根のコース途上から城山を望む

❻カラマツに囲まれた六ツ石山山頂

奥多摩山岳会＝出口　當（文と写真）

日の出直後の雲取山山頂。富士山や南アルプスの展望が広がる

2

いで湯から登る東京都の最高峰

雲取山

くもとりやま　2017・1m

山岳の特徴

付近の観光

② 三条の湯〜雲取山〜鴨沢

一等三角点

コースの難易度	
体力度	危険度

1泊2日	
歩行時間:	第1日＝3時間30分
	第2日＝6時間30分
歩行距離:	第1日＝9.5km
	第2日＝16.0km
	総　計＝25.5km
累積標高差:	第1日＝＋650m
	−70m
	第2日＝＋1188m
	−1735m
	総　計＝＋1838m
	−3643m

ブナ坂に向かって石尾根を下る

雲取山は、標高が2000メートルを超え、東京都で最も高い山である。また、埼玉県や山梨県との都県境に位置し、多くの人に愛されている山でもある。都心から登る場合、日帰りは難しいので、1日目はゆっくりと三条《さんじょう》の湯《ゆ》に泊まり、2日目に山頂を目指すことにしよう。

第1日　奥多摩《おくたま》駅から丹波《たば》行きのバスに乗り、**お祭《まつり》**で下車する。丹波方面に少し進むと、右手に後山《うしろやま》林道の入口が現れる。この林道を3時間ほど歩いて**林道終点**まで行くと、その先に緑豊かな山道が続いている。川の流れも間近となり、小さな橋を渡って、緩やかな山道を30分ほど行くと、左手にテント場、正面に**三条の湯**が見えてくる。明日の山頂に思いをはせながら温泉につかり、疲れをいやそう。

第2日　翌朝、三条の湯で水を補給し、水無《みずなし》尾根を登る。木々に覆われた登山道は、春の新緑、秋の紅葉、そして野鳥のさえずりと、さまざまな形で私たちを楽しませてくれる。

傾斜が緩やかになってくれば、三条《さんじょう》ダルミまでもうすぐである。**三条ダルミ**は晴れていれば景色がよいので、休憩には好適だ。

三条ダルミのすぐ先で出合う分岐を右に進み、40分ほど登れば雲取山頂避難小屋が見えてくる。避難小屋の北側の高みが、一等三角点の**雲取山**山頂である。広い山頂では思い思いに休憩をとる登山者の姿が見られる。

下山は、避難小屋から小雲《こ》取山を経由し、石《いし》尾根を下る。展望のよい尾根で、遠くの山々まで見わたせて気持ちがいい。途中、**奥多摩小屋**を通過し、充分に景色を楽しんでいるうちに、**ブナ坂《さか》**の分岐に着く。まっすぐ行けば七《なな》ツ石山《いしやま》、左に行けば唐松《からまつ》林道となる。今回は右に進み、鴨沢《かもさわ》へ下る。

七ツ石山からの分岐をすぎ、しばらく下れば**堂所《どうどころ》**。そして小袖《こそで》の集落を左下に見下ろせば、**小袖乗**

越は近い。いったん車道に出て数百㍍行き、再び山道を下れば**鴨沢**バス停はすぐである。

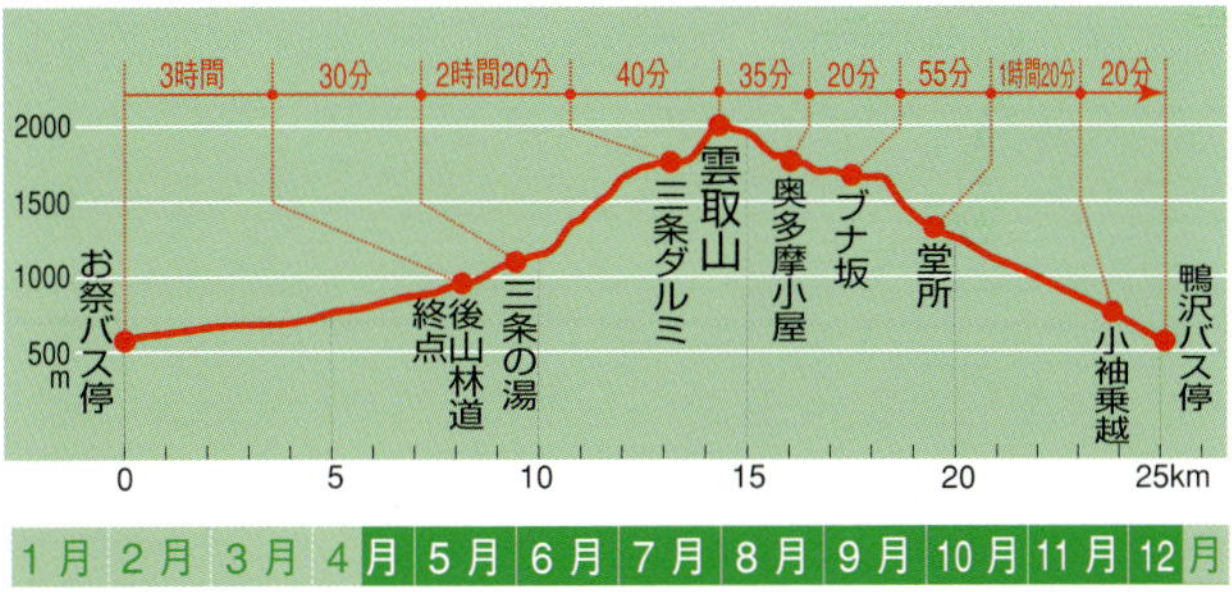

＊コース図は12・13㌻も参照

チェックポイント

❶雲取山避難小屋

❷石尾根を下る

❸町営奥多摩小屋

❹ブナ坂の分岐点

❺小袖林道の登山口

❻鴨沢バス停

■登山シーズン

新緑の４月下旬～６月と、紅葉の時期の10月～11月中旬は快適に登山が楽しめる。７～８月は高山植物が楽しみだが、石尾根に日陰が少ないため、紫外線対策や暑さ対策が必要である。12～３月は冬山となる。年によっては４月になっても残雪があったり、道が凍結していることもあるので注意が必要。

■ワンポイント・アドバイス

＊登山口へのアクセスは、新宿駅から特別快速を利用し、約27分で立川駅へ。青梅線快速に乗り換え、約１時間10分で奥多摩駅に着く。ここでバスに乗り換え、お祭へ。所要は約45分。奥多摩駅発丹波行きのバスは日に数本しかないので、事前に西東京バスに問い合わせておくとよい。また、後山林道終点までタクシーで入ることもできる。

＊後山林道終点には10台ほど駐車可。下山口への車の手配ができる場合、マイカーも便利。

＊下山時は鴨沢からバスで奥多摩駅へ。所要約40分。鴨沢から10分ほど歩いた留浦まで行くと奥多摩行きバスの本数が多くなる。

三条の湯

■問い合せ

西東京バス☎0428-83-2126、京王自動車氷川営業所（タクシー）☎0428-83-2158、三条の湯☎0428-88-0616、町営雲取奥多摩小屋☎0428-83-2112

■2万5000図

丹波・雲取山

奥多摩山岳会＝髙橋智子（文と写真）

3

東京都の最高峰を東京都側コースで周遊する

雲取山

くもとりやま　2017・1m

山岳の特徴―

付近の観光―

一等三角点

③ 大ダワ林道～雲取山～富田新道

コースの難易度	
体力度	危険度
1泊2日	
歩行時間:第1日＝5時間35分	
第2日＝5時間10分	
歩行距離:第1日＝14.5km	
第2日＝14.0km	
総　計＝28.5km	
累積標高差:第1日＝＋1519m	
－135m	
第2日＝＋245m	
－1629m	
総　計＝＋1764m	
－1764m	

明るい防火帯越しに雲取山山頂を望む

秋の富田新道上部

紅葉が映える日原林道

紹介するコースは、雲取山を東京都側から目指す際のメインコースである。行き帰りに単調な林道歩きこそ伴うが、日原《にっぱら》川の源流部を囲むように周遊するため、多様な変化が楽しめて、無理なく雲取山の魅力に触れることができる。1泊2日で歩いてみよう。

第1日　終点の**東**《ひがし》**日原バス停**で下車し、車道なりに進む。小川谷《おがわだに》橋の対岸で左折し、長い日原林道がはじまる。右に孫惣谷《まぐそだに》林道を分け、**八丁**《はっちょう》**橋**を渡ると、すぐ先で天祖山《てんそざん》登山口、次いで車両用ゲートを見送る。なおも坦々と歩き続けて、左に唐松谷《からまつだに》林道の入口でもある**富**《とみ》**田**《た》**新道入口**をすぎ、ようやく**大**《おお》**ダワ林道(登山道)の入口**に達する。

いったん下って木橋で長沢《ながさわ》谷を渡り、しばらく急登すれば二軒小《にけんご》屋《や》尾根の背に出る。ここからはおおむね緩やかな道が、大雲取《おおくもとり》谷の左岸沿いに続く。

支沢の横断をいく度か数えるうちに、いつしかイチイの巨木を見て**大ダワ**にいたる。ここにはベンチがあり、北より芋《いも》ノ木《き》ドッケ方面の道が合わさる。南へ向かう道は尾根道と東側の巻道の二手に分かれている。どちらをとっても大差なく、宿泊先の**雲取山荘**までは、ほんの一投足の距離である。山荘付近には幕営指定地のほか、水洗トイレもある。

第2日　出発前に充分な量の水を確保しておきたい。小屋をあとに西面と東面の巻道を順次見送り、原生林下の急登にひと汗かけば、眺望の優れた**雲取山**山頂である。

下山は南寄りにある避難小屋の前からはじまる。石《いし》尾根の明るい縦走路をたどり、**小**《こ》**雲取山の肩**から東へ富田新道に入る。右に石尾根への巻道を見送り、明るいカラマツ林と下生えの小ザサが気持ちよい道を行く。黒木の針葉樹林がいかにも深山らしく、またカンバ林も2カ所で見られる。3本の林班界標を目にするまでは、おしなべて緩やかな尾根筋で、快適この上なく歩調もはかどるだろう。

広葉樹林にアセビの木が目立つようになったら、やがて尾根筋を離れ、舟窪状の地形から右寄りに下っていく。ブナ坂にいたる唐松谷林道の分岐点をすぎてしばらくで唐松橋(吊橋)を渡る。急坂を登り返して日原林道の**富田新道入口**に出れば、あとは往路を**東日原**へと戻るだけである。

＊コース図は12・13ページも参照

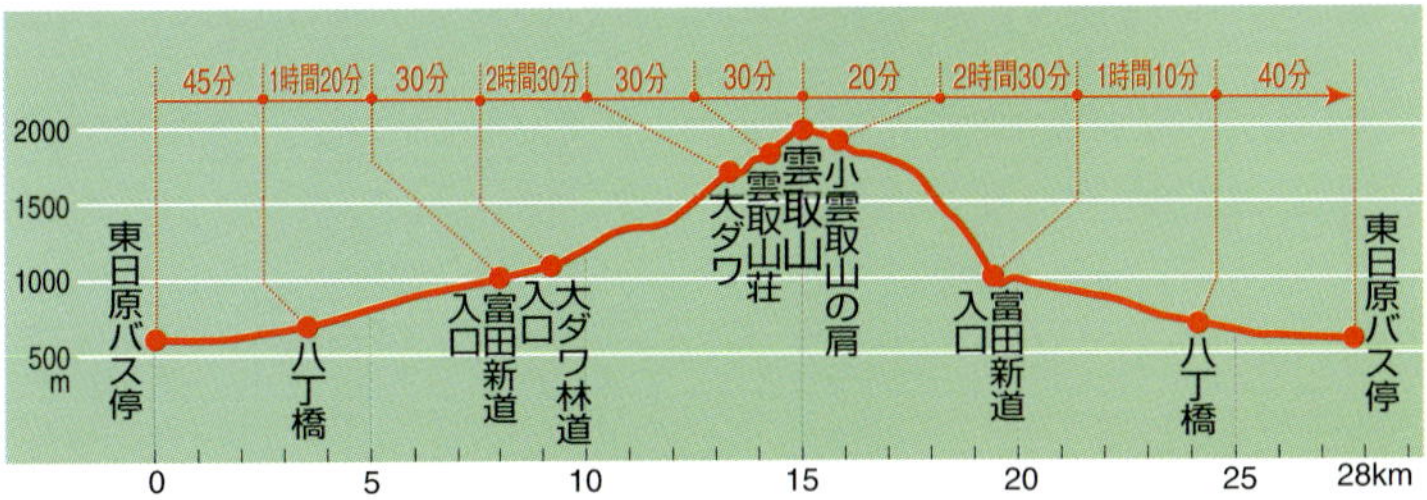

1月 2月 3月 4月 5月 6月 7月 8月 9月 10月 11月 12月

チェックポイント

❶これより登山道に入り木橋で長沢谷を渡る

❷雲取山荘付近にある富田治三郎(鎌仙人)のレリーフ

❸抜群の眺望を誇る東京都の最高峰、雲取山

❹唐松橋を渡り再び林道へ

■登山シーズン

シーズンは、おおむね4月中旬から12月上旬くらいまで。特に新緑や紅葉のころを見はからえばベストである。夏は、渓流沿いの大ダワ林道なら涼を得やすい。春先と初冬は、道の状況(残雪・凍結など)に留意したい。

■ワンポイント・アドバイス

＊バスの運行は平日のみ鍾乳洞バス停(小川谷橋東詰)まで行く。それ以外は東日原が終点となる。
＊車利用の際は、林道に関する状況(工事やゲートの開閉など)を事前に確認しておくとよい。
＊大ダワ林道は山腹の急斜面につけられた狭い道のため、落石やスリップに気をつけたい。
＊水場は、大ダワ林道のコース上では、支沢を横断する地点で随時得られる。
＊雲取山荘と山頂間の露岩には、鎌仙人こと富田治三郎(雲取山荘初代管理人)のレリーフがある。野陣尾根の「富田新道」は、鎌仙人が自力で切り開いた道である。
＊日原林道の途中、トチノキの巨樹を鑑賞できるポイントが2カ所ある。名栗沢とカジ小屋窪で、すぐそれとわかる。

■問い合せ

奥多摩町役場☎0428-83-2111、雲取山荘☎0494-23-3338、西東京バス氷川車庫☎0428-83-2126

■2万5000図

武蔵日原・雲取山

奥多摩山岳会＝池上高行(文と写真)

4

新緑と紅葉、清流が楽しめるぜいたくなコース

鷹ノ巣山

たかのすやま
1736・6m

山岳の特徴—

付近の観光—

コースの難易度

体力度　危険度

日帰り

歩行時間:6時間55分

歩行距離:14.5km

累積標高差:＋1413m
－1475m

六ツ石山から見た鷹ノ巣山。石尾根がたおやかだ

このコースは鷹ノ巣山を中心にし、浅間《せんげん》尾根の落葉樹と水根沢《みずねさわ》林道の清流が楽しめるすばらしいコースである。5月ごろからは新緑が芽吹き、10月には燃えるような紅葉の変化が楽しめる。

ＪＲ青梅《おうめ》線奥多摩《おくたま》駅で下車し、駅前にあるバスロータリーより西東京バスの峰谷《みねだに》行きに乗車する。バスは本数が少ないので、時間には注意したい。

終点の**峰谷バス停**で下車、峰谷川沿いの車道をしばらく歩くと、T字路にぶつかり、すぐ右側の民家前から登山道に入る

林の中の急坂をしばらく登ると民家の軒先に出る。一度車道に出て、手摺のついた坂道を登り、再び車道に。あとは道標にしたがって杉や桧の林の中を歩くと**浅間神社**の鳥居前に来る。鳥居をくぐり、神社の前に出ると少し開けたスペースがあり、休憩ポイントに最適である。

このあたりから少しずつ登りも緩やかになっていき、明るいカラマツ林に変わる。春はアケボノスミレ、秋はリンドウ、カラマツに巻きついたサンカクヅルも見つけられるかもしれない。一度登りが急になったあたりに水場がある。

ここまでくれば**鷹ノ巣山避難小屋**まではわずかだ。避難小屋はきれいに使われており、水場やトイレも整備されている。小屋前は広い草原となっていて、さまざまな花が咲き乱れている。

小屋前から鷹ノ巣山頂上までは防火帯が緩やかに続き、広くて歩きやすい。野草も多く、写真撮影や野草ウォッチに力が入る。

鷹ノ巣山頂上には二等三角点が置かれており、東日原《ひがしにっぱら》方面から登ってくる登山道も合流する。展望はすばらしく、天候に恵まれれば、正面に富士山、三《み》頭山《とうさん》、御前山《ごぜんやま》、大岳山《おおだけさん》の奥多摩三山、右に七《なな》ツ石《いし》山《やま》、雲取山《くもとりやま》、左に六《む》ツ石山《いしやま》へと続く稜線を眺められる。

山頂より尾根上を下ってしばらくすると、**水根沢との分岐**がある。道標にしたがって水根沢へ進もう。急な下り道が緩やかになってくると、水流の音がしてきて、小さな滝をいくつも見ることができ

鷹ノ巣山頂上からは六ツ石山、御前山や大岳山の眺めもよい

る。新緑の季節には葉からこぼれる光と、岩を打つ水の音が時間を止めてくれる。ここからは平坦な一本道なので、あたりの景色を楽しみながら歩ける。水根沢がはるか下になってくると、下界は近い。

登山道は民家脇で終了となる。あとは車道を10分ぐらい下ると、そこは朝バスで通過した**水根バス停**前だ。

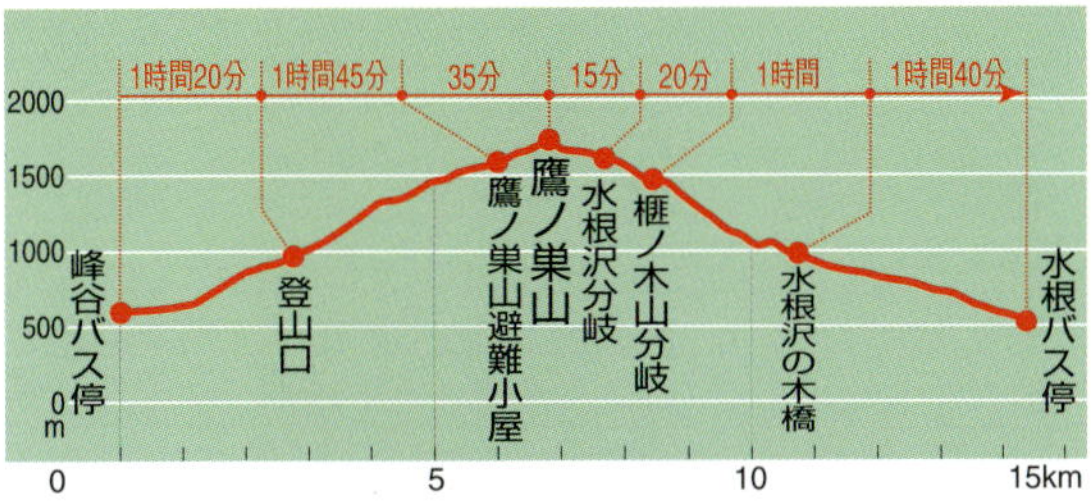

1月 2月 3月 **4月** **5月** **6月** 7月 8月 **9月** **10月** **11月** 12月

チェックポイント

❶広い防火帯を鷹ノ巣山山頂に向かって登っていく

❷鷹ノ巣山山頂は明るく開け、周囲の景色もすばらしい

❸石尾根縦走路から鷹ノ巣山を振り返る

❹水根方面へ下る。ここで富士山ともお別れ

■登山シーズン

4月中旬から5月はいろいろな種類の花々を楽しむことができる。6月中旬からは虫が多くなり、快適とはいいがたい。ヤマツツジ、マユミ、オニユリ、ヤマザクラ、フモトスミレ、ナナカマドほか。

■ワンポイント・アドバイス

＊奥多摩駅から峰谷行きのバスは本数が限られる。このバスに乗れなかった場合は丹波や鴨沢西行きに乗り、峰谷橋で下車する。峰谷までは徒歩1時間ほどかかる。

＊日帰り可能のコースだが、高低差があるため、歩行時間は多めにみた方がよいだろう。

＊マイカーを利用するなら、圏央道青梅ICより青梅街道を利用する。水根バス停脇の大きな駐車場に車をデポし、水根〜峰谷間でバスを利用すると、帰りは下山口よりすぐ車に戻ることができる。

＊奥多摩駅より徒歩10分のところに、日帰り温泉施設のもえぎの湯(☎0428-82-7770)がある。

■問い合せ

奥多摩町役場☎0428-83-2111、西東京バス氷川車庫☎0428-83-2126

■2万5000図

奥多摩湖

スタート地点の峰谷バス停

雰囲気のよい鷹ノ巣山避難小屋

同流山岳会=佐川朋子(文) 足立信之(写真)

5

奥多摩の豊かな自然が満喫できる山

六ツ石山

むついしやま
1478・8m

山岳の特徴

付近の観光

紹介するコースは、清冽な水根《みずね》沢に沿って登り、六ツ石山山頂の展望を楽しんだあと石《いし》尾根を下る。奥多摩《おくたま》の醍醐味を満喫する、ぜいたくなコースである。

広くて明るい六ツ石山山頂

奥多摩湖畔から見る大きな六ツ石山

奥多摩駅から奥多摩湖行きなどのバスに乗ると、15分弱で**水根バス停**に到着する。バス停から、むかし道や六ツ石山、鷹《たか》ノ巣《す》山《やま》の道標にしたがい、水根沢沿いの車道を進む。すぐに六ツ石山の道標を右に分けるが、ここは鷹ノ巣山方面をたどる。この先も縦走路のT字路までは鷹ノ巣山の道標にしたがって進んでいこう。

水根沢キャンプ場の手前で右に上がり、さらに電柱に隠れた道標にしたがって舗装路から離れる。民家脇の階段状になった道をぐいぐい登ると、いったん東寄りに進む。やがて東西に走る道に交わったところで鋭角に左に曲がる。

しばらくすると道は平坦な一本道になり、水根沢は木々の間からはるか下に、時々見えるだけになる。沢音を聞きながらかなり進むと、徐々に沢床が近づき、ワサビ田のある枝沢を渡る。さらに行くと**木橋**で本流を右岸に渡る。

道はやがて急登になる。あえぎながら登り続けると、氷川《ひかわ》方面と倉戸山《くらどやま》方面を分ける**T字路**に着く。六ツ石山・氷川方面に進むと平坦な道になり、ひと安心だ。南側の樹間からは御前山《ごぜんやま》や三頭山《みとうさん》を見ることができる。

尾根筋の道を合わせたあと、やや高度を下げ、やがて六ツ石山への分岐に着く。わずかの登りで広い**六ツ石山**山頂だ。周囲の景色はすばらしく、富士山や南アルプスの山容も楽しめる。

頂上から分岐に戻り、石尾根を奥多摩駅へ向けて下っていく。道

コースの難易度

体力度　危険度

日帰り

歩行時間:7時間15分

歩行距離:16.0km

累積標高差:＋1370m
−1558m

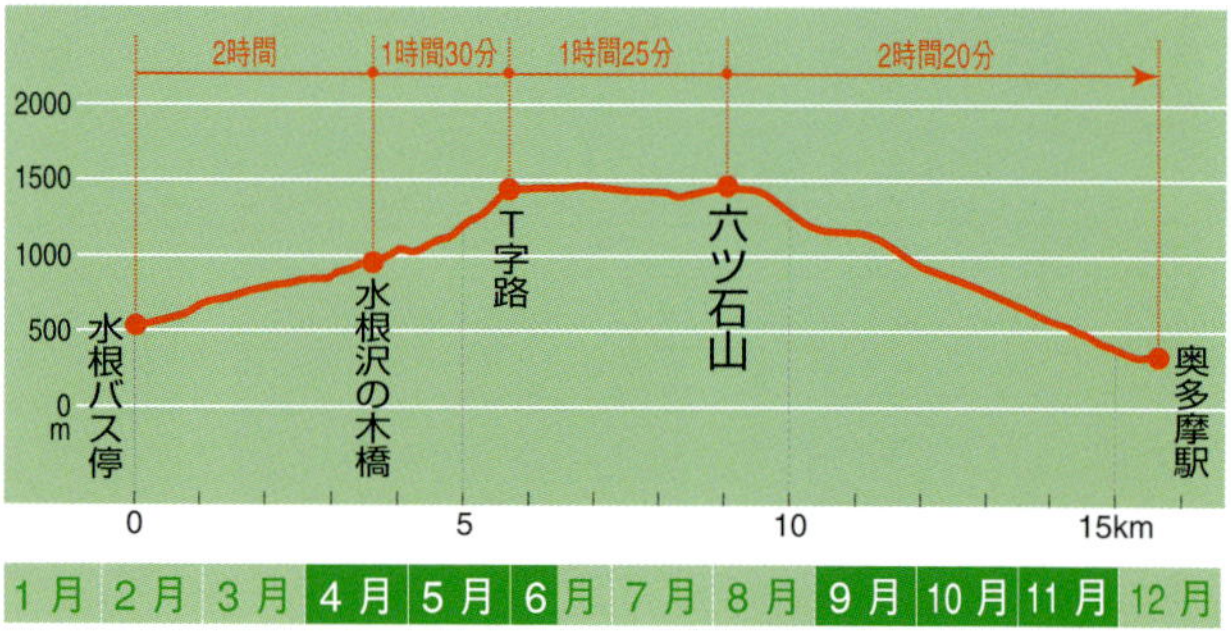

は広く、気持ちがよい。紅葉の時期には、いつまでも歩いていたい気がするほど美しい。

三《さん》ノ木《き》戸《ど》からの道を合わせたあと、登山道は深く掘れて歩きにくいが、南側に歩きやすい踏跡もある。延々と下り、小さい社の横をすぎると、ほどなく氷川の町並みが見えてくる。

車道に下りてからは、奥多摩駅の道標を頼りに下る。元巣《もとす》の森の杉横の階段を下ると、氷川大橋のすぐ近くに下り立ち、**奥多摩駅**まではわずかの距離だ。

チェックポイント

❶水根バス停で下車し、奥多摩むかし道に入る

❷ワサビ田のある枝沢を木橋で渡る

❸石尾根からは形のよい御前山が見える

❹広い石尾根を下る。霧が出て幻想的になることもある

同流山岳会＝足立信之（文と写真）

■登山シーズン

新緑と紅葉の時期がすばらしい。奥多摩湖周辺は桜の名所なので、桜の開花時期（4月中旬～下旬ごろ）に合わせてもよい。夏はマルバダケブキやヤマユリをはじめとして、いろんな花が咲く。ただし、標高が高くないので暑いし、ブヨに襲われることもある。冬季はかなりの積雪を見ることがあり、水根沢沿いは凍結箇所も多いので要注意。

■ワンポイント・アドバイス

＊水根沢沿いはそれほど危険ではないが、急斜面につけられた道のため、スリップや落石に注意を怠らないようにしよう。

＊奥多摩駅から水根に行くのは、奥多摩湖、峰谷、丹波、小菅、鴨沢西行きのバスである。最終地点が奥多摩駅のためJRプラスバス利用がおすすめ。

＊マイカーの場合は、圏央道青梅ICから青梅街道を利用。水根バス停横に広い駐車場がある。

＊マイカー利用などで水根に直接戻りたい場合は、六ツ石山の頂上から水根バス停方面へ向けて下り、トオノクボで右に折れる。植林の間の暗く急な下りが延々と続く。頂上からバス停まで1時間40分程度。

＊水根沢キャンプ場に宿泊し、キャンプと登山を組み合わせることも可能。氷川にはキャンプ場や旅館などが豊富である。

＊奥多摩駅から徒歩10分のところに日帰り入浴施設のもえぎの湯（☎0428-82-7770）がある。

＊奥多摩駅近くには奥多摩ビジターセンター（☎0428-83-2037）があり、奥多摩の登山や自然についての情報が得られる。

■問い合せ

奥多摩町役場☎0428-83-2111、西東京バス氷川車庫☎0428-83-2126

■2万5000図

奥多摩湖

6

倉戸山

奥多摩湖畔からヤマザクラ咲く山頂へ

くらどやま
1169・3m

山岳の特徴

付近の観光

コースの難易度	
体力度	危険度

日帰り

歩行時間：2時間50分
歩行距離：4.4km
累積標高差：＋634m
ー634m

奥多摩湖を隔てた対岸から倉戸山と椹ノ木尾根を見る

新緑が美しい山頂下の樹林帯

　椹《かや》ノ木《き》尾根の末端に位置する倉戸山は、奥多摩《おくたま》湖畔から直登できる数少ない山のひとつである。女《め》の湯《ゆ》からの登り約2・4キロという短いコースであるが、標高差は約620メートルもあり、思ったよりハードな山である。頂上には箒状に高く枝を張ったヤマザクラの大木が多数あり、下界のはでなお花見に約1カ月遅れて、静寂な別世界の神聖なお花見を楽しむことができる。新緑のころのツツジ、冬の木洩れ日登山、寄生木の発見登山も楽しい。静かに耳を澄まし目を凝らすとシカやサルに出会えるチャンスもある。

　奥多摩駅から峰谷《みねだに》方面行きのバスを利用、**女の湯**で下車する。バス停広場には鶴《つる》の湯《ゆ》温泉の源泉があり、車5、6台が駐車できる。

　鶴の湯トンネルの湖岸側にある登山標識にしたがって湖畔沿いに緩く登りはじめるとトンネルの上あたりから左に折れ、いきなりの急登となる。途中標高50メートルごとに小さな標識が打ちこまれている。

　ぐんぐん高度を上げると緩やかな**尾根の背部**に出るが、その後はまたいっきの登りである。岩屑でガレている急斜面や木の根が露出しているところがあるので、つまづかないよう気をつけよう。

　頂上付近でようやく傾斜が緩やかになり、ほどなく広い**倉戸山**頂上に到着する。樹林の間から奥多摩湖対岸方面の山が望める。

　ゆっくり休んだら下山にかかろう。熱海《あたみ》方面への標識にしたがい、大きな倒木の脇あたりから下りはじめる。気持ちよい土と落ち葉のクッションのきいた急斜面の原生林をジグザグに下り、植林帯を通過すると再び原生林帯に入る。その後再び植林帯となり、左眼下に駐車場が見えてくるが、湖面まではまだ遠い。

1月 2月 3月 **4月 5月 6月** 7月 8月 **9月 10月 11月** 12月

やがて民家が現れ、さらに**温泉神社**の脇を抜けて階段を下ると舗装道路に突き当たる。これを左折しさらに合流する広い道路を鋭角に右折して道なりに下ると**倉戸口バス停**に到着する。

合流する道を右折しないで数10メートル進むと右側のガードレール末端と電柱の間から下に細い登山道がのびており、これをたどると大麦代《おおむぎしろ》展望台（正しくは跡地で建物はない）を経て湖畔の駐車場に下ることができる。

■登山シーズン

早春の新緑前、新緑や桜の季節、紅葉の季節がよい。歩行距離・時間とも短いが、その分時間に追われずに余裕をもってじっくり味わってほしい山である。

■ワンポイント・アドバイス

＊大麦代園地駐車場（300台可、無料）に車を置いて女の湯までバスを利用し倉戸口へ下るか、途中で遊歩道を散策して駐車場に戻るルートがおすすめ。

＊女の湯からのルートはガレた岩屑と樹木の根が張った急な直登が続き、登るには比較的楽だが、下山ルートにとると膝の弱い人には結構きつい。全般的に倉戸口からのルートの方が道がよく、緩やかで歩きやすい。

＊奥多摩湖畔は標高540mくらいで桜は例年４月中旬に満開となる。一般に桜の開花は標高100mごとに２〜３日遅れるといわれている。湖畔との標高差が約620mある倉戸山頂上では湖畔より12〜18日遅くなると予測され、４月下旬〜５月の連休あたりがヤマザクラの見ごろとなる。

頂上に咲くヤマザクラ

＊「寄生木（ヤドリギ）」はヤドリギ科に属する常緑樹で、果実は熟すと淡黄色の粘液を帯び、鳥に食べられて糞とともにナラ、シラカバ、エノキ、ブナ、クリ、サクラなどの落葉樹に取り付き寄生する。倉戸山では頂上付近に多く見られる。

大空に浮かぶみごとなヤドリギ

＊「鶴の湯」の語源は、その昔弓矢で傷ついた一羽の鶴が崖から湧き出る温泉（アルカリ単純硫黄泉）に身を浸して傷をいやしていたという伝説に基づくといわれる。小河内ダムの完成により温泉は湖底に沈んだが、平成３年に源泉を汲み上げる設備がバス停広場に完成し、タンク車で周辺の入浴施設に配湯されるとともに、食堂などの販売所で容器といっしょに販売されている。

■問い合せ

奥多摩町役場☎0428-83-2111、西東京バス氷川車庫☎0428-83-2126

■2万5000図

奥多摩湖

チェックポイント

❶バス停そばの鶴の湯温泉源泉碑

↓

❷湖畔の道を離れ登山道へ

↓

❸ヤマザクラに囲まれた山頂

↓

❹鶴の湯温泉神社

東京薪水岳友会＝喜多尾千秋（文と写真）

7

西谷山

とりだにやま
1718・3m

奥多摩の山深さが実感できる静かな山

山岳の特徴

付近の観光

避難小屋前から鷹ノ巣山(中央右奥)、大岳山(中央左奥)方面を望む

奥多摩《おくたま》の山中でも最奥地に位置する山のため、静かな山歩きが楽しめる。しかし歩行時間は長く、健脚者向けのコースである。また、沢沿いのコースを登るため、不明瞭な場所や、雨天時には増水などがあり、充分な注意が必要だ。

↑長沢背稜縦走路から新緑の西谷山を望む
←みごとに色づいた西谷沿いの紅葉

東日原《ひがしにっぱら》バス停から日原集落をすぎてしばらくすると、青い塗装の**小川谷《おがわだに》橋**に出合う。右に進み、日原鍾乳洞入口を右手に見ながら進んでいくと、未舗装の小川谷林道となる。何本かの沢を橋で渡っていくと、やがて**林道終点**だ。

まっすぐ進むと登山道となり、小川谷の右岸をトラバースするように行く。小川谷支流の沢を2本渡ってしばらく進み、小川谷の沢底へ下り立ったところが**三又《みつまた》**だ。3本の沢が合流する地点で、新緑や紅葉の時期はみごとな色合いに彩られる。

木橋を渡り、西《とり》谷の右岸沿いに登り、支流の沢を渡ると西谷を高巻くようになる。この周辺は滝や渓流、原生林が美しい。

やがて登山道が西谷と同じ高さとなり、沢を2本ほど渡ると二俣に着く。すぐに4メートルほどの水量多い滝を見て、朽ちかけた西谷山旧避難小屋に到着する。小屋は使用できないが、外でひと息するにはちょうどよい。

きれいに積まれた石垣に沿った道を登っていくと、西谷の水流は涸れて、やがて開けた広い場所へ

コースの難易度	
体力度	危険度

日帰り

歩行時間:8時間30分
歩行距離:25.0km
累積標高差:＋2056m
－2056m

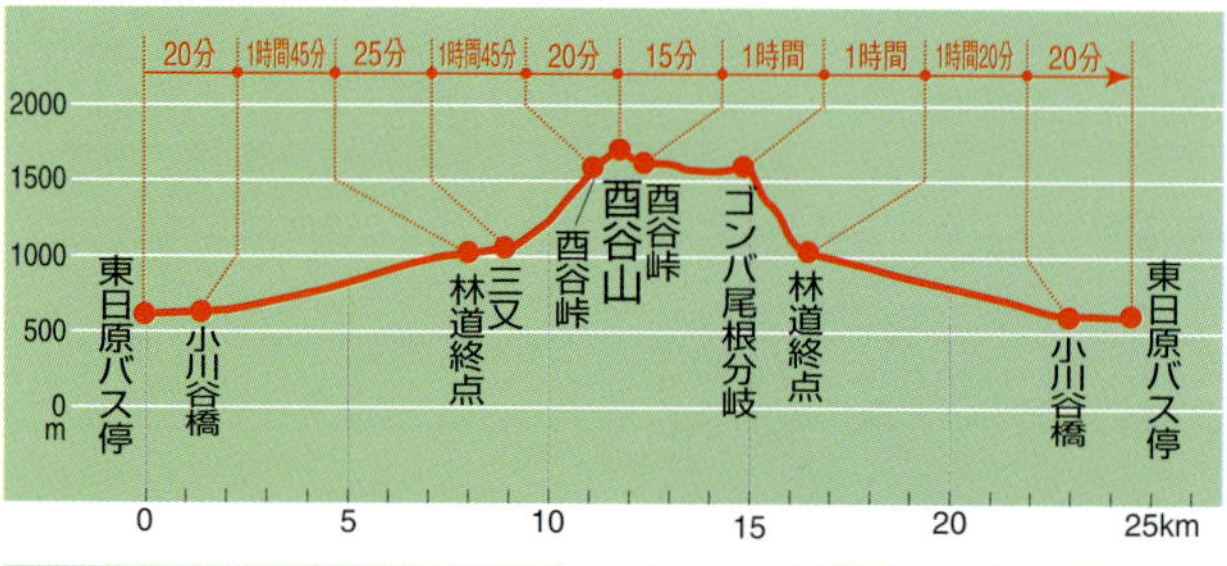

1月 2月 3月 4月 5月 6月 7月 8月 9月 10月 11月 12月

出る。迷いやすいのでテープに沿って歩こう。スズタケの生い茂る道となり、急坂をひと登りすると西谷山避難小屋だ。

小屋から少し登ると**西谷峠**。縦走路が横切っていて、まっすぐ進むと稜線へ出る。原生林の中の道を登っていくと**西谷山**山頂に到着する。濃い緑の中の静かな山頂で、山深さが実感できる。

下山は長沢背稜《ながさわはいりょう》を経由してゴンバ尾根を下る。西谷山山頂から**西谷峠**まで引き返し、縦走路を一杯水《いっぱいみず》避難小屋方面へ向かって歩くと、**ゴンバ尾根との分岐**となる。手書きで「ゴンバ尾根」と書かれたプレートがあり、見逃さないように注意したい。

九十九折りとなっている急な道を下っていく。林道へ出て5分ほど歩くと**小川谷林道終点**の広場に到着する。ここから往路に歩いた道を戻り、**東日原**へ。

チェックポイント

❶小川谷林道終点から登山道に入る

❷長沢背稜の縦走路と交わる西谷峠

❸西谷山山頂。南面の展望が得られる

❹ゴンバ尾根分岐。手書きの標識が目印

■登山シーズン

新緑と紅葉の時期がおすすめ。新緑は5月ごろで、フジやヤマツツジ、アカヤシオの花も見ごろ。紅葉は11月上旬。盛夏は暑く不快。

■ワンポイント・アドバイス

＊JR青梅線奥多摩駅から西東京バスの東日原行きバスに乗車、終点の東日原バス停で下車する。

＊マイカーの場合には、林道終点に駐車スペースがあり、数台の駐車が可能。事前に林道通行の可否を調べておくこと。2005年6月現在、林道終点まで車両の通行は可能。

＊西谷沿いの登山道は沢沿いを歩くので、必ず地図を持参し、現在地を確認しながら歩こう。西谷の源頭部は特に迷いやすく、木につけられた赤テープを頼りにして登っていくとよい。単独登山、初心者だけの登山は不可。

＊西谷山避難小屋は、水場もあり、寝具や食料を持参すれば一夜をすごせる。展望がよく、水場もある。収容は5〜6人程度。

＊小川谷林道入口付近にある日原鍾乳洞は関東一の規模を誇る鍾乳洞で、入場料を払えば見学が可能。

■問い合せ

奥多摩町役場☎0428-83-2111、奥多摩観光案内所☎0428-83-2152、西東京バス氷川車庫☎0428-83-2126、日原鍾乳洞☎0428-83-8491、西谷山避難小屋☎0422-47-0111（東京都西部公園緑地事務所自然公園係）

■2万5000図

武蔵日原

やまねくらぶ＝坂上映太（文と写真）

川苔山から見た蕎麦粒山(右)と三ツドッケ(左)

8

長沢背稜のピークを結ぶ充実の健脚コース

蕎麦粒山《そばつぶやま》・三ツドッケ《みつどっけ》

1472.9m

1575.0m

山岳の特徴

付近の観光

コースの難易度

体力度 危険度

日帰り

歩行時間:7時間10分

歩行距離:15.5km

累積標高差:＋1523m
－1328m

特徴的な形からその名がついた蕎麦粒山、三ツドッケだが、奥深いせいか、登山者は少なく、一年を通じて静かな山歩きと豊かな自然が楽しめる、奥多摩では貴重なコースのひとつである。

川乗橋《かわのり》バス停から林道を3、4分進むと、カーブミラー左手の杉の木に赤テープの目印がある。ここが鳥屋戸《とやど》尾根の登山口だ。50〜60センチの石積みを越えて、薄暗い杉林の中を登りはじめると、ほどなく尾根上に出る。展望はなく、つらい登りが続く。広葉樹林が尾根の片方を占めるようになると、ロープが張られた急斜面にさしかかる。距離が短いので、慎重に行動すればロープに頼らなくても大丈夫だ。

アセビやカエデの明るい林を抜けると、鳥屋戸尾根上で最大のブナの木に出会える。すぐ先の右手に向かう踏跡に入らず、正面の杉林の急登を進むと**笙**《しょう》**ノ岩山**《いわやま》に着く。山頂はコースの左手にある。

いったん傾斜が緩み、小ピークからは東側間近に川苔山《かわのりやま》が望める。短いが、険しいアップダウンを繰り返して、十字路に出たら直進する。登りつめたところが**蕎麦粒山**山頂だ。岩だらけだが、ここも川苔山方面の展望がよい。

山頂から西へ尾根を下り、仙元《せんげん》峠で右に浦山への道を分け、緩やかな縦走路を進む。コース上唯一の水場の一杯水《いっぱいみず》でのどをうるおしたら、一杯水避難小屋は近い。

小屋の右手から三ツドッケへ登ろう。しばらく急登が続くが、山頂までの登路にはシロヤシオやミツバツツジが群生している。小さな岩場を下り、ササやぶの道をひと登りすると、**三ツドッケ**山頂だ。鷹《たか》ノ巣山《すやま》方面がわずかに見えるだけだが、長沢背稜《ながさわはいりょう》上のピークとしてぜひ踏んでおきたい。

山頂からはそのまま尾根上を進み左手に下る。縦走路に合流したら避難小屋まで戻る。ここもツツジのトンネルだ。小屋からは右手のヨコスズ尾根を行く。滝入《たきいり》ノ峰《みね》に近づくあたりから左

↑塩地ノ頭からは川苔山が大きく見える

←笙ノ岩山の手前にはみごとなブナの大木がある

手が深く谷に切れこむトラバース道になり、道が崩れかけているところもある。植林帯まで下ると核心部が終わり、道標の下をすぎると、短い階段状の下りのあと分岐に出る。左に入り、一軒家をすぎて突き当たりを左に回りこむと、**東日原**のバス停はすぐである。

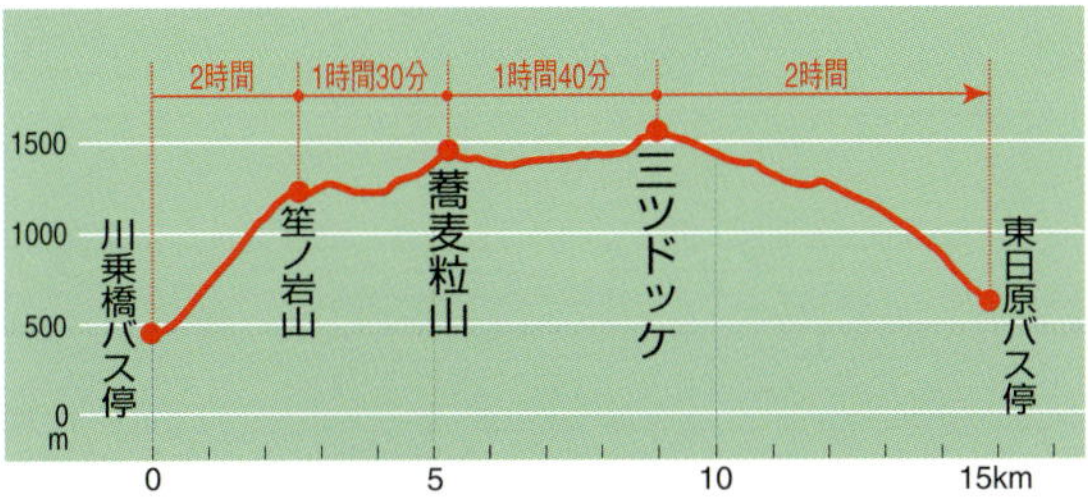

1月 2月 3月 **4月 5月 6月** 7月 8月 **9月 10月 11月** 12月

チェックポイント

❹三ツドッケ登山口に下り着く

❶コース左上にある笙ノ岩山山頂

❸三ツドッケ山頂。石尾根が見える

❷蕎麦粒山山頂。三角点は岩の間

■登山シーズン

春から初夏、秋がおすすめ。蕎麦粒山から三ツドッケにかけてはシロヤシオやミツバツツジなどが群生しており、春には登山道が花のアーチをかけたようになる。ブナやナラなどの広葉樹が美しい自然林を歩くので、新緑と紅葉の季節もすばらしい。紅葉は10月後半から見ごろになる。

■ワンポイント・アドバイス

＊奥多摩駅から川乗橋へのバス（東日原行き）は１日10便が運行。６～９時までの間は１時間に１便が運行している。所要時間は約20分。駐車場はないので車は不可。

＊登山口には赤テープのほかに「山火事注意」の看板があるが、見落としやすい。

＊蕎麦粒山は端正な三角錐の山容から、三ツドッケはピーク（トッケ）を３つ連ねた姿からその名がついたといわれている。

＊一杯水は水量が不安定で、涸れることもある。飲料水は事前に用意した方がよい。

＊一杯水避難小屋は無人小屋だが、10名が泊まれるほどの広さがあり、トイレのほかにストーブや毛布などもある。

＊奥多摩駅から徒歩10分ほどのところに奥多摩温泉もえぎの湯がある。時間があれば下山後に立ち寄るのもいいだろう。

＊このコースは行程が長く、体力的にもハードなので、早朝の出発を心がけて、無理のないように行動してほしい。

■問い合せ

奥多摩町役場☎0428-83-2111、奥多摩観光案内所☎0428-83-2152、西東京バス氷川車庫☎0428-83-2126、もえぎの湯☎0428-82-7770

■2万5000図

武蔵日原・奥多摩湖

アルプス灯会（文と写真）

9

川苔山

かわのりやま　1363・3m

四方から登山道が山頂を目指す人気の山

山岳の特徴

付近の観光

大塚山から川苔山方面を望む。左から本仁田山、コブタカ山、鋸尾根、右奥が川苔山

コースの難易度	
体力度	危険度

日帰り

歩行時間：6時間35分

歩行距離：11.0km

累積標高差：＋1227m　−1327m

川苔山は川井《かわい》、古里《こり》、鳩《はと》ノ巣《す》、奥多摩《おくたま》の各駅からアクセスできる奥多摩の中心的な山である。沢と尾根の変化に富んだコースは、登るたびに新鮮な発見と感動を約束してくれる。ここでは川乗《かわのり》橋から足毛岩《あしげいわ》ノ肩《かた》を経て頂上へいたり、鋸《のこぎり》尾根から鳩ノ巣へ下るコースを紹介しよう。また、サブコースとして、獅子口《ししぐち》小屋跡から大丹波《おおたば》川沿いに川井へ下るコースも併せて紹介する。日帰りにしては長いコースなので、しっかりと余裕のある計画を立てよう。

足毛岩ノ肩付近に咲くヤマツツジ。4月中旬〜5月上旬

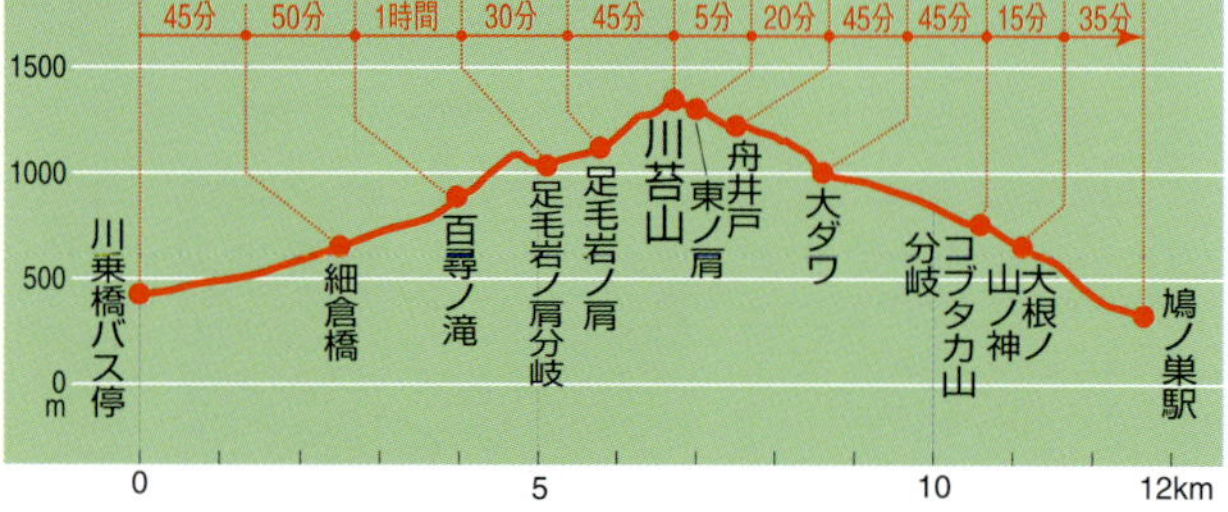

1月	2月	3月	4月	5月	6月	7月	8月	9月	10月	11月	12月

奥多摩駅前から東日原《ひがしにっぱら》行きのバ

スに乗り、**川乗橋**で下車。ゲート脇から林道を川苔谷に沿って竜王《りゅうおう》橋を経て**細倉《ほそくら》橋**まで歩く。右に登山道に入り、連続する美しい小滝を見ながら、落差30㍍の**百尋《ひゃくひろ》ノ滝**まで爽快な歩行である。途中10以上もの木の桟道や細道のトラバース地点があるので慎重に。

百尋ノ滝から急峻な尾根道を越え火打石《ひうちいし》谷を渡り**足毛岩ノ肩**への**分岐**まで行く。分岐を右に下り、山腹を巻くように進むと**足毛岩ノ肩**にいたり、標識を左に急坂を越えると広い防火帯に出る。このあたり、春はアカヤシオやシロヤシオ、トウゴクミツバツツジ、アセビなどの宝庫で、何度訪れても楽しい。6月のサラサドウダンもかわいい。

防火帯を越え急登をひと踏ん張りすると、いきなり**川苔山**頂上に出る。富士山や雲取山《くもとりやま》、長沢背《ながさわはい》

豪快な飛沫をあげる百尋ノ滝

稜《りょう》、大岳山《おおだけさん》などの山並みが展望できる。

　頂上から**東ノ肩**の広場（川乗小屋廃墟の跡地）に下ると、道は三方向に分岐する。鳩ノ巣へは右に舟井戸《ふないど》方面に細い急坂を下る。**舟井戸**から鋸尾根へは標識を直進し、急坂を登る。1165メートルの鋸山ピークからコブタカ山《やま》、本仁田《ほにた》山《やま》を望む景色は、春先には桜吹雪も舞う最高の展望である。ただし、岩場は急峻で足場が悪いので、景色に見とれず慎重に下ろう。積雪期は特に要注意である。

　4つの小岩峰を越え、急坂を下ると**大**《おお》**ダワ**に到着する。足腰に自信のない場合は舟井戸から標識を左にとり、尾根の中腹を巻き、大ダワに合流する緩やかなルートもある。時間と体力に余裕がある場合は、大ダワを直進してコブタカ山、本仁田山を経るコースも楽しい。

　大ダワから標識を左にとるとなだらかな樹林帯で、振り返ると下ってきた鋸尾根と川苔山のピークが望める。針葉樹林を抜けるとやがて**大根**《おおね》**ノ山ノ神**にいたる。林道

川苔山山頂から遠く、富士山を望む

チェックポイント❶

❶川乗橋登山口バス停。ゲートを抜けて舗装された林道を行く

❷細倉橋を渡ったところから、右の登山道に入る

❸足毛岩の肩には真新しい道標が山頂を示している

❹大勢の登山者でにぎわう川苔山山頂。西側の展望がよい

❺朽ちかけていた廃屋とトイレが撤去された東ノ肩

❻鋸尾根からコブタカ山、本仁田山を望む。足もとに注意

❼鋸尾根の急下降を終えると大ダワ。鳩ノ巣駅は左方向へ

❽樹林帯を抜けると大根ノ山ノ神の小祠が祀られている

サブコース——林道大丹波線に下る——

　東ノ肩の分岐を日向沢ノ峰（ひなたさわのうら）方面へ直進し、途中2カ所の右への分岐を経て明るい防火帯の続く尾根道をたどると横ヶ谷平（よこがやだいら）にいたる。このあたり春先は花の宝庫である。

　標識を右に入り、大丹波方面に樹林を抜けて急勾配の丸太の階段を下りきると獅子口の水場に出る。甘露な水でのどをうるおし階段道を上がると獅子口小屋跡に到

を横切って祠の前の細い急坂を下ると熊野《くまの》神社と正法院《しょうほういん》との分岐に出る。どちらをたどっても棚沢《たなさわ》の集落を経て**鳩ノ巣駅**に下る。

大ダワから下った樹林の間から鋸尾根を振り返る。川苔山は中央右奥

着する。小屋は昭和57年まで営業していたが現在は更地である。

横ヶ谷平を直進し、踊平（おどりだいら）の分岐標識を右に急斜面の原生林を下降しても獅子口小屋跡に出るが、わずかな踏跡とテープ標識しかないので要注意。

小屋跡からワサビ田の横を通過すると、やがて東電の作業小屋を左に見て、上空に送電線が走る広い河原に出る。左岸に渡り高巻くと左の林道へ上がる標識があるが、右へ沢筋を繰り返し渡る。右岸中腹の細い高巻に注意して横切り、左岸に渡ると、さらに増水時に林道へ逃げる標識と道が分岐している。沢筋を進むと広い曲ヶ谷沢（まがりやさわ）出合にいたる（奥多摩町自然文化百選28番目）。

しばらく歩き、沢筋から離れて左斜めに植林帯を上がると林道に合流する登山口に出る。ここから奥茶屋を経て清東橋（せいとうばし）のバス停まで約3・3キロ、上日向（かみひなた）まではさらに1・5キロの歩行である。バスは本数が少ないので、あらかじめ時刻表を確かめておこう。

冬のワサビ田を通過する

チェックポイント②

1 ヤマツツジが咲く横ヶ谷平付近の防火帯を行く

2 横ヶ谷平の分岐。右に下っていく

3 今は更地となっている獅子口小屋跡

4 紅葉が彩る送電線下の広い河原

5 林道と合流する登山口。5～6台の駐車可

6 清東橋バス停。川井駅行きバスは朝夕1便

■登山シーズン

春から初夏は花と新緑が、秋は紅葉、夏は沢の清涼感が快適。冬は凍結降雪した滝が魅力的。

■ワンポイント・アドバイス

＊車利用の場合は、鳩ノ巣駅脇に町営の無料駐車場があるので、ここを起点に電車とバスで入山し、鳩ノ巣駅に戻る計画をすすめる。きれいなトイレも完備。

＊川乗橋付近には駐車場はない。トイレもないので要注意。

＊川苔林道、大丹波林道ともに落石が多いので注意。

＊百尋ノ滝手前で道は沢床に下りるので、増水時は特に注意が必要となる。

＊川苔谷の沢は難しいので、軽率に入渓しないこと。

＊東ノ肩にあったトイレは撤去され、川乗山にはトイレがなくなってしまった。

＊山頂付近には舟井戸を除いて水場がないため、必ず水を携行すること。

＊山域は熊が目撃されているので、注意看板がなくても要注意。

＊冬は凍結と、時として膝までの積雪があるので、ストックやアイゼンを携行して慎重に。

■問い合せ

奥多摩町役場☎0428-83-2111、奥多摩観光案内所☎0428-83-2152、西東京バス氷川車庫☎0428-83-2126

■2万5000図

武蔵日原・原市場・奥多摩湖・武蔵御岳

鳩ノ巣駅そばの無料駐車場

東京新水岳友会＝喜多尾千秋（文と写真）

10

本仁田山

ほにたやま
1224・5m

アプローチに恵まれた登りがいのある山

山岳の特徴――

付近の観光――

登計原の山村広場運動公園から見た本仁田山全景

奥多摩《おくたま》駅の北に位置する本仁田山は、バスを使わずにアプローチできることもあって登山者は多い。川苔山《かわのりやま》と合わせて登る健脚コースも選べるが、日が短い季節などは、本仁田山だけをのんびり歩いてみたい。

奥多摩駅前の車道を右手に進み、日原《にっぱら》川にかかる北氷川《きたひかわ》橋を渡る。正面の案内板にしたがって日原川沿いに進み、再度川を渡り、小河内《おごうち》ダム建設時の高架橋をくぐる。道標にしたがって車道をたどれば、右手にワサビ田が見えてきて**安寺沢**《あてらさわ》に到着する。

ワサビ田の脇から民家の裏側に回りこんで植林された斜面に取り付く、道はすぐに二分し、左は乳《ち》房《ぶさ》観音へ向かう道である。かつての本仁田山への登山道であったが、現在は廃道となっているので、乳房観音に参拝した場合は必ず元の登山道に戻る。

尾根に登り着いたところは**大休**《おおやすん》**場**《ば》とよばれる開けた場所で、ここから大休場尾根の急登が続く。ひと休みしてから出発しよう。

大休場からも植林帯の登りが続き、展望は得られないが、静かな林の中の道を楽しみながら高度を上げていくと、広葉樹林帯が広がってくる。花折戸《はなおりと》尾根への道を右に分けると、一投足で**本仁田山**の山頂となる。ベンチがある山頂は東側が開けていて、遠く新宿方面や御岳山《みたけさん》、大岳山《おおだけさん》、御前山《ごぜんやま》が望める。また、南西方向の樹間からは、六《む》ツ石山《いしやま》、鷹《たか》ノ巣山《すやま》、そして富士山の遠望も楽しめる。

下山は、道標にしたがって川苔山方面へ向かう。１００《メートル》ほど進むと、川苔山や蕎麦粒山《そばつぶやま》が見えてくる。なだらかな林の中を下ると、ほどなく**コブタカ山**《やま》に到着する。ここから川苔山への道を分け、防火帯に沿って下る。途中で防火帯と分かれ、右へ林の中の道となるため、道標を見落とさないように

コースの難易度

体力度 ●●○○○　危険度 ●○○○○

日帰り

歩行時間:5時間30分

歩行距離:8.5km

累積標高差:＋1028m
－1053m

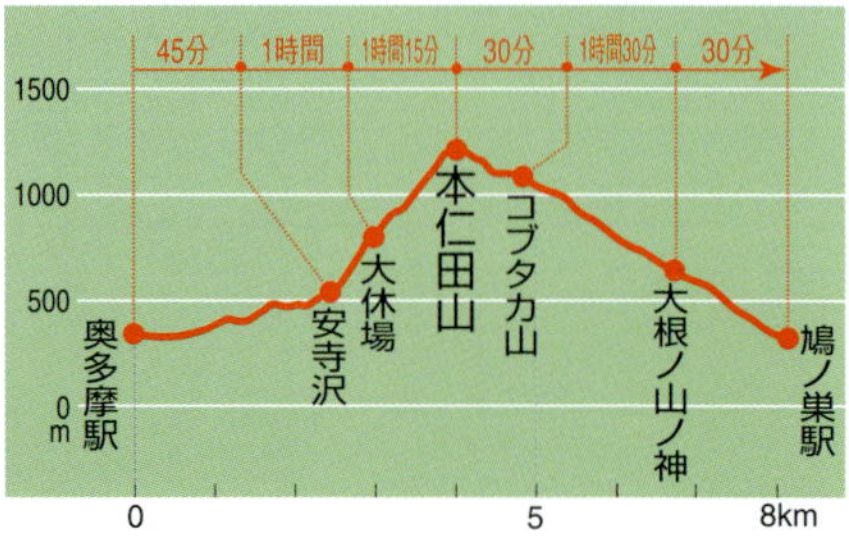

1月	2月	3月	4月	5月	6月	7月	8月	9月	10月	11月	12月

注意しよう。

やがて西川《にしかわ》林道の終点でもある**大根《おおね》ノ山ノ神**に到着する。林道は鳩ノ巣まで通じているが、落石が多く危険なため、下らない方がよい。植林帯の道を進み、棚沢《たなさわ》集落をすぎ、青梅《おうめ》線の踏切を渡れば、左側が**鳩《はと》ノ巣《す》駅**となる。

■登山シーズン

標高の低いところでは植林に覆われているが、頂上付近では落葉樹林、カラマツの新緑や紅葉が見られる。季節を問わずに駅から歩ける山なので、出発時間が遅れてしまった時などの候補地として覚えておきたい。

■ワンポイント・アドバイス

＊時間があれば、奥多摩ビジターセンターで最新の登山情報を入手してから登りたい。
＊逆コースで歩く人も多い。この場合、大休場から西へ、安寺沢へ向かうこと。くれぐれも真っすぐ南へ尾根を下らないように注意したい。
＊乳房観音は、鎌倉の落人がまいたイチョウの実が600年余り経過して胸廻り10mの巨樹となり、２mの乳根が無数垂れ下がった。人々は樹の元に観音様を祀り、母乳豊饒の信仰を集めていた。大正２年、樹の寿命が尽きたので伐採したところ、切り株より発芽し、現在の樹木に成長した。近年は乳癌に罹らないとの信仰を集めている。
＊コース中に水場はないので、水は出発前に用意しておくこと。
＊本仁田山の山名は一説によれば「にた」がヌタ場の「ぬた」の意味で用いられたという。どこにヌタ場があったのか想像しながら歩くのも楽しい。
＊鳩ノ巣駅に着いたら、渓谷美の鳩ノ巣渓谷まで足をのばしたい。周辺には入浴のみの利用もできる鉱泉宿や食事処も多い。

■問い合せ

奥多摩町役場☎0428-83-2111、奥多摩観光案内所☎0428-83-2152、奥多摩ビジターセンター☎0428-83-2037

■2万5000図

奥多摩湖・武蔵御岳

奥多摩駅近くにある奥多摩ビジターセンター

激しい水流が美しい鳩ノ巣渓谷

チェックポイント

❶「関東の駅百選」の奥多摩駅

❷安寺沢の本仁田山登山口

❸コース近くに祀られる乳房観音

❹春の明るい本仁田山山頂

❺防火帯との分岐標識

東京アルコウ会＝長倉久敏（文と写真）

岩茸石山から棒ノ折山(左奥)と小沢峠へ続く尾根を望む

11

棒ノ折山

ぼうのおれやま 969m

木漏れ日の中の山道と頂上からの展望が魅力

山岳の特徴

付近の観光

ゴンジリ峠～黒山間は樹林帯の穏やかな尾根道が続く

棒《ぼう》ノ嶺《みね》の別名をもつ棒ノ折山は、四季折々さまざまな風情を見せてくれる山である。

JR青梅《おうめ》線川井《かわい》駅からバス終点の**上日向**《かみひなた》で下車して、川沿いに奥《おく》茶屋《ちゃや》キャンプ場まで舗装道路を歩く。清東《せいとう》橋バス停または奥茶屋で水を補給しておこう。

奥茶屋の木橋を渡るといよいよ登山道となり、さっそくワサビ田の中の道となる。春にはワサビの白い花が出迎えてくれる。ワサビ田が終わるところに小さな祠があり、ここから杉林の中の急登となる。日差しがところどころある程度で、時折吹く風が肌に心地よい。

汗をたっぷりかいたころ尾根道になり、大きな岩の横を数カ所通りすぎると、山頂まではわずかの距離だ。

ベンチやあずまやのある広い**棒ノ折山**山頂は、北面が180度開けており、天気がよければ、奥秩《おくちち》父《ぶ》方面の山並みが見わたせ、眼下には名栗《なぐり》湖が青い。頂上にある桜は、春の花、その後の葉桜、秋の赤く色づいた葉、そして落葉後の枝振りと楽しませてくれる。

風景を堪能し、空腹を満たしたら出発しよう。上成木《かみなりき》まではほぼ下りで、大汗をかくこともなく快適に下ることができる。下りはじめてすぐ丸太の階段になるので、濡れている時はスリップに注意したい。頭上を左右の木が覆い、夏など直射日光が少ないので歩行にはちょうどよい。

道が平坦になったところが**ゴンジリ峠**で、左へ下れば名栗湖方面へ、右へ下れば黒山《くろやま》への道となる。すっくと育った杉林をすぎて少し登ると**黒山**の頂上で、高水《たかみず》三山への分岐になっている。木々の間から岩茸石山《いわたけいしやま》と高水山《たかみずやま》が見わたせる。

コースの難易度

体力度	危険度
●○○○	●○○○

日帰り

歩行時間:4時間15分

歩行距離:9.5km

累積標高差:＋820m
－848m

黒山から直進すると小沢《こさわ》峠への下りとなる。雑木林、杉林と木々のトンネルを下ると長久保山の小さな標識がある。さらに下ると急下降となり、**小沢峠**に到着する。左は埼玉側への下りで、ルートは右の東京都側へ下る。

小沢峠から10分ほどで小沢トンネルの入口に出て、舗装道路を下ると**上成木**のバス停だ。近くにそば専門の食堂はあるが、売店はない。都営バス約40分で青梅駅へ。

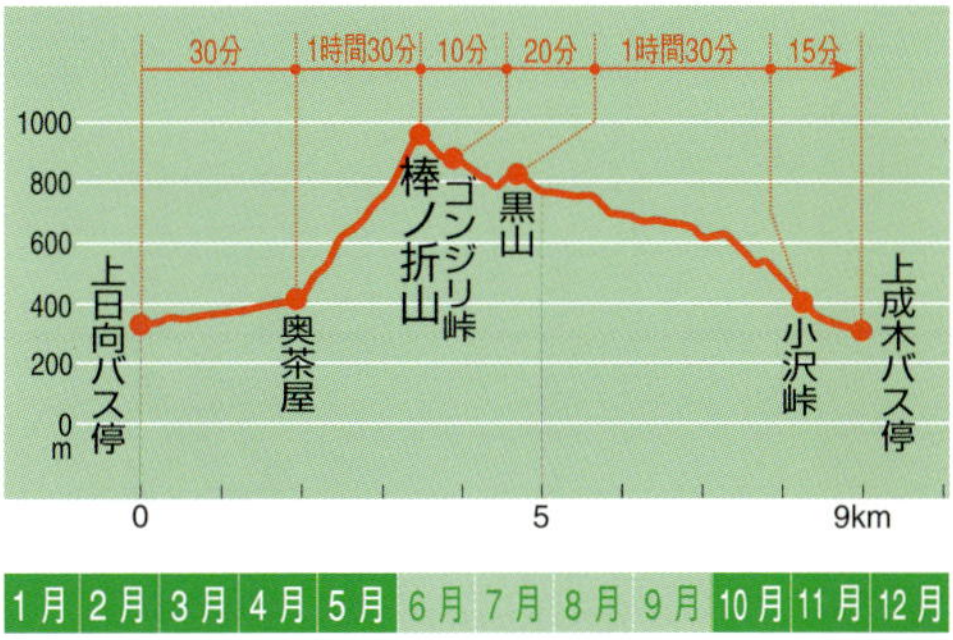

チェックポイント

❶登山口の奥茶屋上部でワサビ田横の道を行く

❷ワサビ田をすぎると、杉林の急登となる

❸棒ノ折山山頂の広場。北側に雄大な展望が広がる

❹ゴンジリ峠から埼玉県側の名栗湖方面を見る

■登山シーズン

年間を通してよいが、特に4月の桜と、落葉後の樹間からの展望がよい。

■ワンポイント・アドバイス

＊川井駅から清東橋まで行く西東京バスもあるが、本数は少ない。駅から上日向まで徒歩40分。上成木～青梅駅間は都営バスが運行。

＊上日向～清東橋バス停は徒歩30分、さらに奥茶屋までは20分。

＊奥茶屋から上成木までのルート中は水がない。清東橋バス停か奥茶屋で補給しよう。

＊奥茶屋上のワサビ田の塀などは壊さないように。

＊ルート全体木漏れ日の中の穏やかな山道であるが、棒ノ折山までは急登なので急ぎすぎないようにしよう。

■問い合せ

青梅市役所☎0428-22-1111、青梅市観光協会☎0428-24-2481、西東京バス氷川車庫☎0428-83-2126、都営バス青梅支所☎0428-23-0288

■2万5000図

原市場・武蔵御岳

バス終点の清東橋

雪標山岳会＝大木場 守（文と写真）

12

奥多摩入門のミニ縦走コース

高水三山

たかみずさんざん
759m(高水山)
793・0m(岩茸石山)
756m(惣岳山)

山岳の特徴

付近の観光

コースの難易度

体力度　危険度

日帰り

歩行時間:4時間35分

歩行距離:9.5km

累積標高差:+841m
−836m

惣岳山手前からは高水山、岩茸石山が眺められる

惣岳山からの下り道から御岳の集落を俯瞰する

青梅《おうめ》駅をすぎると、車窓右手に山が迫り、左手には見え隠れに多摩《たま》川が現れる。ここから奥多摩《おくたま》がはじまるという雰囲気である。**軍畑《いくさばた》駅**で下車し、線路沿いに歩きはじめる。踏切を渡り、狭い舗装道路を進んでいくとすぐに車道に出る。右側を平溝《ひらみぞ》川が流れ、ハヤなどの魚も見ることができる。

きれいな流れを楽しみながら進んでいくと、小さな集落があり、高水三山への分岐となる平溝橋に出合う。分岐を示す道標にしたがい、左に道をとる。ほどなく右手に**高源寺《こうげんじ》**が見えてきて、右に急坂の舗装道路をしばらく進むと、目の前に大きな砂防堰堤が出現する。急な階段を息を弾ませ登ると、植林された林の中に入る。ここから本格的な登山道がはじまる。

沢沿いの道をしばらく行くと、2《メートル》ほどの小さな滝が現れる。ここから左手の尾根に向かってジグザグに登る。登山道には合目石があるので、格好の目安となる。急坂を登りきり、尾根に出ると、もう六合目だ。

さらに高度を上げると、上成木《かみなりき》方面にのびる尾根道と合流する。この道を進むと、高水山常福院《たかみずさんじょうふくいん》はすぐである。このあたりから広葉樹の混じった林となる。山門を抜けると、常福院のお堂がある。お堂の左手を抜けて、ひと登りすると**高水山《たかみずさん》**山頂だ。大岳山《おおだけさん》など奥多摩の山が眺められる。

山頂から少し下り、岩茸石山《いわたけいしやま》に向かう。ほぼ水平な道となり、林が途切れると奥武蔵《おくむさし》の山並みが右手に眺められ、前方に岩茸石山が

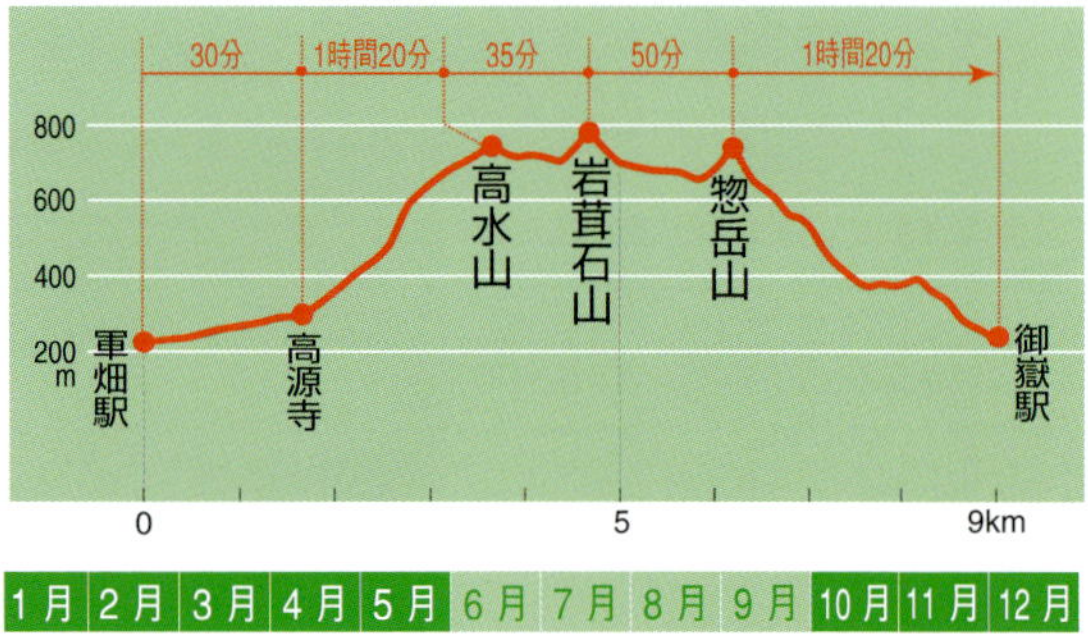

見える。急坂を上がると、展望の開けた**岩茸石山**山頂に着く。

　続いて惣岳山《そうがくさん》に向かう。山頂直下の下り坂はすぐに終わる。途中左手に林が伐採されたところからは高水山、岩茸石山が見える。露岩と木の根の急坂が現れると山頂も近い。慎重に登りきると、青渭《あおい》神社のある**惣岳山**山頂である。

　山頂から御嶽駅に向かって下山する。途中、送電線の鉄塔のところで、御岳集落の風景を見ながら休憩するのもよい。どんどん標高を下げていくと、ひょっこり下山口の慈恩寺《じおんじ》の境内に出る。踏切を渡ると**御嶽駅**に到着する。

チェックポイント

❶高源寺は最初の休憩地に最適

❷鎌倉武将にゆかりの常福院

❸高水山山頂の道標。コース随所に標識が立っている

❹奥武蔵側の展望がよい岩茸石山

❺惣岳山山頂にある青渭神社

■登山シーズン

5月、11月ごろがおすすめ。春は新緑が美しく、登り口までの人家の庭の花や、お寺の花が楽しめる。夏は三山とも標高が700m台のため暑い。秋は空気が澄んで遠望がきく。冬はトレーニングに最適。

■ワンポイント・アドバイス

＊上成木からかつての表参道をたどって高水山に登るコースもあるが、アプローチが不便。バスはJR青梅駅から都営バスを利用する。
＊高水山常福院は波切不動尊が祀られ、重要文化財の本堂がある。惣岳山には10世紀に創建されたという青渭神社があり、古くから登られていた信仰の山。登山道もよく整備されている。
＊トイレは軍畑駅、高源寺、常福院の本堂裏にある。
＊駅前の食料品店（7～18時）のほかに、登山口近くの農家の縁側で季節の新鮮な野菜、果物などが廉価で無人販売されている時がある。
＊御嶽駅周辺には蕎麦の玉川屋や、渓谷遊歩道沿いに河鹿園などの料理旅館がある。玉堂美術館の散策も楽しい。時間が許す時は沢井まで足をのばし、澤乃井酒造直営の「ままごと屋」で渓谷を眺めながら地酒や豆腐料理を味わうことができる。
＊日帰り入浴は御嶽駅から150mほど奥多摩寄りに五州園（500円）がある。

■問い合せ

青梅市役所☎0428-22-1111、青梅市観光協会☎0428-24-2481、都営バス青梅支所☎0428-23-0288

■2万5000図

武蔵御岳

御嶽駅近くにある蕎麦の店・玉川屋

昭島山岳会＝酒井原雄策（文と写真）

13

四季折々の魅力あふれる奥多摩の入門コース

御岳山《みたけさん》

929m

山岳の特徴

付近の観光

大塚山付近から御岳山奥ノ院を望む

ケーブルカーで往復するだけでは、御岳山のよさはわからない。観光道路をほんの一歩離れるだけで、奥深い自然を感じることができる。このコースは歩く行程も短く、危険な場所もないので、初心者やファミリーに最適である。**鳩《はと》ノ巣《す》駅**から青梅《おうめ》街道へ出たら、道を渡り、右に進む。土産物店の先にこれから登る御岳山裏参道の入口を示す指導標がある。多《た》摩《ま》川を渡り、坂下《さかした》集落をすぎると舗装道路が登山道に変わる。そのまま進むと小さな**尾根を乗り越す**ところにベンチがあり、ひと息入れるにはちょうどよい。北面の展望がよく、眼下にのどかな山村風景が広がっている。

大塚山園地からは御前山など奥多摩の山々がすばらしい

ここからはしばらく尾根を巻き気味に登る。道が岩まじりの急坂になると、ひとがんばりで**大楢《おおなら》峠**に着く。地名の由来となった大きなナラの古木がある。ベンチも数箇所あり、いつも登山者でにぎやかな場所だ。

峠から御岳山までは、山腹を何回もからんでいくが、たいした登りもなく、広葉樹に囲まれた雰囲気のよい道だ。山上《さんじょう》集落に入ると**裏参道分岐**で、観光客でにぎやかな御岳神社への遊歩道に出合う。古里への道は左だが、右に道をとり、**御岳神社**に参拝してこよう。20分もあれば往復できる。

下山道は、先ほどの分岐点まで戻り、さらにケーブル駅の方へ進むと、**御岳ビジターセンター**のすぐ先に大塚山《おおつかやま》経由古里《こり》方面を示す

コースの難易度	
体力度	危険度

日帰り

歩行時間:4時間35分

歩行距離:12.0km

累積標高差:＋1131m
−1155m

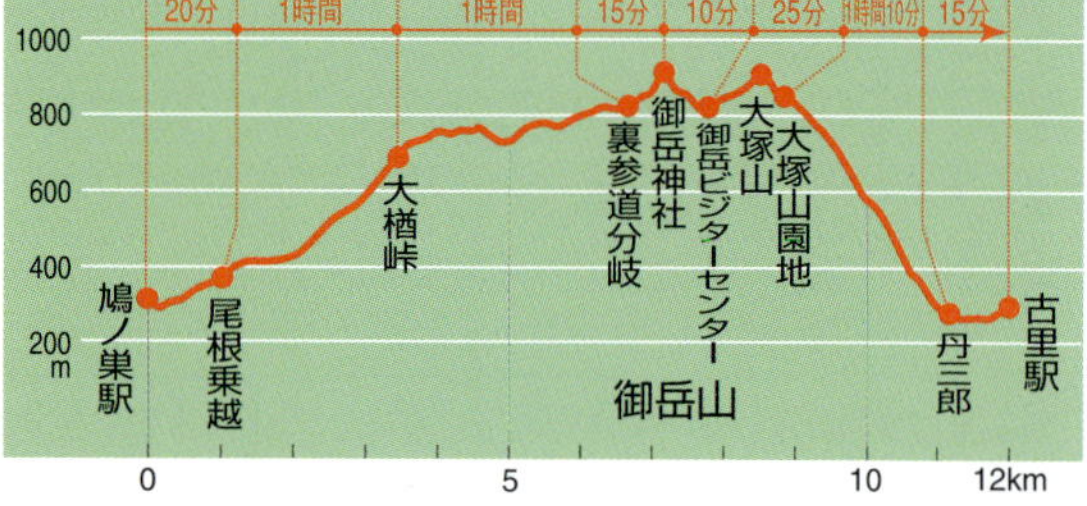

1月 2月 3月 4月 5月 6月 7月 8月 9月 10月 11月 12月

指導標がある。左に折れ、登り気味に進んでいくと、桜並木の道となる。このあたりはカタクリの群生地としても知られている。

大塚山の頂上はひと登りで着いてしまうが、山頂よりも先にやや下ったところにある**園地**の方が、ベンチも置かれて展望がすぐれている。休憩するにはこちらの方がよいだろう。

チェックポイント

❶豪快な奥多摩渓谷

❷裏参道分岐から神社への道へ

❸御岳神社への参道

❹古里へ向かう下山道

古里へは、はじめは急であるが、すぐに自然林の美しい尾根道となる。右へ折れて山腹をジグザグに下り、獣害防止の柵をくぐると**丹**《たん》**三郎**《ざぶろう》の集落に出る。**古里駅**は左に車道を15分ほどである。

■登山シーズン

花が豊富な山なので、春から秋にかけて楽しめる。4月から5月にかけて大塚山周辺で見られる桜とカタクリはみごとである。また、8月のレンゲショウマの開花期には多くの観光客でにぎわう。ロックガーデンまで足をのばすと、もっと多くの花に出会え、充実した山行となるだろう。その場合は御嶽神社から1時間30分ほど余分にみればよい。

■ワンポイント・アドバイス

＊往路は立川駅からJR青梅線に乗車、鳩ノ巣駅で下車する。帰路はJR青梅線古里駅から立川駅まで行く。なお、新宿駅から直通の「ホリデー快速」は古里駅・鳩ノ巣駅には停車しない。

＊御岳ビジターセンター（☎0428-78-9363）では御岳山の歴史や自然の情報が得られ、より充実した山行となるだろう。

＊御岳神社は、日本武尊の創始と伝えられ、御嶽大権現と称して、関東近隣に多くの信者がいたといわれている。そのころに宿坊として栄えたのが山上集落であり、現在でも参道沿いに宿泊施設が多い。宝物殿には貴重な国宝や重要文化財が多数所蔵されている。中でも、畠山重忠奉納といわれている緋縅の鎧が有名である。

＊参道沿いには宿泊施設が多く、入浴だけでも利用できるところもあり、時間に余裕があれば利用したい。

＊トイレは坂下集落を出た登山口、御岳山、丹三郎の下山口にある。

■問い合せ

青梅市役所☎0428-22-1111、青梅市観光協会☎0428-24-2481

■2万5000図

武蔵御岳

山上にある御岳ビジターセンター

聖稜クラブ＝山口　嘉（文と写真）

14

奥多摩の雄峰を目指すダイナミックな縦走コース

大岳山

おおだけさん
1266・5m

山岳の特徴

付近の観光

コースの難易度

体力度　危険度

日帰り

歩行時間:6時間5分

歩行距離:12.0km

累積標高差:＋1588m
−1114m

大天狗の岩峰から奥多摩三山のひとつ、御前山を望む

特徴のある山容で、奥多摩《おくたま》のシンボル的存在の大岳山には、季節を問わず数多くの人が訪れている。奥多摩駅からダイレクトに鋸《のこぎり》尾根を登り、ロックガーデンを経て御岳山《みたけさん》へいたる変化に富んだロングコースを紹介しよう。

奥多摩駅の改札を出たら左に進み、青梅《おうめ》街道を横切って昭和《しょうわ》橋を渡る。橋のすぐ先右側が鋸尾根の登山口だ。愛宕《あたご》神社の参道をしばらく進むとおそろしく急な階段が待っている。

五重塔の脇を進んでいくと登計《とけ》峠に着く。まっすぐ進むと右手に登山道の入口を示す指導標がある。樹林帯の中をジグザグに登り、疲れを感じたころ展望のよい**岩峰**に出る。ひと息入れるには絶好の場所で、大天狗《おおてんぐ》、小天狗《こてんぐ》が祀られている。氷川《ひかわ》の町並みを俯瞰し、正面に本仁田山《ほにたやま》の大きな山容が眺められる。

ここからはハシゴや階段がつけられた露岩の道を行くが、特に問題はないだろう。樹林帯に入ると長い急登となる。登り着いた**天地《てんち》山《やま》**からは展望は得られない。ひと休みしたら先に進もう。

鋸山のすぐ先で奥多摩主脈縦走路へ出たら大岳山への道をとる。このあたりは広葉樹の自然林で、新緑や紅葉の時期はとても美しい。のんびりと尾根をたどっていくと、やがて馬頭刈《まずかり》尾根方面の**分岐点**に出る。露岩帯の急登を15分で**大岳山**の明るい山頂だ。南側の展望がすばらしく、丹沢《たんざわ》の山々や富士山も見える。

山頂からは大岳山荘への道を下る。大岳山荘は休業中なので利用はできない。小屋の裏手より御岳山へ下る。途中で鎖のかけられた箇所は、過去に滑落事故もあったので、慎重に下ろう。

奥ノ院への道を左に分けると、じきに芥場《あくたば》峠に着く。ここは左へ御岳山方面に進む。山腹をジグザグに下ると道は沢沿いとなり、あずまやがある分岐点に着く。ここがロック・ガーデンの入口だ。疲れを覚えるころだが、まっすぐ御岳山への道をたどっても、時間的には20分くらいしか差がないので、ぜひ右への道に入ろう。

やや下ると美しい形の**綾広《あやひろ》ノ滝**に出る。ここから渓流沿いの散策コースが続く。天狗岩《てんぐいわ》から長い階段を下り、七代《なよ》ノ滝に出ると探勝路も終わる。階段状になった道を登りきると**長尾平《ながおだいら》**に飛び出す。ここから**ケーブル駅**までは、山上《さんじょう》集落の道を20分ほどである。

新緑の奥多摩主脈縦走路を行く

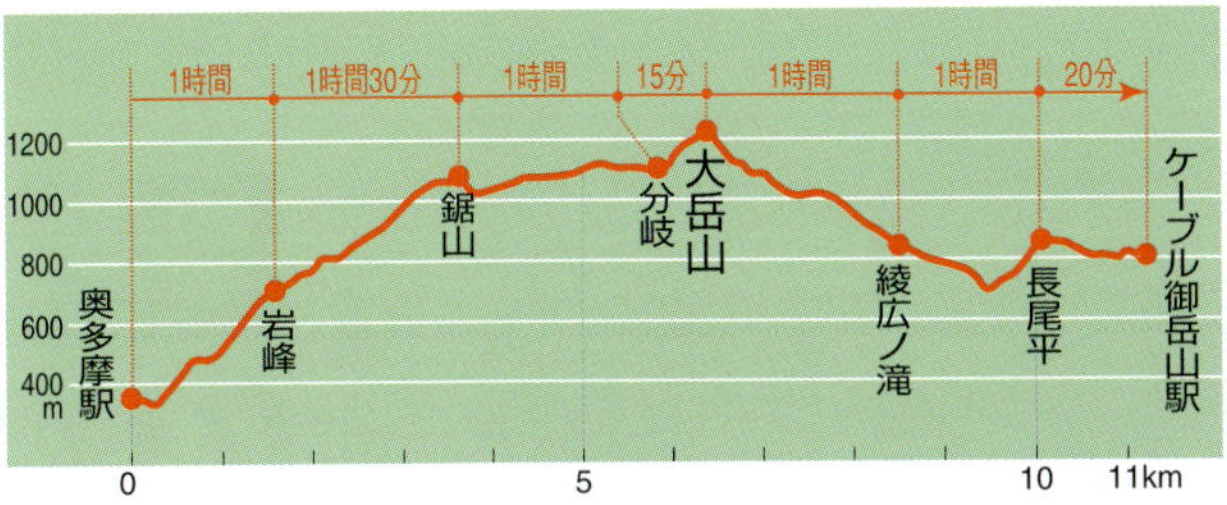

1月　2月　3月　4月　5月　6月　7月　8月　9月　10月　11月　12月

チェックポイント

❶愛宕神社五重塔

❷樹林に囲まれて展望のない鋸山山頂

❸展望に恵まれた大岳山山頂

❹管理人のいる大岳山荘

❺鎖場を通って御岳山方面へ

■登山シーズン

新緑や紅葉のころが特によい。鋸山から大岳山までの主脈縦走路はブナやミズナラなどの明るい自然林の中を歩く快適な道で、実に美しい。４月には大岳山から御岳山の間でミツバツツジの開花を迎える。

■ワンポイント・アドバイス

＊JR中央線立川駅で青梅線に乗り換え、終点の奥多摩駅で下車。帰路は御嶽駅より乗車して立川駅まで行く。土曜・休日には新宿～奥多摩駅直通の「ホリデー快速」が運行されている。

＊御岳ケーブルは、御岳山頂駅～ケーブル下駅を約８分で結ぶ。１時間に２本の運行だが、シーズンには臨時便が随時運行されている。

＊ケーブル下駅の滝本バス停～御嶽駅間はケーブルの発着に合わせて１時間に１～２本、西東京バスが運行されている。

＊奥多摩の人気コースなので、よく整備されているが、大岳山をめぐるものの中ではかなり行程が長い。身支度はしっかり整えてから入山したい。奥多摩駅の登山ポストに入山届を必ず提出すること。水は愛宕神社入口から大岳山荘まではないので、充分に用意をしたい。

＊大岳山荘から見る東京の夜景はすばらしい。昔ながらのたたずまいを残している小屋で一夜をすごし、余裕のある山行にするのも一案である。

＊ロック・ガーデンは奥御岳渓谷ともよばれ、御岳沢沿いに七代ノ滝から綾広ノ滝の間に遊歩道が整備されている。奥入瀬渓谷にたとえられ、苔むした岩と渓流が美しい。縦走路から遠回りになるので、登山者は敬遠しがちだが、一見の価値がある。秋の紅葉は格別みごとである。

＊御嶽駅に隣接する玉川屋の蕎麦は絶品である。その他のメニューも豊富だ。

■問い合せ

御岳登山鉄道☎0428-78-8121、西東京バス氷川車庫☎0428-83-2126、大岳山荘☎0428-78-8450（宝亭支店）

■2万5000図

奥多摩湖・武蔵御岳

聖稜クラブ＝山口　嘉（文と写真）

15

関東平野を一望できる展望の山

日の出山

ひのでやま
902・0m

山岳の特徴―

付近の観光―

日の出山山頂から御岳山（手前左）と鷹ノ巣山方面を望む

御岳山《みたけさん》から登られることが多い日の出山だが、ここでは梅の花がきれいな吉野《よしの》梅郷からのルートを紹介しよう。ＪＲ青梅《おうめ》線の**日向和**《ひなたわ》**田**《だ》**駅**で下車。青梅街道を横切り、神代《じんだい》橋を渡っていけばほどなく吉野梅郷の**梅の公園**だ。白梅、紅梅など１２０種１５００本があり、花期には大勢の観光客が訪れる。

梅の公園の横の道をまっすぐ行くと、ゴルフ場入口が見えてくる。その横にある鳥居が登山口である。右手にゴルフ場を見ながら登りはじめよう。杉林で展望はほとんどない。ほどなく**琴平**《ことひら》**神社**（金《こん》比羅《ぴら》神社）が左手に見えてくる。

少し登ると右に鉄塔が見え、さらに登っていくと分岐があり、右に三室山《みむろやま》の山頂に向かう道、左にその裾野を回る道になる。余裕があれば、三室山に登ってみるのもよいかもしれない。

三室山を下りると、先ほどの迂回した道と合流する。杉林の中を歩いていくと、突然周囲が開け、**鉄塔**が現れる。鉄塔横の渡り板を通って少し行くと急に舗装道路が出てきてびっくりする。ここが梅《うめ》野《の》木《き》峠である。

舗装道を行くと電波塔があり、その横を通って林道のような道をしばらく歩いていく。やがて急な登り坂になり、石段を登ると**日の出山**山頂だ。目の前に大岳山《おおだけさん》、御岳山が間近に見え、好天の日には東京タワーや新宿、池袋の超高層ビル群も眺められる。

下りはあずまやの横から金比羅尾根への階段を下りる。分岐につるつる温泉への看板が出ているので、それにしたがって下りる。

馬頭観音が祀られる**クロモ岩**をすぎ、雑木と植林の混在する中をのんびり行けば、やがて舗装された**林道**になり、１・４キロ行くと三《み》ツ沢《さわ》集落の分岐に着く。左へ車道を少し登れば**つるつる温泉**だ。武《む》蔵《さし》五日市《いつかいち》駅へはここからバスが出ている。時間があれば温泉に入ってのんびりするのもよい。

コースの難易度

体力度　危険度

日帰り

歩行時間：3時間35分

歩行距離：10.0km

累積標高差：＋878m
－718m

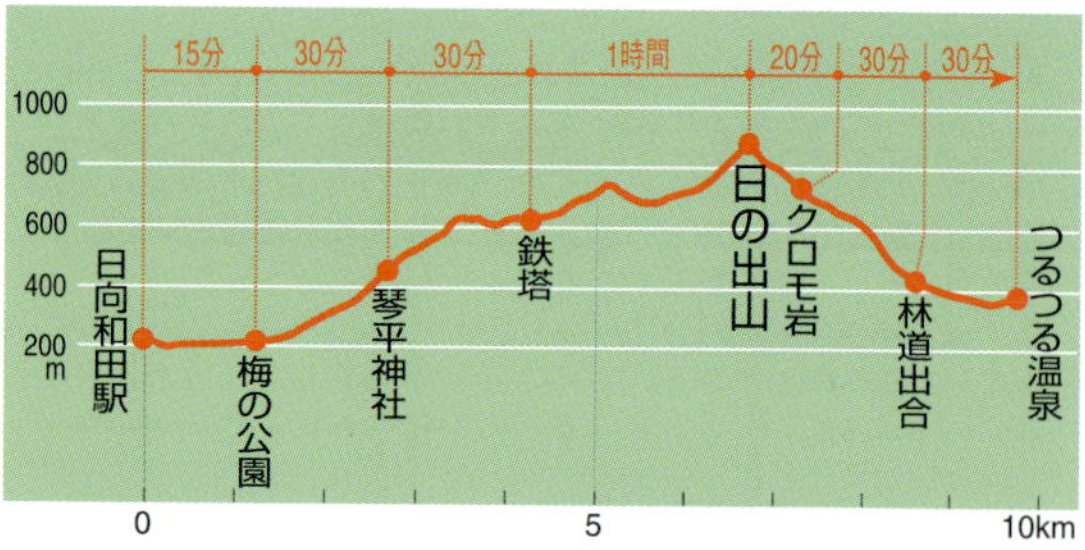

1月　2月　3月　4月　5月　6月　7月　8月　9月　10月　11月　12月

チェックポイント

❶梅の公園への曲がり角

❷2～3月には花見客でにぎわう梅の公園

❸琴平神社入口の鳥居。日の出山へは右へ

❹大展望が楽しめる日の出山山頂

❺美肌の湯で人気のつるつる温泉に下山

サブコース―金比羅尾根を下る―

日の出山からつるつる温泉との分岐を金比羅尾根方面に進む。白岩の滝への分岐を麻生山の方へ向かって尾根道を行く。麻生山の西山腹を巻いて下っていくと送電鉄塔がある。南に進路をとり、広葉樹林や植林帯を下って伐採地に出る。ここからの眺めもよい。

桧の植林帯を抜けると金比羅平神社だ。ここでお参りして金比羅山へ。金比羅山は公園になっており、春はツツジが美しい。北寒寺集落をすぎて舗装道路に出て、五日市高校を抜けていけば武蔵五日市駅へと導かれる。

■登山シーズン

2月～3月中旬の天気のよい日に吉野梅郷の梅を満喫し、このコースを登れば、日の出山の頂上で関東平野を一望できる。ある年の3月中旬に訪れた際には、梅がとてもきれいで、ちょうど前日に雪が降ったこともあり、爽やかな日和だった。一年中登山者の姿は絶えないが、おすすめは秋から春。

■ワンポイント・アドバイス

＊つるつる温泉から汽車の形をしたバスが1時間おきに武蔵五日市駅に向けて出発する。事前に時間を調べておくとよい(つるつる温泉は火曜定休)。

＊吉野梅郷は梅の香に酔いを知る関東一の梅の里。120種類1500本の梅が集まる梅の公園で、園内の小高い山から梅の郷全体を見わたす景色は最高。期間中の土・日曜・祝日には数々のイベントが企画されている。

■問い合せ

あきる野市役所☎042-558-1111、青梅市役所☎0428-22-1111、吉川英治記念館☎0428-76-1575 、つるつる温泉☎042-597-1126、西東京バス五日市営業所☎042-596-1611

■2万5000図

武蔵御岳・五日市

東京雲稜会＝前田恵久(文)　前田恵久・柄沢啓太(写真)

16

御前山

カタクリと広葉樹が美しい奥多摩の人気コース

ごぜんやま
1405・0m

山岳の特徴

付近の観光

コースの難易度	
体力度	危険度

日帰り

歩行時間：5時間

歩行距離：9.5km

累積標高差：＋992m
－1159m

奥多摩湖畔から御前山を望む

御前山は、その雄大な山容から、三頭山《みとうさん》、大岳山《おおだけさん》とともに、奥多摩《おくたま》三山に数えられている。4月はカタクリの花、11月になればブナやカエデの紅葉がすばらしく、四季折々に楽しむことができる。紹介するコースは、奥多摩湖畔から雑木林の尾根道をたどり、山頂からは奥多摩都民の森、通称「体験の森」を経由し、多摩川の橋上にある境橋《さかいばし》バス停まで歩く、よく手入れされた登山コースである。

ＪＲ青梅《おうめ》線奥多摩駅からバスで奥多摩湖へ向かう。20分ほどで**奥多摩湖バス停**に着く。**登山口**は小《お》河内《ごうち》ダムの堰堤を渡った左側にある園地で、広場にはトイレや休憩舎が整っている。石段を登り、尾根上に出ると、右側に頂上広場があり、満々と水を貯めた奥多摩湖や、正面に六《む》ツ石山《いしやま》、奥多摩特有の山上集落が望まれる。

ここからいっきに高度をかせぐ急登となるが、斜面が緩やかになり、植林地をすぎれば、**サス沢山《さわやま》**である。雲取山《くもとりやま》から続いている石《いし》尾根の眺望がよく、ひと息つくには格好な場所だ。

サス沢山からの大《おお》ブナ尾根は岩が露出した気持ちよい道で、みごとなブナの大木がある。途中、奥

↑サス沢山で樹林がいったん途切れ、背後に奥多摩湖が俯瞰できる

→4月下旬には山頂周辺でみごとなカタクリの群落が見られる

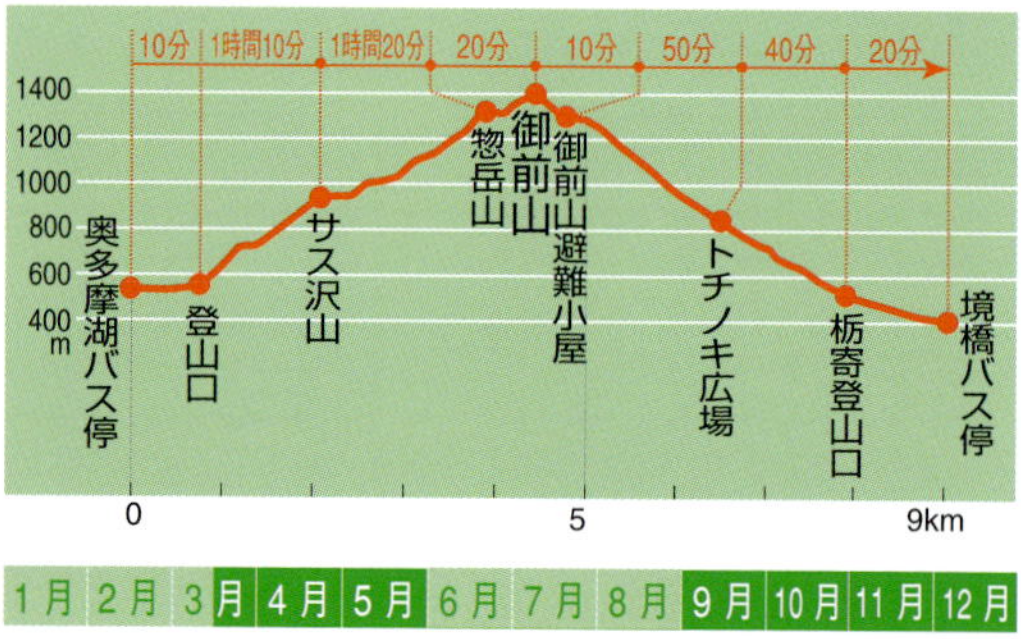

1月	2月	3月	4月	5月	6月	7月	8月	9月	10月	11月	12月

多摩湖に下るコースがあるが、通行禁止となっている。

惣岳山《そうがくさん》手前はすべりやすい急坂となる。春はこのあたりからカタクリの群生地となり、大勢の登山者でにぎわう。御前山山頂手前の見晴台では、富士山、三頭山、大《だい》菩薩《ぼさつ》、丹沢《たんざわ》などが見わたせる。ひと登りで広い**御前山**山頂だ。

広い山頂でゆっくり休んだら、少し下り、十字路を左に入れば、トイレもある**避難小屋**に着く。水場もあるが、シーズン中の飲用は不適。小屋からすぐに「体験の森」の中の下りとなる。指導標が整備されていて安心できる道だ。**トチノキ広場**には休憩舎やトイレもあり、小休止するのにちょうどよい。

舗装された作業道を左側に見て、階段を下ると、すぐに栃寄《とちより》ノ大滝が現れる。沢沿いの道はちょっとした渓谷で、新緑や紅葉がすばらしい。水がきれいなため、ワサビ田もある。

栃寄登山口で車道に出て、20分も歩けば**境橋バス停**に着く。

チェックポイント

❶惣岳山手前の気持ちよい尾根道

❷登山者でにぎわう御前山山頂

❸山頂直下にある避難小屋

❹橋の中央にある境橋バス停

■登山シーズン

広葉樹林に覆われているので、新緑や紅葉のころが最高。4～5月はカタクリの花がみごとで、落ち葉を踏みしめて歩く晩秋も素敵である。

■ワンポイント・アドバイス

＊奥多摩湖へのバスは1時間に1～3本運行。JR快速ホリデー号との接続がある。

＊帰路、境橋からのバスは夕刻となり、便数が少なくなるので、事前に時刻の確認を。

＊マイカー利用の場合は、ダム周辺に無料駐車場が整っている。

＊登山開始直後は高度差約200mの急登で、ところどころロープも張ってある。あせらずにゆっくり登ろう。

＊惣岳山周辺は、カタクリの群生地となっており、最盛期は東京都山岳連盟の自然保護委員が保護にあたっている。注意事項は守るようにしよう。

＊御前山避難小屋はきれいに保たれている。小屋脇には水場もあるが、シーズン中はオーバーユースの問題で、飲用には不適となる。

＊トチノキ広場からの沢道は、増水時には注意が必要。遠回りとなるが、体験の森の舗装された道を歩こう。

＊奥多摩駅から青梅街道に出て、新氷川トンネル手前を右手に入ったところに、汗を流すのにちょうどよいもえぎの湯がある。大人（2時間）700円。

■問い合せ

奥多摩町役場☎0428-83-2111、奥多摩都民の森（体験の森）管理事務所☎0428-83-3631、西東京バス氷川車庫☎0428-83-2126

■2万5000図

奥多摩湖

東京山倶楽部＝中島孝治（文）　千葉正夫・青木一夫（写真）

17

ブナ林と展望の山から奥多摩湖へ

三頭山《みとうさん》 1531m ① 都民の森～三頭山

山岳の特徴

付近の観光

コースの難易度

体力度 危険度

日帰り

歩行時間:4時間15分

歩行距離:9.5km

累積標高差:＋767m
−1210m

三頭山中央峰から雲取山方面を望む

どっしりと美しい山容を誇る奥《おく》多摩《たま》三山の最高峰・三頭山は、貴重なブナの原生林が残され、富士山や奥多摩湖の眺望も楽しめる。

ここでは都民の森から三頭《みとう》ノ大滝《おおたき》経由で山頂へ、そして奥多摩湖までいっきに900メートルを下降するコースを紹介しよう。

↑奥多摩湖上のドラム缶橋を渡って下山する

→落差33メートルを誇り、四季折々に表情を変える三頭大滝

都民の森バス停から遊歩道を森林館まで登り、左方へチップが敷き詰められた遊歩道「大滝の路」を進むと**三頭ノ大滝**に着く。休憩舎やトイレもあり、左に少し下った吊り橋からは落差33メートルの滝の景観がすばらしい。ゆっくり眺めていこう

三頭沢とブナ沢の合流点から右の三頭沢の右岸に沿って高度を上げると、ブナはもちろん、サワグルミやシオジなどの渓畔林が美しく、また、各所で砂岩などの堆積岩に石英閃緑岩が貫入し、熱で変成したホルンフェルスが観察できる。

やがて沢を離れ、ジグザグの急登を登りきれば、三頭山から笹《ささ》尾根に続く稜線の鞍部、**ムシカリ峠**にたどり着く。コースを逆に、大《おお》沢山《さわやま》方面に5分ほど登れば三頭山避難小屋だ。トイレもあり水も確保できる。

ベンチで少し休んだら、いよいよ山頂への最後の登りとなる。東峰への道を右に分け、階段状の急登をいっきに登れば**三頭山**山頂である。木立の中の小広いピークで、富士山、丹沢《たんざわ》、雲取山《くもとりやま》方面の展望

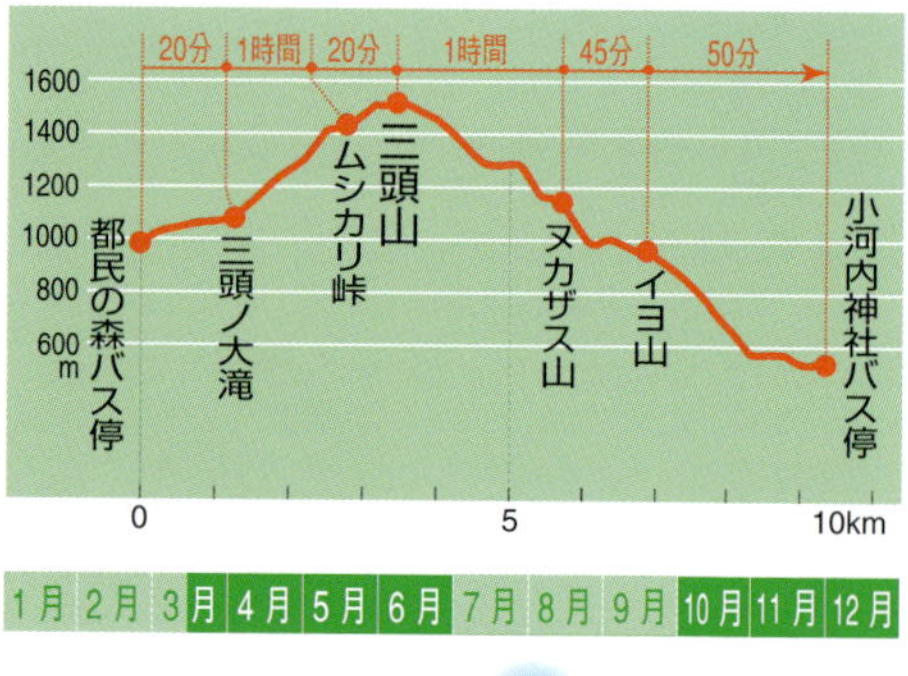

1月 2月 3月 4月 5月 6月 7月 8月 9月 10月 11月 12月

に恵まれている。「中央峰」の標柱が立ってはいるものの、地形的には「西峰」にあたる。

頂から東に階段を下りると御堂《みどう》峠。奥多摩湖へは左へ山腹を巻くように進むが、正面を少し登り、1531メートルの最高点と、「東峰」の道標が立つ1527・5メートル地点にも足をのばし、文字通りの「三頭山」としたい。

ブナ林の美しい広い尾根道を鶴《つる》峠、続いて金風呂《かなぶろ》への分岐を左に見送り、緩やかな登下降を繰り返すと、いよいよツネ泣坂《なきざか》の急坂にかかる。ところどころにロープが張ってあるが、慎重に足を進めよう。

ヌカザス山の小ピークを越え、岩の露出した急坂を下れば、奥多摩湖や大寺山《おおてらやま》の仏舎利塔が指呼の距離で眺められる。**イヨ山**《やま》まで小さなコブをいくつか越え、さらに植林帯の中の急坂を奥多摩周遊道路までいっきに下る。

道路を右に進み、奥多摩湖に浮かぶプラスチック製の橋を渡れば**小河内《おごうち》神社**のバス停である。

チェックポイント

❶三頭ノ大滝にかかる滝見橋

❷渓畔林が美しい登山道を行く

❸三頭中央峰の標識が立つ三頭山山頂

❹急坂のツネ泣坂は慎重に下ろう

■登山シーズン

ブナ林が美しい新緑や紅葉期はもちろん、森にヤマユリやレンゲショウマが彩りを添える夏、大滝が結氷し静かな冬枯れの季節と、四季折々にすばらしい。

■ワンポイント・アドバイス

＊都民の森へは武蔵五日市駅から直通バス(西東京バス1時間20分。1日2往復。冬季は運休)か、数馬で乗り継ぐ無料の連絡バス(15分)に乗車。都民の森休園日の月曜(祝日の場合は翌日)、年末年始は運休。平日・土曜・日曜でダイヤが変わるので要確認。

＊マイカーの場合は都民の森の大型駐車場が利用できる。

＊三頭山の山名は、3つの頂をもつからとする説や、檜原・小河内・西原の住民が祠を山に担ぎ上げ、その「三堂」が「御堂」に、そして「三頭」へと転訛したと伝える説など諸説がある。

＊ツネ泣坂は、京から移ってきた美男の若僧香蘭と、村でも評判の美女ツネとの悲恋物語に由来する。オツネが名残を惜しみ、泣き泣き越えたという急坂には、ところどころにロープが張ってあるが、冬季は落葉の下が凍結し、すべりやすくなっている。特に注意が必要だ。

＊ドラム缶橋を渡った高台にある馬頭館(☎0428-86-2151)で日帰り入浴ができる。

■問い合せ

檜原村役場☎042-598-1011、奥多摩町役場☎0428-83-2111、西東京バス五日市営業所☎042-596-1611、同氷川車庫☎0428-83-2126、都民の森☎042-598-6006

■2万5000図

奥多摩湖・猪丸

東京野歩路会＝小高令子(文と写真)

「ドラム缶橋」の名で親しまれる浮橋を渡る

18

ブナ林と展望の山から奥多摩湖へ

三頭山《みとうさん》②奥多摩湖〜三頭山

1531・0m

山岳の特徴

付近の観光

コースの難易度	
体力度	危険度

日帰り

歩行時間:6時間20分

歩行距離:12.5km

累積標高差:＋1275m
−1142m

　奥多摩《おくたま》三山のひとつ、三頭山には多くのルートがある。現在では都民の森から自然観察路や遊歩道を通って簡単に登れてしまうが、昔から親しまれたドラム缶橋を渡って、ヌカザス尾根を登ってみよう。ブナの美林を満喫できる静かなコースである。

　奥多摩駅から丹波《たば》・小菅《こすげ》方面行きのバスに乗り、**小河内《おごうち》神社**で下車する。かつては「ドラム缶橋」で親しまれた麦山の浮橋を渡って、奥多摩周遊道路に上がり、右にしばらく進むと、三頭の名水という湧き水がある。

　車道伝いに少し進むと、左手に三頭山登山口の指導標が見えてくる。指導標の階段を登り、山道に入るとすぐに樹林帯の尾根道となる。展望のない単調な登りを続け、1時間ほどで**イヨ山《やま》**だ。

　イヨ山から少し下って、再び急登になる。相変わらず樹林帯の道だが、ブナの木々が美しい。**ヌカザス山《やま》**の道標は道の途中にあるが、もう少し先に進んだ指導標のところが本当の山頂だ。

　ヌカザス山からアップダウンを繰り返すとツネ泣坂に出る。ここには「ツネ泣峠」の道標があり、右から山道が合流している。このあたりのブナ林は一段と美しい。

　ツネ泣坂からいっきに登りきると入小沢《いりおざわ》ノ峰《みね》に着く。展望は開けないが、広場になっているので休憩によい。

　さらに登り、鶴《つる》峠への分岐を右に見て進むと、尾根沿いの登りと、尾根の左側を巻く道に分かれる。どちらをを進んでも御堂《みどう》峠に出る。左に登ると**三頭山**最高点から東峰へ行ける。東峰には展望台があり、御前山《ごぜんやま》や大岳山《おおだけさん》の展望が得られる。続いて右に木の階段を少し登れば中央峰だ。道志《どうし》山塊、富士山、奥多摩湖が望める。

　中央峰から木の階段の急坂を下りきった鞍部がムシカリ峠だ。りっぱな道標が立っている。少し登り返すと、ログハウス風の避難小

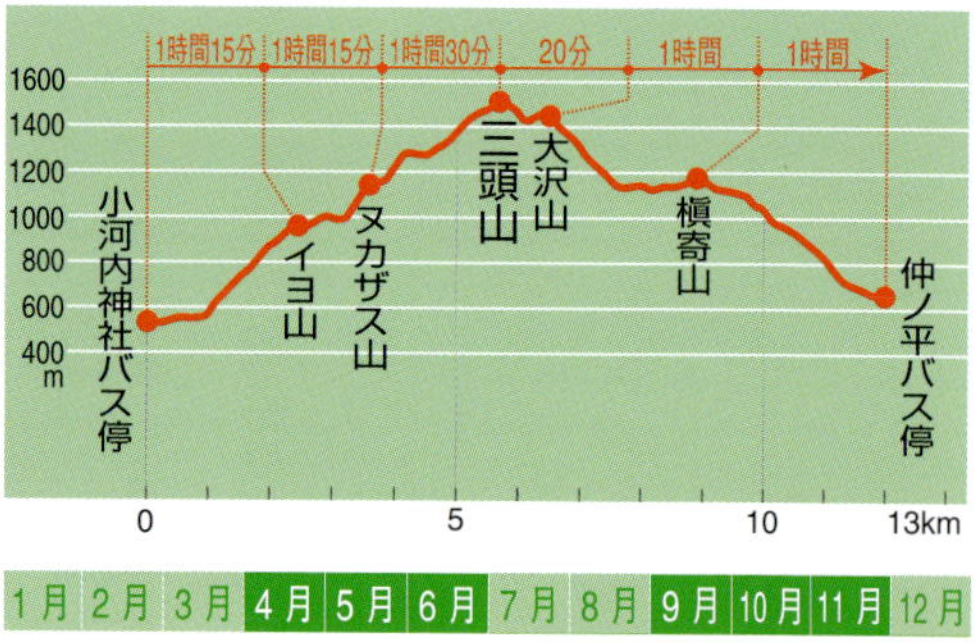

屋が建っている。

避難小屋をあとにして、**大沢山**を越えると、三頭大滝への分岐が現れる。やがて道は平坦になり、ブナ林から松の植林帯に変わる。上野原《うえのはら》方面への分岐をすぎて登ると**槇寄山**《まきよせやま》だ。南側が開けて展望が得られる。

山頂の先を少し下ると西原《さいはら》峠で、数馬《かずま》から上《うえ》野原《のはら》へ向かう道が交差している。ここを左に数馬方面へ向かう。しばらく下ると、道が分岐する。数馬方面に直進し、さらに下っていくと前方に周遊道路が見え、集落が現れる。観音堂で車道に出れば、**仲ノ平**《なかたいら》**バス停**はすぐだ。

チェックポイント

❶冷たくておいしい三頭の名水

❷ヌカザス山は静かな山頂

❸富士山の眺めがよい三頭山山頂

❹小さなベンチがある西原峠

❺仲ノ平。近くには温泉もある

■登山シーズン

新緑の4～5月と紅葉の10～11月ころがベスト。特にブナ林の新緑、紅葉の時期がおすすめ。冬季は空気が澄んで、富士山がことのほかすばらしい。

■ワンポイント・アドバイス

＊小河内神社バス停の手前、峰谷橋バス停前に峰谷駐車場がある。手前に6台、奥に7台程度の駐車スペースがある。屋根つきベンチや水洗トイレ、電話ボックスもある。峰谷橋を渡ってトンネルを抜ければ、小河内神社のバス停まで5分ぐらいだ。

＊下山口の仲ノ平バス停から周遊道路を登っていくと、始発の数馬バス停までは5分ぐらいだ。

＊ヌカザス尾根～三頭山～西原峠のルートには水場が少ない。登山口手前の三頭の名水で必ず水を補給すること。

＊三頭山の避難小屋はログハウス風で、トイレも完備した清潔感のある避難小屋だ。時間にゆとりがあれば、避難小屋で1泊する計画を立てるのもよい。

■問い合せ

奥多摩町役場☎0428-83-2111、檜原村役場☎042-598-1011、西東京バス氷川車庫☎0428-83-2126、同五日市営業所☎042-596-1611

■2万5000図

奥多摩湖・猪丸

三頭山避難小屋

山岳写真ASA＝星野恒行（文）　塩田諭司・藤岡信孝・星野恒行（写真）

19

笹尾根

冬の日だまりハイクに最適な尾根道

ささおね
1098・3m（丸山）

山岳の特徴―

付近の観光―

浅間尾根の御林山付近からは長大な笹尾根がよく見える

笹尾根は、三頭山《みとうさん》から発する長大だが比較的なだらかな尾根である。雑木林の木漏れ日を浴びながら、誰でも気軽にハイキングが楽しめるが、意外に登山者は少なく、静かな山歩きが堪能できる。

上川乗《かみかわのり》でバスを降りる。道は少し先で奥多摩湖《おくたまこ》と上《うえ》野原《のはら》の2方面に分かれる。ここでは上野原への道を行く。南秋川《みなみあきがわ》橋を渡り、S字カーブの車道を上がると、左に浅間《せんげん》峠への登山口がある。

沢沿いに登り、小さな橋を渡って、杉林の中、つづら折りの急な道を登る。しだいに傾斜が緩やかになり、まっすぐな道になると、小さな祠が見えてくる。鞍部を乗り越して右側の山腹を巻いていくと、あずまやが建つ**浅間峠**に到着する。

浅間峠を右折して急登すると、比較的平らな尾根道となり、雑木林の枝越しに富士山や棡原《ゆづりはら》の集落が見える。いくつかのアップダウンを繰り返し、少し下ると**日原峠**《ひばら》だ。ここから人里《へんぼり》、笛吹《うずしき》へ下る道が分かれ、7~8分下ると水場がある。**土俵岳**《どひょうだけ》では桧の梢の上に富士山を見ることができる。

丸山《まるやま》へ登る手前右に巻道があるが、直登すると日当たりのよい**丸山**頂上に着く。ここを直角に右折して、少し下ると先ほどの巻道に合流する。左折して雑木林とササ原の中を歩き、少し下ると古い石の道標がある笛吹峠だ。少し登ると日当たりのよい広場がある。

道は藤尾《ふじお》への分岐でほぼ直角に右折し、大羽根山《おおはねやま》方面への分岐を経て、**数馬**《かずま》**峠・上平**《かみだいら》**峠**に出る。田《た》和《わ》バス停への分岐点には草原があり、南側に権現山《ごんげんやま》などが展望できる。ここを少し登ると平坦な尾根道となり、しばらくすると北側が開け、御前山《ごぜんやま》や大岳山《おおたけさん》などが見え

コースの難易度

体力度　危険度

日帰り

歩行時間:6時間15分

歩行距離:14.5km

累積標高差:＋1258m
－1001m

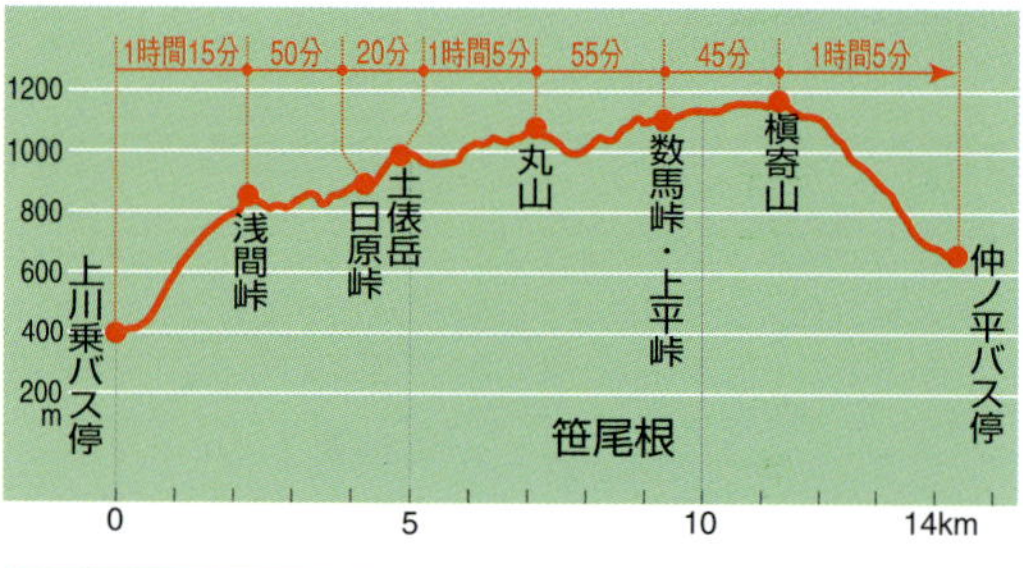

1月	2月	3月	4月	5月	6月	7月	8月	9月	10月	11月	12月

るが、最近は草木の生育により、多少視界が妨げられている。山腹を巻くように下ると西原《さいばら》峠に出る。**槇寄山**《まきよせやま》へは2〜3分である。

帰路は、西原峠から左へ雑木林の中のなだらかな道を下っていく。965㍍付近で大平と数馬との分岐がある。数馬への道をとり、民家の脇を通り、車道に出てしばらく下れば、**仲**《なか》**ノ平**《だいら》**バス停**に出る。あるいは、左折して5分ほど歩けば数馬バス停で、武蔵五《むさしいつ》日市《かいち》駅行きの始発バスが出ている。

チェックポイント

❶あずまやが建つ浅間峠に到着

❷日だまりが心地よい丸山山頂

❸風化した石の道標がある笛吹峠

❹御前山や大岳山の展望を楽しむ

❺古くから郷原と数馬を結ぶ西原峠

❻南北の展望が得られる槇寄山

■登山シーズン

晩秋から早春にかけての日だまりハイクがおすすめ。厳冬期は登山道が凍っている場合もあるので、軽アイゼンをもっていくようおすすめする。

■ワンポイント・アドバイス

＊武蔵五日市駅前から西東京バス数馬行きが平日に10本、土・日曜に7本あり、都民の森行き急行も毎日2本あるが、季節運行なので、運転日に注意。いずれも上川乗バス停で下車する。

＊仲ノ平バス停から数馬の方へ2〜3分向かうと、トイレと駐車場(約10台)があり、その先の左側に蛇の湯たから荘という兜屋根の温泉旅館がある。料理は川魚や山菜料理である。道の右側高いところには一段と大きな兜屋根の民宿山城がある。先祖は中村数馬といい、その名前が地区の名前になった広大な山地主で、「数馬の殿様」ともいわれ、代々九頭竜神社の神官を勤めてきた。また仲ノ平から車道を少し下ると、左に山崎屋旅館がある。山岳文学の傑作として有名な『数馬の一夜』を書いた田部重治がしばしば泊まった旅館である。その斜め前に檜原村温泉センター・数馬の湯がある。

■問い合せ

檜原村役場☎042-598-1011、檜原村観光協会☎042-598-0069、上野原市役所☎0554-62-3111、西東京バス五日市営業所☎042-596-1611

■2万5000図

猪丸

東京野歩路会＝伊東政朗（文と写真）

数馬分岐から一本松へ向かう途中から御前山を望む

20

歩きやすい初心者向きコース。景観もすばらしい

浅間嶺《せんげんれい》

903m

山岳の特徴——

付近の観光——

コースの難易度	
体力度	危険度

日帰り

歩行時間:5時間

歩行距離:11.5km

累積標高差:＋793m
－1125m

休憩所からは大岳山をはじめ、奥多摩の山々を一望できる

コース上の数馬《かずま》分岐からの道は、江戸時代に馬によって木炭などを運び出し、米や塩などの日用品を運び入れた要路で、中甲州道《なかこうしゅうどう》ともよばれていた。それだけに山道は比較的緩やかで歩きやすい。

JR武蔵五日市《むさしいつかいち》駅から数馬行きのバスに乗り、**浅間尾根登山口**で下車。バス停の反対側にトイレがある。バス停から少し戻り、「浅間坂」の看板を左折して一枚石《いちまいいし》橋を渡る。製材所を左折、急坂の浅間坂を登ると舗装がなくなり、展望が開けて三頭山を望むことができる。

民家の手前を道標にしたがって左折する。樹林を進み、林道を横切る。やがてベンチがあるが、さらに進むと馬頭観音が祀られる**数馬分岐**に出る。

尾根道となり、緩い上り下りを続ける。左に御前山が望見できる。サル石や炭焼きをした跡もあり、おもしろい。昔旅人が目じるしとした**一本松**は、いまは朽ちて根だけが残っている。まもなく、木道の崩壊のため、回り道の急坂の登り下りがある、さらに道は尾根道と従来の道とに分かれるが、いずれも休憩舎に出る。尾根道を行くと富士浅間神社がある。その昔は仙元《せんげん》神社といわれ、浅間嶺の名前の語源となったそうだ。

休憩舎から**浅間嶺**（見晴台）山頂は近い。りっぱな標識があり、八重桜が多い。のぞき穴のある2本の柱から大岳山《おおだけさん》、御前山《ごぜんやま》をのぞくのもおもしろい。

桜並木に沿って緩く下り、標識に沿って左に進むと従来の道の延長線の道に出る。やがて瀬戸《せと》沢の源流に沿い、石で組んだ階段を下ると、大きな一軒家がある。荷継場があったという場所で、「お代官休息所」とあるのには恐れ入る。5月にはクリンソウがみごとだ。

時坂《とっさか》峠の**茶屋**からは舗装され、車も入ることができる。舗装道路

を下り、**分岐**する道を左にとり、200メートルも行ったところに祠がある。ここを山道にしたがって下ると、先に分岐した舗装道路を横切ったところにトイレがある。

標識にしたがって急坂を舗装路に出たり山道に入ったりを繰り返すと左に**駐車場**がある。この先のトイレの脇を直進して、丁字路を右に進むと**払沢《ほっさわ》ノ滝**である。

滝見物をしたら往路を下り、橋を渡ると**払沢ノ滝入口バス停**だ。

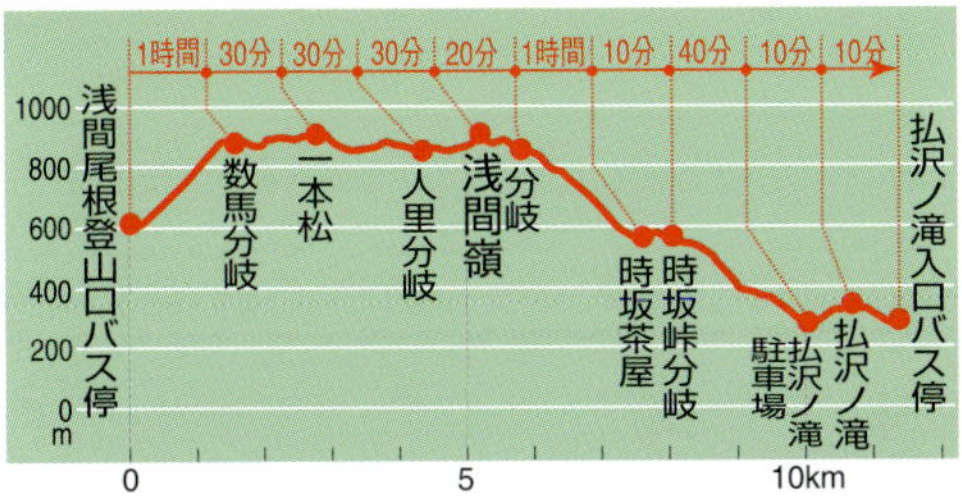

1月 2月 **3月 4月 5月 6月** 7月 8月 **9月 10月 11月 12月**

■登山シーズン

このコースは、真夏、厳冬（払沢ノ滝を除く）を除けばよい。春は山頂の桜、ツツジ、瀬戸沢のクリンソウ。秋は時坂峠あたりの紅葉、落葉した木々から望む富士山、奥多摩の山々の景観、そして払沢ノ滝がみごと。

■ワンポイント・アドバイス

＊浅間尾根登山口バス停には、武蔵五日市駅からバスで50分ほどかかる。同じ方向で都民の森まで行くバスもあるが、急行があり、浅間尾根登山口には停まらないバスもあるので注意。

＊逆のコースをとった場合は、払沢ノ滝入口バス停が登山口。この場合、30分ほど多くかかる。ただし、下山したあと数馬の湯で疲れをいやせる。また、逆コースでは時坂峠茶屋までタクシーが入るので、登山時間はかなり短縮できる。

＊檜原街道沿いや登山口に民宿が数軒ある。払沢ノ滝入口バス停前には「ちとせ屋」という豆腐店があって、おみやげとして好評だ。

■問い合せ

檜原村役場☎042-598-1011、西東京バス五日市営業所☎042-596-1611、横川交通☎042-598-0083、京王タクシー☎042-596-1711

■2万5000図

猪丸・五日市

チェックポイント

❶浅間尾根登山口バス停前のトイレ

❷数馬分岐。馬頭観音とベンチがある

❸ベンチのある人里分岐

❹人里分岐〜浅間嶺間の尾根道

❺広い浅間嶺山頂。シーズンには多くの人が憩う

❻緑と花に囲まれた時坂集落の民家

❼さわやかに水を落とす払沢ノ滝。盛夏でも涼しい

東京野歩路会＝内野光男（文と写真）

21

戸倉三山《とくらさんざん》・今熊山《いまくまやま》

奥多摩を歩き慣れた人向きの縦走路

842・1m（臼杵山）　505m

山岳の特徴―

付近の観光―

秋川《あき》の支流である盆堀川《ぼんぼり》をとり囲む臼杵山《うすきやま》、市道山《いちみちやま》、刈寄山《かりよせやま》は、かつてこの一帯が戸倉《とくら》村であったので、「戸倉三山」と総称されている。一方、今熊山は、「呼ばわり山」とよばれ、失踪した人や失せ物探しに霊験あらたかと参拝の人々を集めていた。この4つの山を縦走するコースを紹介しよう。

臼杵山北峰から笹尾根の向こうに富士山の雄姿を望む

JR武蔵《むさし》五日市《いつかいち》駅から バスを利用、**元郷**《もとごう》で下車する。沢沿いに堰堤を越え、樹林帯に入ると急な登りとなり、尾根の鞍部に出る。左に折れ、尾根伝いに緩急の登りを行けばテレビ共同受信アンテナがある小さな平地に出る。

さらに高度を上げ、テレビ電波中継局のある地点を越えて**臼杵山北峰**に出る。天候に恵まれれば、右手笹《ささ》尾根の向こうに、富士山が望める。

すぐ先で荷田子《にたご》からグミ尾根をたどるコースに合流するが、直進して5、6分も行けば、三角点のある臼杵山南峰だ。

市道山へは左手の急坂を下る。登下降を繰り返していくと、前方に長い登り坂が現れ、木の根の露出した急坂を登る。右手に笹平方面からヨメトリ坂を登る道が合流すると**市道山**山頂に着く。樹林に囲まれ、広くはないが、落ち着いた休憩地である。

刈寄山へは左手の急坂を下る。下ったところが吊尾根、陣馬山《じんばさん》方面への分岐点である。尾根に沿って峰見《みねみ》通りへと直進する。

尾根歩きにあきるころ、小ピー

コースの難易度	
体力度	危険度

日帰り

歩行時間：7時間20分

歩行距離：14.5km

累積標高差：＋1301m　－1341m

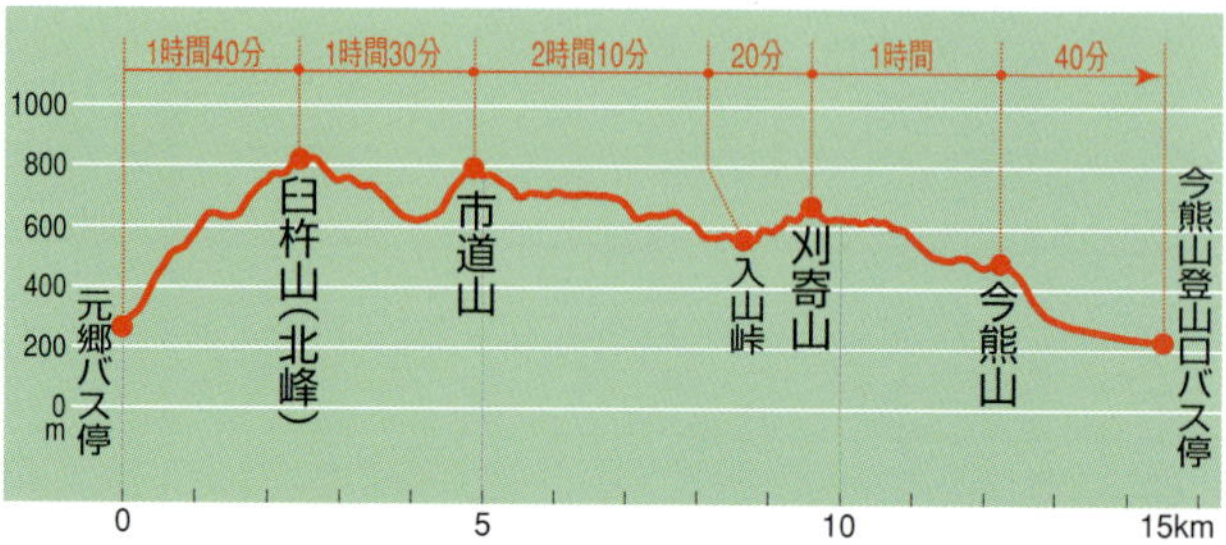

1月 2月 3月 4月 5月 6月 7月 8月 9月 10月 11月 12月

クに建つ鉄塔を確認したら、ピーク手前で右手山腹の道を進む。次に右手の森久保《もりくぼ》を経て関場《せきば》バス停方面への道に入る。すぐに三差路になるので左手にUターンして進み尾根に戻る。

この先は、起伏のある尾根を進む。鉄塔の下をくぐり、さらに進むと、**入山峠**の車道に下り立つ。峠から木立の中の登山道に入り、ひと登りすると尾根に出る。左の山頂に向かって登りきると、あずまやのある**刈寄山**山頂だ。南側の展望が開け、たどってきた山稜を見わたすことができる。

今熊山へは、往路を戻り、尾根通しに道標を確認しながら進む。歩きやすい道を行くと、今熊山の下にいたる。広い**今熊山**山頂には今熊神社の本殿がある。

今熊山を下りはじめると、すぐ下にトイレがあり、幅広いつづら折りの道を下ると、麓の今熊神社遥拝殿にいたる。春先のミツバツツジの群落は一見に値する。神社からは車道を10数分で**今熊山登山口バス停**に着く。

■登山シーズン

四季それぞれ季節に応じたよさが味わえる。特に若葉、桜、ツツジの春と紅葉、落葉の秋がおすすめ。

■ワンポイント・アドバイス

＊登山口の元郷バス停へは、JR武蔵五日市駅から数馬行き、払沢ノ滝入口行き、小岩・藤倉行きといずれのバスも利用でき、所要時間は20分。

＊下山地点の今熊山登山口バス停から、武蔵五日市駅へはバスで10分だが、1時間に1便と少ないので、事前に調べて下山時刻を調整するとよい。また、車道の反対側のバス停から八王子駅行きのバスも利用できる。

＊ショートカットのきかない長丁場の縦走路であり、途中水の補給ができない。武蔵五日市駅で充分な飲み物を用意し、日没に備えてヘッドランプなどの装備の確認と、天候を見極めて出発することが肝心である。

＊エスケープルートは、市道山からヨメトリ坂を笹平へ下る尾根道がある。通常1時間少々で笹平バス停に着く。入山峠にいたる手前からは、森久保を経て関場バス停に約1時間で下れる。

■問い合せ

あきる野市役所☎042-558-1111、西東京バス五日市営業所☎042-596-1611

■2万5000図

五日市

山岳同人ネームレス＝山﨑常昭・武田浩良（文と写真）

チェックポイント

❶臼杵山北峰山頂。臼杵神社が祀られる

❷市道山山頂。左手の急坂を刈寄山へ向かう

❸三差路。Uターンして尾根道へ合流する

❹刈寄山山頂。山頂の標柱とあずまやが建つ

❺今熊山山頂にある今熊神社本殿

22

奥多摩むかし道《おくたまむかしみち》

のどかな山里に古き民間信仰を偲ぶ旧街道

山岳の特徴

付近の観光

コースの難易度	
体力度	危険度
日帰り	
歩行時間:3時間40分	
歩行距離:9.5km	
累積標高差:+778m −587m	

紅葉が美しい惣岳渓谷沿いの道

古くから交易と生活の道として利用されてきた旧青梅《おうめ》街道をたどり、ゆったりと奥多摩の自然・文化にふれるハイキングコースを歩いてみよう。**奥多摩駅**を背にして、氷川《ひかわ》の信号を右に曲がり、氷川大橋を渡って直進する。次の信号の先右手に「奥多摩むかし道」入口の看板があり、コースの概要をたどることができる。

30㍍ほど先の道標にしたがって左に曲がり、急な羽黒坂《はぐろざか》を越え、軌道跡を横切ると、明るい石畳の道となる。林道に出て左に進むと**槐木《さいかちぎ》**の休憩所で、馬頭観音が祀られている。ここから青梅街道手前まで下り、集落の間を上がって、ベンチから長い階段を下りると橋《はし》詰《づめ》のバス停だ。

春の山里を華やかに彩る桜

沢沿いの歩きやすい道となり、**小中沢《こなかざわ》橋**(不動《ふどう》の上《うえ》滝)を経て集落をすぎると、境橋《さかいばし》へ下る道と分かれ、砂利道となる。この道標は見落としやすいので注意したい。

ほどなく**白髭《しらひげ》神社**で、神殿と御神体の巨岩は階段の上だ。この先、弁慶《べんけい》の腕《うで》ぬき岩《いわ》、耳神様《みみがみさま》をすぎると、樹齢200年のイロハカエデの大木があり、晩秋には艶やかに紅葉を染め分け、写真愛好家の人気スポットとなっている。

惣岳不動尊《そうがくふどうそん》、がんどうの馬頭様をすぎると、**しだくら橋**。吊り橋の中ほどから惣岳渓谷の高度感と美しい眺めを楽しもう。コースに戻れば、頭上に落ち葉に埋もれて見落としそうな縁結び地蔵尊がある。古くは茶屋があったという馬の水のみ場、珍しい牛頭《ごず》観音をすぎると、民家の向かい側にむし歯地蔵尊が祀られている。川合玉堂の歌碑とベンチ、2つ目の吊り橋の道所《どうどころ》橋をすぎ、緩やかに上がるとダム施設と青梅街道をつなぐ**車道**に出る。

コースは右に40㍍ほど進み、道

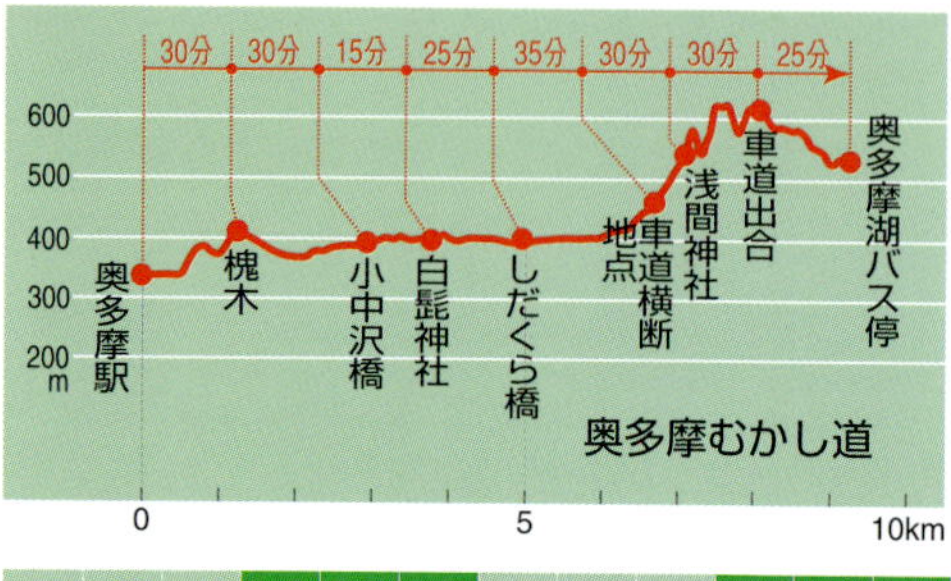

1月 2月 3月 4月 5月 6月 7月 8月 9月 10月 11月 12月

標にしたがって左斜め方向の山道に入る。急な登りを越えると、道祖神のあるダム工事事務所跡、迫力あるダム側壁が目前だ。中山《なかやま》集落をすぎると**浅間《せんげん》神社**で、はじめて奥多摩湖が見える。

この先は緩い下りとなるが、右斜面からの落石に注意しよう。少し上がって集落をすぎると、**車道**歩きの下りとなり、青梅街道を渡って階段を上がると**奥多摩湖**に到着する。

チェックポイント

❶ダム工事の軌道跡を横切る

❷石柱や木の道標が格好の目印

❸境橋手前で右の砂利道へ

❹白髭神社と御神体の巨岩

❺ユニークな形の弁慶の腕抜き岩

❻民間信仰のひとつ、耳神様

❼静かにたたずむ紅葉の惣岳不動尊

❽しだくら橋を渡ってみよう

❾左が切れ落ちた落ち葉の山道

❿奥多摩湖側起点の水根バス停

■登山シーズン

4月中・下旬の桜、5月のツツジと新緑、11月中・下旬の紅葉の時期に訪れたい。冬季は凍結箇所での転倒、滑落に注意。

■ワンポイント・アドバイス

＊コースの途中には食事処や売店がないため、飲物や昼食は持参すること。

＊奥多摩湖バス停前の水と緑のふれあい館では、奥多摩の歴史や民俗、ダムと自然に関する情報が展示されており、特産物の売店やレストランもある。

＊沿道の民家を通過する際には、迷惑にならないよう配慮したい。

＊逆コースの場合、奥多摩湖からはコース入口がわかりにくいので、水根バス停からスタートした方がよい。

■問い合せ

奥多摩観光案内所☎0428-83-2152、奥多摩ビジターセンター☎0428-83-2037、奥多摩水と緑のふれあい館☎0428-86-2731、JR奥多摩駅☎0428-83-2151、西東京バス氷川車庫☎0428-83-2126、奥多摩温泉もえぎの湯☎0428-82-7770

■2万5000図

奥多摩湖

日本登高研究会＝鈴木由美子(文)　山口良治(写真)

23

静かな山歩きと鳩ノ巣渓谷の探勝

大多摩ウォーキング・トレイル《おおたまうぉーきんぐ・とれいる》

山岳の特徴―

付近の観光―

コースの難易度	
体力度	危険度

日帰り

歩行時間: 2時間30分

歩行距離:5.0km

累積標高差:+360m
−315m

鳩ノ巣小橋下の河原から新緑と急流が美しい鳩ノ巣渓谷を見る

東京都民のだいじな水源である多摩川、その流れの中でも随一の絶景を誇るのが鳩《はと》ノ巣《す》渓谷だ。両岸に巨岩がそそり立ち、清流が白波をたてて流れる景観はみごとである。渓谷沿いには遊歩道があり、JR古里《こり》駅から白丸《しろまる》駅へ向かうコースは「大多摩ウォーキング・トレイル」として整備され、誰でも渓谷美を楽しむことができる。

古里駅で下車、青梅《おうめ》街道に出て右に歩く。消防署分室の先に、ウォーキング・トレイルの標識があり、道標にしたがって青梅街道と分かれ、左斜めの道を緩やかに下ると駐車場がある。すぐ先の寸庭《すんにわ》橋を渡ると、橋向こうに道標があり、右手の鉄階段を下って遊歩道に入る。しばらく杉木立の河原道を行き、沢沿いの山道に入る。寸庭川の橋を渡り、続いて越沢《こいざわ》にかかる**ホタル橋**を渡る。登り道に大《お》名沢《なざわ》の道標があり、急な登りとなって**松《まつ》の木《き》尾根**上に出る。

鳩ノ巣方面と御岳山《みたけさん》に分かれる分岐点に展望のよいあずまやがあり、鳩ノ巣と川苔山《かわのりやま》、本仁田山《ほにたやま》の眺望がすばらしい。ただし、崖上なので注意が肝要である。

分岐点を下るとキャンプ場がある坂下《さかした》の集落に出る。まもなく雲《うん》仙《ぜん》橋で多摩川を渡る。橋を渡ったら、車道脇の民宿の建物に沿って左に曲がり、つづら折りに下る。水神様の道標があり、うしろの岩峰上に祠がある。ここが遊歩道の見どころの鳩ノ巣渓谷である。

左岸の道を登り、左に曲がると、吊り橋の**鳩ノ巣小橋**に出合う。橋からの展望はすばらしく、奥多摩随一の渓谷美が堪能できる。

吊り橋を渡り、階段を下ると、

狭い岩場の道で、整備されてはいるが、慎重に歩いてほしい。岩場の道から急な石段を上がると休憩所があり、ひと休みしていこう。

雑木林をすぎ、急坂を上がると白丸ダムに着く。ダムのうしろには水面が青く光る白丸湖が現れる。湖畔の道は細い平坦な遊歩道で、杉木立の中に点在する雑木林は、新緑と秋の紅葉・黄葉ともに楽しめる。

しばらく歩くと**数馬峡《かずまきょう》橋**に出て、多摩川を渡り、青梅街道に着く。道標にしたがって右へ行けば、**白丸駅**は間近である。

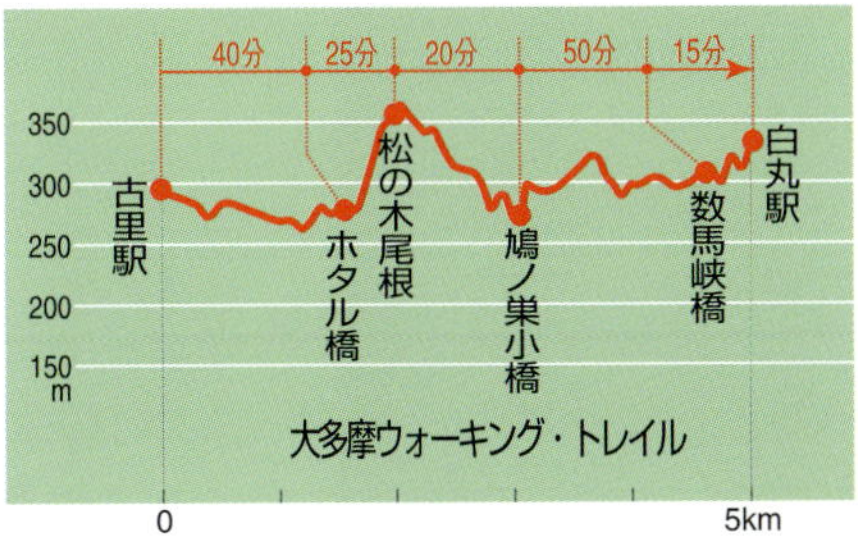

1月 2月 3月 **4月 5月 6月 7月 8月 9月 10月 11月** 12月

チェックポイント

❶青梅街道を離れて寸庭橋へ

❷寸庭橋を渡って、鉄階段を下りる

❸尾根上に出ると展望のよい分岐点に出る

❹雲仙橋を渡ったら民宿を左に曲がる

❺水神様から鳩ノ巣小橋を見上げる

❻白丸ダムの上にある白丸魚道入口

❼白丸ダム湖。青い湖面が美しい

❽数馬峡橋を渡ると青梅街道に出る

■登山シーズン

4月から5月の渓谷沿いの新緑、11月の鳩ノ巣渓谷の紅葉・黄葉がよい。

■ワンポイント・アドバイス

＊寸庭橋の先、越沢付近には源氏ボタルの生息地があり、夏にはホタルが舞う姿が見られる。

＊鳩ノ巣渓谷水神様のそばに、江戸時代に奥多摩の木材が川流しで搬出されていたころ、丸太を集積する「土場」があった。

＊数馬峡橋付近と鳩ノ巣小橋の手前には、食事処や喫茶店があり、昼食などに利用すると便利。

＊渓谷の遊歩道を歩く場合、白丸ダムの放流時、3月20日～11月23日までの早朝には注意を要する。

＊白丸ダムの左岸に魚の遡上を助ける魚道があり、一部はトンネルになっている。

＊白丸ダムには、観光放流する水を有効利用するため、下流に発電所が設けられた。

＊白丸駅の近くに「数馬の切通し」がある。昔、数馬峡が交通の難所だったころ、岩盤を切り開いて、奥多摩と青梅街道との行き来が便利になった。先人の苦労がしのばれる。

＊マイカー利用の場合、寸庭橋の前後に町営有料駐車場と無料駐車場がある。また、数馬峡橋を渡り、青梅街道の向かい側に町営無料駐車場がある。

＊奥多摩駅から10分のところに町営奥多摩温泉もえぎの湯（☎0428-82-7770）がある。露天風呂もあり、ウォーキングの帰りに汗を流すのもよい。

■問い合せ

奥多摩町役場☎0428-83-2111、奥多摩ビジターセンター☎0428-83-2037

■2万5000図

奥多摩湖・武蔵御岳

アメニティ・アルパイン・クラブ＝白石久夫（文）　波木正司・白石久夫・鈴木清司（写真）

24 青梅丘陵

青梅の歴史に想いをはせるハイキングコース

おうめきゅうりょう
494m（雷電山）

山岳の特徴——

付近の観光——

軍畑大橋から望む雷電山、辛垣山、三方山（左から）

青梅丘陵は青梅市の北側を東西にのびる低山の連なりである。里が近い割に意外なほど静かで、道もよく整備されている。ＪＲ青梅線各駅とを結ぶエスケープルートが随所にあり、ファミリーでも安心して歩ける。春にはシャガや桜、秋には紅葉が楽しめる。

ＪＲ青梅線**軍畑駅**《いくさばた》で下車。青梅寄りの踏切を渡って平溝《ひらみぞ》川沿いを行くと、平溝橋で二手に分かれる。左手の道は高水山《たかみずやま》へ。ここは榎《えのき》峠方面の道標にしたがって進むと雷電山《らいでんやま》登り口の**榎峠登山口**だ。

階段状の登山道はいささか急登だが、歩きはじめはゆっくり登ればよい。アップダウンを繰り返すと、尾根上に出て傾斜は緩む。ほどなく右手上が**雷電山**山頂だ。展望は得られないが、春には桜並木が美しい。

二俣尾《ふたまたお》への最初の分岐に出ると「辛垣《からかい》城手前600メートル」の看板があり、左に曲がるとすぐに辛垣城趾（辛垣山《からかいやま》）に行く道を左に分ける。時間があれば立ち寄ってみるのもいいだろう。

コースは辛垣山を巻くようにつけられており、平坦で歩きやすく、ところどころにシャガの群生が見られる。辛垣山からの道を合わせたところが祠のある**名郷峠**《なごう》。北に下れば成木《なりき》、南に向かうと二俣尾だ。直進し、木の根の張り出した急斜面を登ると、鉄塔の前に飛び出る。ベンチのある小ピークは気持ちのよい景色が開けている。

右手に5分ほど登れば**三方山**《さんぼうやま》山頂だが、道標を見落としやすい。展望はないので、巻いて通ってもかまわない。

再び見晴らしのよい場所に出ると、鉄塔の手前を鉄道公園方向に右手へ下る。鉄塔はくぐらないので注意したい。黒仁田《くろにた》への分岐で右に曲がると、穏やかな尾根道に

コースの難易度

体力度　危険度

日帰り

歩行時間：4時間5分

歩行距離：10.5km

累積標高差：＋701m
−742m

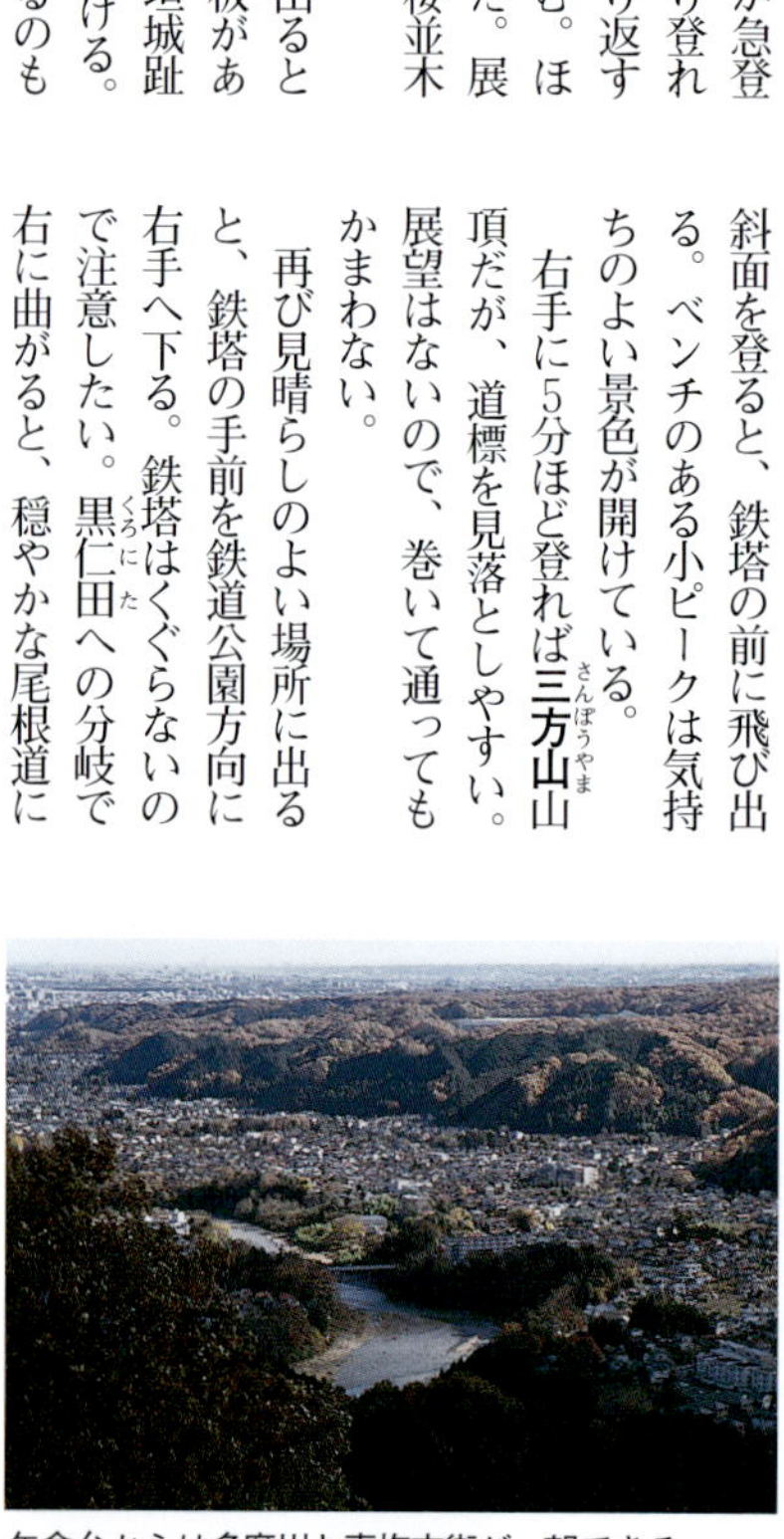

矢倉台からは多摩川と青梅市街が一望できる

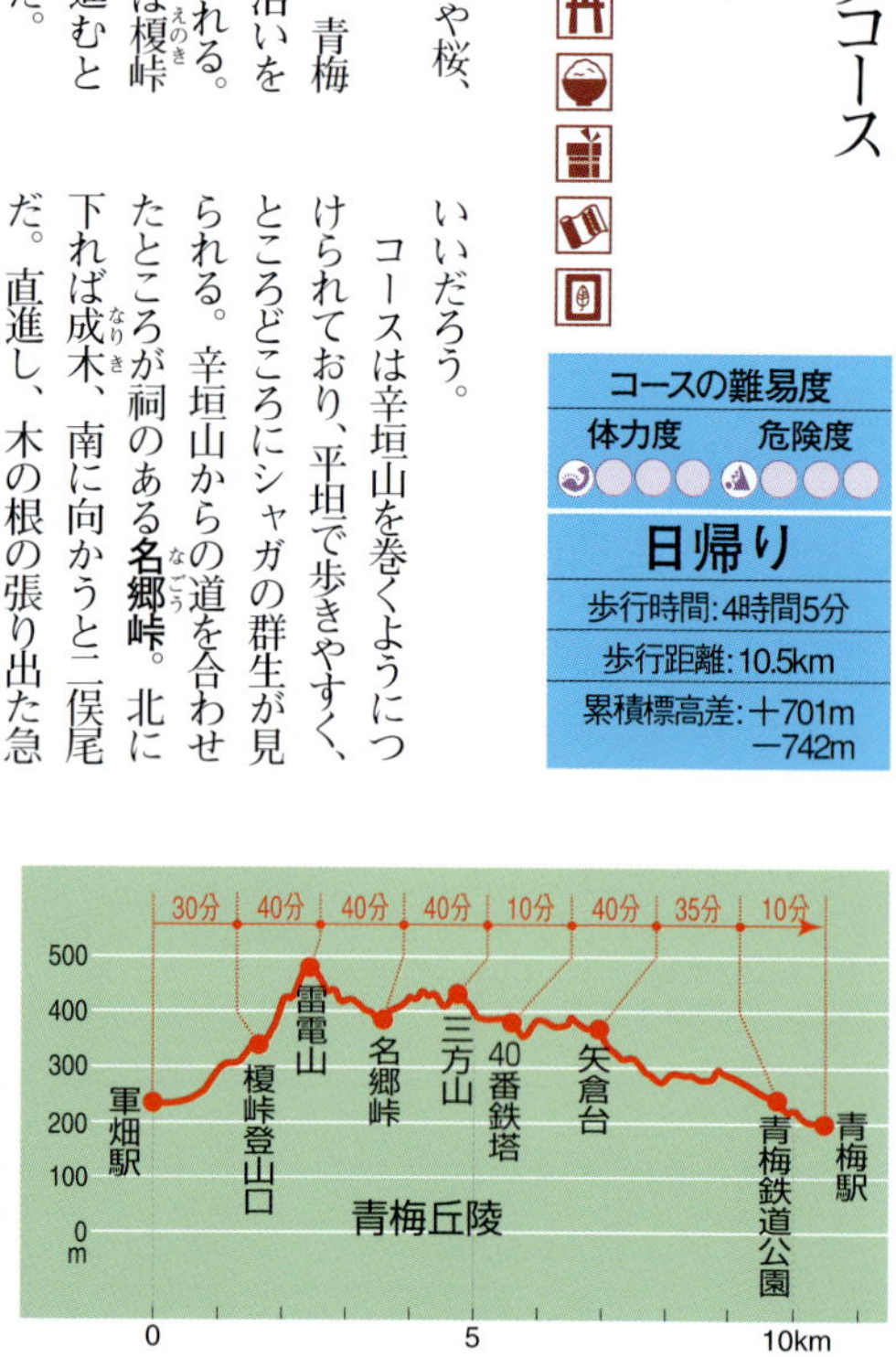

1月	2月	3月	4月	5月	6月	7月	8月	9月	10月	11月	12月

なる。案内図のある分岐に出ると山道は終わるが、コースは左に向かう。右に進めば日向和田《ひなたわだ》駅まで30分ほどなので、疲れたらここで下ってもよいだろう。

中世豪族の三田氏が物見櫓とした**矢倉台**《やぐらだい》からは、青梅市街や馬頭《まず》刈山《かりやま》方面が望める。第四休憩所からも町並みが眼下に広がる。叢雨《むらさめ》橋を渡って金比羅《こんぴら》神社をすぎると、永山《ながやま》総合グラウンドが見えてくる。**青梅鉄道公園**の角を右に下り、架線橋を渡ると**青梅駅**はすぐである。

■登山シーズン

桜のつぼみがほころびはじめる春から、遅い紅葉を堪能できる初冬までがおすすめのシーズン。早春や初冬は日没が早いので、無理をせず、時間に余裕をもって歩こう。1～2月と7～9月は寒さ暑さが厳しい時期なので、避けた方が賢明である。

■ワンポイント・アドバイス

＊JR軍畑駅は無人駅だが、土・日曜・祝日には駅員がいる。駅前に一軒だけある商店では行動食や飲料水が購入できる。

＊平溝橋から雷電山に直接のびる道が2万5000分の1地形図に記載されている。しかし現在は廃道となり、まったく通れない。

＊辛垣城は中世にこの地を治めた豪族の三田氏が辛垣山（からかいやま・450m）に築いて立て籠った天然の要害である。城主・三田綱秀らは八王子の滝山城主・北条氏照の軍勢に攻められ、激戦ののちに落城。綱秀は岩槻に逃れて自害し、三田氏は滅亡した。城趾は往時の姿を留めていないが、山頂からは多摩川にかかる軍畑大橋や御岳山方面が望める。

＊青梅駅から南に徒歩10分ほどのところに、青梅市郷土博物館がある。昭和54年に移築された重要文化財・旧宮崎家住宅をはじめ、青梅市の豊かな自然と歴史が紹介されている。ほかにも青梅駅周辺には青梅鉄道公園や赤塚不二夫記念館などの施設がある。

＊郷土博物館のそばに「かんぽの宿・青梅」があり、天然温泉に入れるのはここだけ。

■問い合せ

青梅市役所☎0428-22-1111、青梅市観光協会☎0428-24-2481、かんぽの宿・青梅☎0428-23-1171

■2万5000図

武蔵御岳・青梅

チェックポイント

❶展望はないが落ち着いた雰囲気の雷電山

❷辛垣城趾には解説板が立っている

❸標石と小さな看板があるだけの三方山山頂

❹鉄塔手前の道標を右に曲がる。間違えないように

❺40番鉄塔をくぐって穏やかな道を行く

❻案内板の左手がコース。右手は日向和田へ

アルプス灯会（文と写真）

25

秋川丘陵

あきがわきゅうりょう
264m（最高点）

秋川右岸の四季が楽しめるハイキングコース

山岳の特徴

付近の観光

ゴルフ場付近から桜の向こうに弁天山が見える

↑民家をすぎたあたりのみごとな竹林。歩いているとすがすがしい気持ちになる
→帰りがけには秋川の河原で川遊びも楽しい

コースの難易度	
体力度	危険度

日帰り

歩行時間:3時間
歩行距離:7.5km
累積標高差:＋259m
－239m

秋川丘陵は、秋川の南側に続く丘陵地帯で、東は滝山《たきやま》自然公園、西は秩父《ちちぶ》多摩《たま》甲斐《かい》国立公園に接している。あきる野《の》市と八王子《はちおうじ》市の境にあり、開発の波に押されているが、今でもまだ豊かな自然を感じることができる。ここで紹介するのは、秋川駅から武蔵増戸《むさしますこ》駅まで歩くコースで、静寂な散策道は、多くの人が楽しむことができる。

秋川駅の南口を出て、線路沿いに拝島《はいじま》方面へ進むと滝山街道に出る。街道に沿って南下する。右手に中村酒造を通りすぎて下っていくと圏央道が見えてくる。秋留《あきる》橋を渡ってサマーボウル右隣の駐車場をそのまま中に入っていくと、左奥が**登山口**である。

植林地の細い登山道を歩き、コンクリート製の擬木が階段状に取り付けられている急坂を登りきれば、丘陵上の道に出る。右に折れて尾根道を西進する。右手は雑木林で見晴らしはよくないが、左手に民家の屋根を見ながら歩く。

やがてモウソウチクが現れはじめ、しだいに数を増してくると竹林の中に入りこむ。この竹林を抜けると二条城址の小さな広場に出る。上戸吹《かみとぶき》バス停方面との分岐点であり、小さな祠が祀られている。ベンチもあるのでひと休みするのによいところだ。

この先で道は尾根道と山腹の道の2つに分かれる。ほどなく合流するので、どちらをたどってもよい。尾根上の道では小鳥のさえずりが聞こえ、山腹の道ではスミレの花も見られる。

合流地点から起伏も穏やかな丘陵の道をたどる。ベンチがある広場をすぎると、左手にゴルフ場があり、ボールを打つ音や人の声も聞こえてくる。やがて雹留山《ひょうどめやま》の小ピークを巻いていくが、たいていは気づかずに通りすぎてしまう。

サマーランド自然園のゲートを

すぎ、道は穏やかな下り坂となる。突き当たりを右に折れると、ゴミ処理場の金網のフェンスが続く。東京五日市《いつかいち》カントリー倶楽部のゴルフ場まで来ると、満開の桜の向こうに弁天山《べんてんやま》と城山《しろやま》が見える。

下り坂をそのまま進むと**山田《やまだ》大橋**に突き当たる。そこからは秋川のパノラマ風景が一望でき、**武蔵増戸駅**はもうすぐだ。市民体育館ファインプラザを右に折れる道を行くと、駅はすぐそこだ。

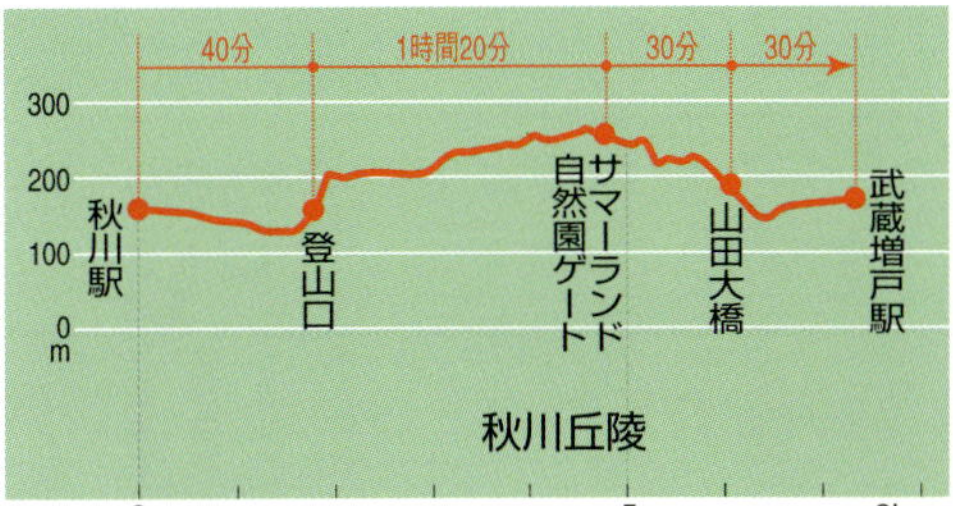

1月 2月 3月 4月 5月 6月 7月 8月 9月 10月 11月 12月

チェックポイント

❶サマーボール駐車場脇の登山道入口を入る

❷緑濃い竹林の中のしっかり踏まれた歩きやすい道を行く

❸幅の広くなった林間の道をたどる。ファミリーでも楽しめる

❹途中でサマーランド自然園のゲート脇を通過する

■登山シーズン

秋から春にかけての季節がおすすめ。春のきざしが現れる３月、桜が咲く４月、まばゆい新緑に装う５月に訪れたい山である。夏にはホタルブクロが見られる。

■ワンポイント・アドバイス

＊秋川駅からバスも出ているが、本数は少ない。西東京バス５分で秋留橋下車。

＊滝山街道を南に向かう途中で、右手に中村酒造がある。黒板塀に囲まれた多摩の地酒「千代鶴」の造り酒屋だ。入口には大きな酒林が飾ってある。酒林とは杉の葉を束ねて球状にし、軒先にかけて看板とするもの。資料館も併設され、開館は12時～16時30分。試飲コーナーもある。

＊歴史の名残を留める二条城址がある。

＊山田大橋から都天然記念物に指定されている六枚屏風岩が見える。

＊このコースと弁天山をつなげて歩くことも可能だ。

■問い合せ

あきる野市役所☎042-558-1111、西東京バス五日市営業所☎042-596-1611、中村酒造☎042-558-0516

■2万5000図

拝島

JMC高嶺会＝本郷和正（文と写真）

26

里山を歩く気分が味わえるハイキングコース

滝山丘陵

たきやまきゅうりょう
170・7m（最高点）

山岳の特徴—

付近の観光—

コースの難易度

体力度　危険度

日帰り

歩行時間：3時間10分

歩行距離：10.0km

累積標高差：＋168m　−146m

秋川《あきがわ》と多摩川《たまがわ》が合流するあたり、昭島《あきしま》市と八王子《はちおうじ》市の境界付近の丘陵を「滝山丘陵」とよんでいる。コース中の滝山城跡は、武蔵《むさし》野《の》国の守護代であった大石定重が、永正18（1521）年に築城したとされる。典型的な山城で、城郭の大きさや掘割の規模など、戦国時代の城郭遺構としては、日本有数の規模を誇っている。丘陵上は道も整備されており、近隣の住民が散歩する姿も見られる。ここでは昭島駅から歩き、東秋留《ひがしあきる》駅までのコースを紹介しよう。八高《はちこう》線利用の場合は小宮《こみや》駅が便利だ。

↑多摩川の河原越しに滝山丘陵を望む

←霞神社裏からはあきる野の田園風景を眺めることができる

昭島駅前にある飛躍の像をあとにして、江戸《えど》街道を右へ。2つ目の信号を左へ曲がり、大師《だいし》通りをまっすぐ行く。拝島《はいじま》橋を渡れば「かたらいの路滝山コース」の看板のある**滝山ハイキングコース入口**に着く。

木の階段を登ると丘陵上に達する。雑木林から桧、杉の植林地を抜けていく。右手に里山を思わせる風景が現れ、ほっとさせられるところだ。桜の木の点在する尾根道は平坦で歩きやすい。途中、ヤマツツジの木も多く、道端にはスミレも咲いている。

さらに雑木林の中を進んでいく。このあたりが最高点170・7《メートル》なのだが、気づかずに通りすぎてしまうだろう。ほどなく、**古《こ》峯《ぶ》ヶ原《はら》園地**に着く。台地上にはベンチもある。

コナラやイヌシデなどの雑木林の中を進むと、左手に乗馬クラブのクロスカントリーコースが現れる。ソメイヨシノやヤマザクラの並木が続く道を進むと、急に溝が現れ、橋がかかっている。ほどなく城跡の曲輪《まがりわ》が現れ、この溝が、敵の侵入を防ぐ空掘りであったことがわかる。左手下の窪地には多くの桜の木が植栽されている。

右手に上がったところが**滝山城跡**の中心、中の丸である。あたりは広場になっている。橋を渡ったところが本丸。奥に霞《かすみ》神社がある。その橋の下の道が下山路である。戻ってもよいし、霞神社の裏からもこの道に入れる。

この道を下っていくと、農家の点在する里道に出る。行く手が開けたら多摩川の土手をたどり**東秋川橋**に着く。橋を渡り、道標にしたがって歩けば、**東秋留駅**まではさほど遠くはない。

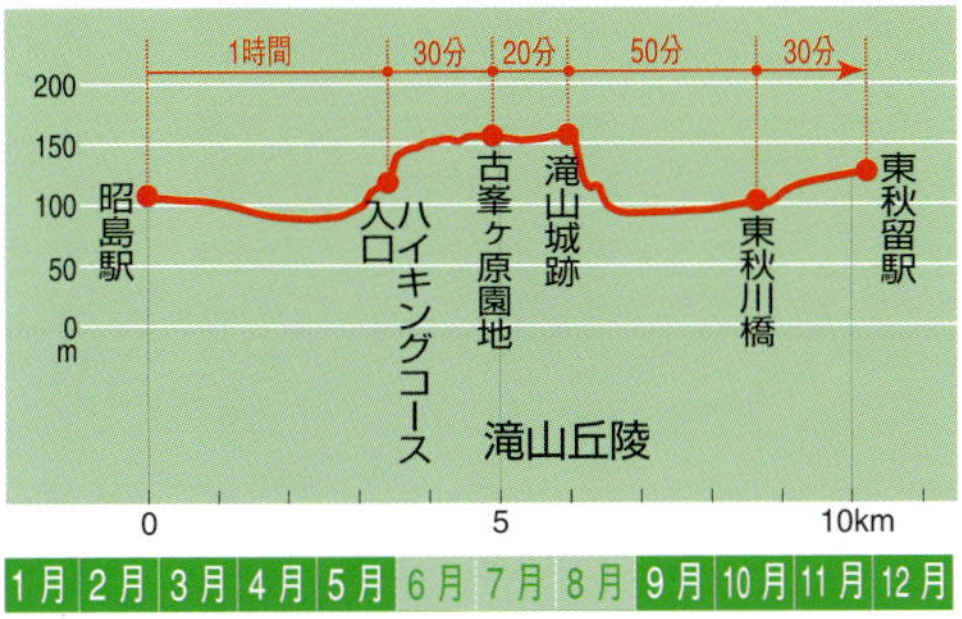

チェックポイント

❶ハイキングコース入口からすぐに、木の階段を登っていく

❷森林浴を楽しみながら雑木林の道を行く

❸古峯ヶ原園地への登り。看板の横から登っていく

❹滝山城跡の桜。3月下旬～4月上旬に見られる

■登山シーズン

一年中歩けるが、秋から冬、春にかけてがよいだろう。コース中の滝山城跡は滝山の五千本桜で有名。

■ワンポイント・アドバイス

＊登山口までは拝島駅からバスも出ているが、平日に1本あるだけで、休日は運休。昭島駅から歩いた方がよい。八高線利用の場合は小宮駅から歩くことになる。小宮駅から東秋留駅まで「かたらいの路滝山コース」として整備されている。

＊帰路は東秋川橋から拝島駅行き、福生駅行きのバスも出ているが、どちらも1時間に1本程度しかなく、五日市線の東秋留駅まで歩いた方がよい。徒歩約30分。

＊正月2・3日のダルマ市で知られる拝島大師では、春はフジ、秋は榊祭りなど、市民の憩いの場になっている。大師通りからは空気が澄んだ日には、富士山の姿も見ることができる。

＊東秋川橋からは、地形図を片手に大塚古墳や西秋留石器時代住居跡などを訪ねてみるのもよい。

＊健脚であれば、隣の秋川丘陵とつなげて1日で2つのコースを歩くことも可能だろう。

＊東秋留駅近くの「郷土館かんいち」は、手ごろな値段で手打ちうどんが楽しめる。このコースは短いので、時間をあわせて、ここでお昼にするのもよいだろう。

＊特産品としてアブラナ科の野菜、野良坊菜（のらぼうな）がある。

■問い合せ

八王子市役所☎042-626-3111、多摩環境事務所☎042-523-3171、西東京バス本社☎042-646-9041、郷土館かんいち☎042-558-6271

■2万5000図

拝島

JMC高嶺会＝長野文彦（文と写真）

27

霞丘陵

かすみきゅうりょう
238m

花の名所と名刹を訪ね、いで湯の里でのんびり

山岳の特徴

付近の観光

山の斜面を染め上げる塩船観音のツツジ

吹上しょうぶ公園のみごとなショウブ

都心から約1時間ほどでアプローチできる霞丘陵ハイキングコースは、花あり、名刹あり、温泉ありで、人気の近郊ハイキングコース。山裾の沿道で出会うのどかな里山風景も魅力である。

東青梅駅《ひがしおうめ》北口から塩船観音寺《しおふねかんのんじ》へ向かう。六万薬師《ろくまんやくし》の手前を左折して、突き当たった光明寺《こうみょうじ》の交差点を右へ。さらに三差路を左へたどって、切り通しを抜けると、左手が**吹上**《ふきあげ》**げしょうぶ公園入口**。初夏に訪れて、丘陵の谷戸を彩るハナショウブを愛でるのもいい。

吹上小前バス停まで進み、道標にしたがって観音通りを歩く。少し坂になった切り通しの道をすぎると、**塩船観音寺**に着く。大化年間（645〜650年）に開かれたと伝えられる関東屈指の古刹である。境内には国指定重要文化財の仁王門、阿弥陀堂、本堂をはじめ、風格ある堂宇が立ち並ぶ。

境内を一巡してから、裏手にあるつつじ園へ向かう。多彩なツツジを鑑賞しながら、右手の道を登っていくと、眼下を一望できる展望広場に出る。

展望広場のすぐ先が霞丘陵ハイキングコースのスタート点だ。分岐ごとに立つ道標にしたがって歩けば、道に迷う心配はない。左下にゴルフ場が接するようになり、やがて舗装道路に出合う。

立正佼成会入口まで進み、車止めの**ゲート**を越えて敷地内へ入ろう。広々とした舗装路の両側は桜並木が続く心地よい散歩道だ。

茶畑を眺めながら下っていくと、反対側のゲートに出るが、舗装道路を正門まで出る。左手に立正佼成会「青梅道場」が見える。

岩蔵《いわくら》街道を渡ったすぐ右手が**笹**《さ》**仁**《に》**田**《た》**峠**で、七国《しちこく》峠への登り口である。杉の植林帯を直登すると尾根道となり、ところどころで樹林が開け、奥多摩《おくたま》や奥武蔵《おくむさし》の山々が顔

コースの難易度	
体力度	危険度

日帰り

歩行時間：3時間5分
歩行距離：8.5km
累積標高差：＋219m
−285m

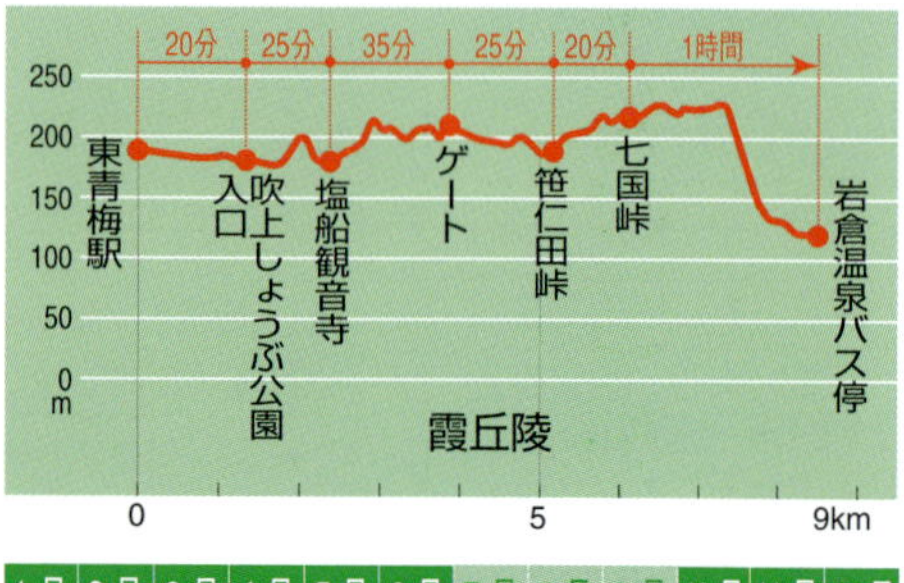

1月	2月	3月	4月	5月	6月	7月	8月	9月	10月	11月	12月

をのぞかせる。

広場をすぎると、三角点の標石がある**七国峠**に到着する。かつては七つの国々が見わたせたことからこの名がついた峠だが、往時の面影はとどめていない。

雑木も混じる快適な尾根道をたどると急坂となる。足もとに注意しながら下りきると小曽木《こそぎ》の集落で、**岩蔵温泉バス停**までは5分ほど。黒沢《くろさわ》川沿いにあるひなびた温泉郷で風呂に入り、食事をするのも楽しい。

チェックポイント

❶吹上しょうぶ園入口を通る

❷塩船観音寺の裏手に抜ける

❸立正佼成会道場入口を入る

❹すがすがしい緑陰の道を行く

❺笹仁田峠から左上に登る

❻七国峠。杉の植林が成長し、展望は得られない

❼岩蔵街道に下り着く。右に行けば岩蔵温泉へ

■登山シーズン

塩船観音寺では4月中旬～5月中旬につつじ祭りが開催される。例年4月20日ごろからが見ごろで、たいへんにぎわう。5月3日の大祭も一見の価値があり、柴燈護摩供や山伏の行列、火渡り荒行が盛大に行われる。6月初旬～下旬は吹上花しょうぶまつりが開催される。したがって4月中旬～6月下旬がベストシーズンといえよう。

■ワンポイント・アドバイス

＊塩船観音寺の敷地を出ると、舗装道路に出て、右に曲がると立正佼成会のゲートにいたる。ここは堂々と入ることができる。この中は標識がほとんどなく、道に不安を感じるところだ。さらに進んで反対側のゲートを出て、舗装道路を進み、左手に立正佼成会の青梅道場が見える。さらに進んで笹仁田峠だが、峠らしくなく、反対側に道標があってそれとわかる。

＊岩蔵温泉儘多屋から2～3分歩くとバス停がある。東青梅行き、飯能行き、河辺行きがあり、日中は1時間に1本程度。

＊岩蔵温泉の各旅館では入浴のみも可。料理を頼むと、休憩できて3時間程度遊べる。

＊岩蔵温泉のバスを少し先に歩くとコンビニが1軒だけあって、トイレも気持ちよく貸してくれる。

＊薪窯パンの店の主人は女性で気さくだ。頼めば窯も見学させてくれる。

■問い合せ

西武バス飯能営業所☎0429-72-4123、都営バス青梅支所☎0428-23-0288、青梅市役所☎0428-22-1111、儘多屋☎0428-74-4221、鍋屋旅館☎0428-74-4126、司翠館☎0428-74-6868、かわ村☎0428-74-5305、多喜山館☎0428-74-7251、薪窯パンの店「麦(muji)」☎0428-74-4525

■2万5000図

青梅

ともしび山岳会＝稲葉 力（文と写真）

28

陣馬山

じんばさん
854・8m

見晴らしのよい、ファミリーで楽しめる山

山岳の特徴

付近の観光

陣馬山山頂。富士山を眺めながら、ゆっくり休んでいこう

↑登山口周辺の春。みごとに咲いた桜が迎えてくれる
←与瀬神社の秋は紅葉がすばらしい

陣馬山は、戦国武将の武田氏が陣を張った場所であることから名づけられただけあって、展望に恵まれた山である。駅、陣馬山登山口、山頂、明王《めおう》峠にトイレがあるのも安心だ。車を利用すれば、和《わ》田《だ》峠から30分ほどで登れるため、天気のよい休日は大勢のハイカーでにぎわっている。高尾山《たかおさん》方面からランニングをしてくる人も多く、四季それぞれに楽しむことができる。ここでは神奈川県側の一《いち》ノ尾根《おね》から登り、相模湖《さがみこ》へ下るコースを紹介しよう。JR駅から登り、JR駅に下りることができ、バスの時間を気にせずに、ゆとりをもって歩くことができる。

JR中央本線**藤野《ふじの》駅**から線路沿いを相模湖方面に進み、踏切を越える。沢井《さわい》隧道をくぐり、20分ほど歩くと落合《おちあい》で、**陣馬山登山口**の石碑がある。石碑から左の道を進み、人家が途切れたら、舗装路はようやく畑地に突き当たり、道標わきから、尾根に取り付く。

ジグザグの急登で杉林をすぎ、雑木林に出たら緩やかな尾根道となる。和田の分岐まで平坦な道が続き、木の階段が出てくると頂上は近い。

コースの難易度	
体力度	危険度

日帰り

歩行時間:5時間5分
歩行距離:13.0km
累積標高差:＋972m
−986m

陣馬山山頂は実に広く、中央に白馬の像が立っている。富士山をはじめ、秩父《ちちぶ》や、遠く南アルプスの山々などの展望がすばらしい。

四方の展望を満喫したら、明王峠に向かおう。高尾山方面に向かう縦走路の下りはとても歩きやすく、ほんの少し登りのある**奈良子《ならこ》峠**手前には巻道もある。**明王峠**も富士山の展望がすばらしい休憩スポットだ。

峠からの下りは、木の階段をはずれるとすべりやすい。慎重に下っていこう。林道を横切り、矢の音を相模湖方面に進む。急な坂を下りきると**大平《おおひら》小屋跡**を通る。杉の美林を緩やかに下っていけば、大明神山《だいみょうじんやま》や子孫山《こまごやま》ノ頭《かしら》を巻いて、相模湖が見える展望台に着く。対岸の石老山《せきろうざん》が大きく見える。

登山道の終点となる**与瀬《よせ》神社**の石段は急なため慎重に下ろう。あるいは左側の坂を下るのもよい。

神社からは中央自動車道の陸橋を渡り、左側の階段を下る。あとは線路沿いの細道を進んで**相模湖駅**を目指す。

■登山シーズン

夏を避ければ、春、秋、冬とも快適。春は明王峠をはじめ、随所で桜が見られる。大気の澄んだ時期に和田峠まで車を利用し、富士山に沈む夕日を眺めるのも最高。

■ワンポイント・アドバイス

＊藤野駅から陣馬山登山口までバスもあるが、本数は少ない。

＊沢井隧道は車道と歩道を分ける白線が引いてあるが、車の通行に気をつけたい。

＊陣馬山登山口よりさらに先のバス停、上沢井から一ノ尾根に取り付いてもよい。

＊陣馬山からの下山路としては、栃谷尾根を下るか、奈良子峠から陣馬ノ湯に下ってもよい。和田峠から陣馬高原下に下った場合は、京王八王子行きのバスに乗る。一ノ尾根を引き返し、分岐を右にたどって和田に下りることもできるが、和田から藤野駅までのバスは本数が少ない。

＊陣馬ノ湯には3軒の温泉宿がある。

＊一ノ尾根にはところどころにベンチがあり、休憩をとるのには便利。

＊山頂の清水茶屋、富士見茶屋は年間を通して土・日曜、祝日営業。信玄茶屋は春、秋の土・日曜、祝日営業。明王峠小屋は年間を通して土・日曜営業。寒い季節にはおでんやナメコ汁など体の温まるメニューが人気。

＊中里や落合の集落では野菜の無人販売があり、新鮮な野菜が手に入る。

■問い合せ

八王子市役所☎042-626-3111、相模原市役所☎042-754-1111、神奈中バス津久井営業所☎042-784-0661、多摩バス☎042-646-9043

■2万5000図

与瀬

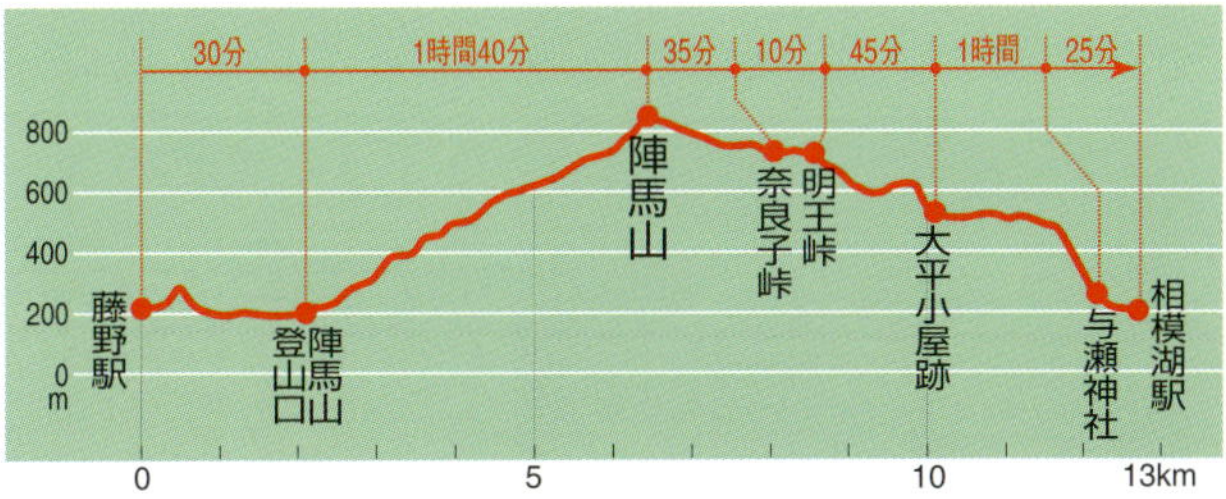

1月 2月 3月 4月 5月 6月 7月 8月 9月 10月 11月 12月

チェックポイント

❶陣馬山登山口の石碑から一ノ尾根コースに入る

❷山頂からは周囲の山々の展望や、秋には紅葉も楽しめる

❸明王峠ではベンチに座り、富士山を眺めながら桜を楽しめる

❹与瀬神社の急な階段は慎重に下りよう

日本登高研究会＝近内博子（文）　山口良治（写真）

29

景信山

富士と桜と関東平野を一望する山頂が魅力

かげのぶやま
727.1m

山岳の特徴

付近の観光

コースの難易度	
体力度	危険度
日帰り	
歩行時間:2時間50分	
歩行距離:7.5km	
累積標高差:＋612m −567m	

景信山は、高尾山《たかおさん》から陣馬山《じんばさん》までの縦走コースのほぼ中間に位置している。山頂は広々として、眺望のすばらしい山である。ここでは旧甲州《こうしゅう》街道沿いの裏高尾《うらたかお》町から、小下沢《こげさわ》林道を経て景信山に登り、小仏《こぼとけ》峠富士見《ふじみ》茶屋にいたるコースを紹介しよう。

貯木場の広場から小下沢上流の山々を見上げる

大下《おおしも》バス停で下車。来た道を4、5分戻ると、JR中央本線のガード手前にある小下沢林道入口にいたる。中央自動車道の下を通り抜けると、貯木場に面して小下沢梅林がある。梅の花のシーズンともなると一帯にはふくよかな香りが漂い、なんとも心地よい。

ここを少し下り、小下沢沿いに進むようになると、しばらくは渓谷が美しい。新緑のころには、沢音とともに目と耳を楽しませてくれる。早春には林道に咲く可憐な草花が写真ファンを引きつけ、ミソサザイやオオルリのさえずりが聞かれるようになると、休日には大勢のハイカーが訪れる。

岩を食んで流れる小下沢渓流

小下沢キャンプ場は、今は使われていないが、北高尾山稜《きたたかおさんりょう》や関場《せきば》峠への分岐点になっている。ここからしばらくはザリクボ沢沿いの登山道を行く。沢を離れるとつづら折りのコースとなり、高度を上げると展望が開けてきて、まわりの山並みや八王子《はちおうじ》、東京の街が展望できる。あたり一帯にはケヤキの巨木がたくさんあり、高尾の山々でも稀な景観を呈している。

東尾根に出れば山頂は近い。**景信山**の山頂は、最近、森林管理署によって行われた「景観に配慮した間伐」により、北東方面から南東方面の八王子市、東京、埼玉方面が一望できるようになった。

小仏峠へは南のコースをたどる。大勢の人が歩いている尾根道なので、雨天ですべりやすくならない限り危険はない。ほどなく石地蔵が祀られている旧甲州街道の小仏峠に着く。もうひと登りで**小仏峠富士見茶屋**だ。相模湖《さがみこ》、富士山、丹沢《たんざわ》、道志《どうし》の山々の眺めがす

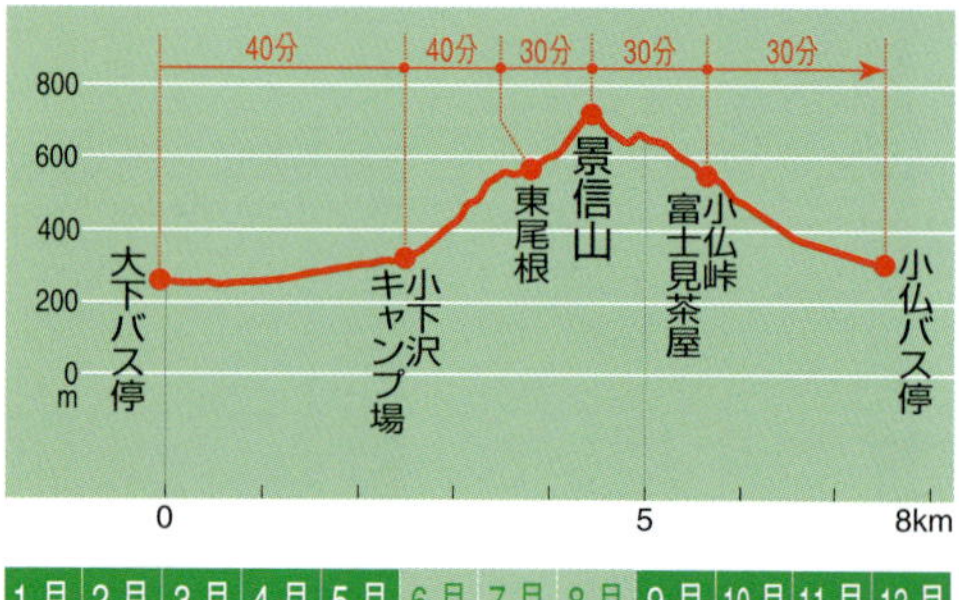

小仏峠富士見茶屋からのすばらしい展望

ばらしい。

小仏峠からは高尾山へいたるコース、**小仏バス停**にいたるコース、底沢《そこざわ》の美女谷《びじょだに》温泉にいたるコースの3ルートがある。東京方面からのハイカーが多いからか、縦走コースと小仏コースが多く使われているようだ。

■高尾の森づくり

小下沢の旧キャンプ場跡地から景信山までの登山コースは、国有林の中を通っている。ザリクボ沢から東尾根に出るまでの道の左右に何箇所か植樹地があり、落葉広葉樹の苗木が植えられている。日本山岳会自然保護委員会・高尾の森づくりの会は、林野庁が進める「市民参加の森づくり構想」に基づいて、ここ小下沢一帯（178ヘクタル）で、2001年1月から森づくりのボランティア活動を行っている。

もともと杉や桧の人工林であったが、つる性植物にからまれてしまって、木材生産が期待できなくなっていた。景観面からも放置できなくなっていたところを部分的に切り開き、落葉広葉樹を植えて、風景林を目指した森づくりを行っている。

苗木も3年経つと若木らしくなってきて、登山道がヤマザクラやカツラの花で彩られるのもそう遠い先ではない。登山道沿いにある作業道入口には標識が設けられているが、植樹地はガレ場が多く、落石の危険があるため、誤って立ち入らないよう注意が肝要である。

なお、森づくりに興味のある人や活動の詳細を知りたい人は、http://jactakao.net/にアクセスしてみていただきたい。

植樹地全景。空き地に見えるところに苗木が植えられている

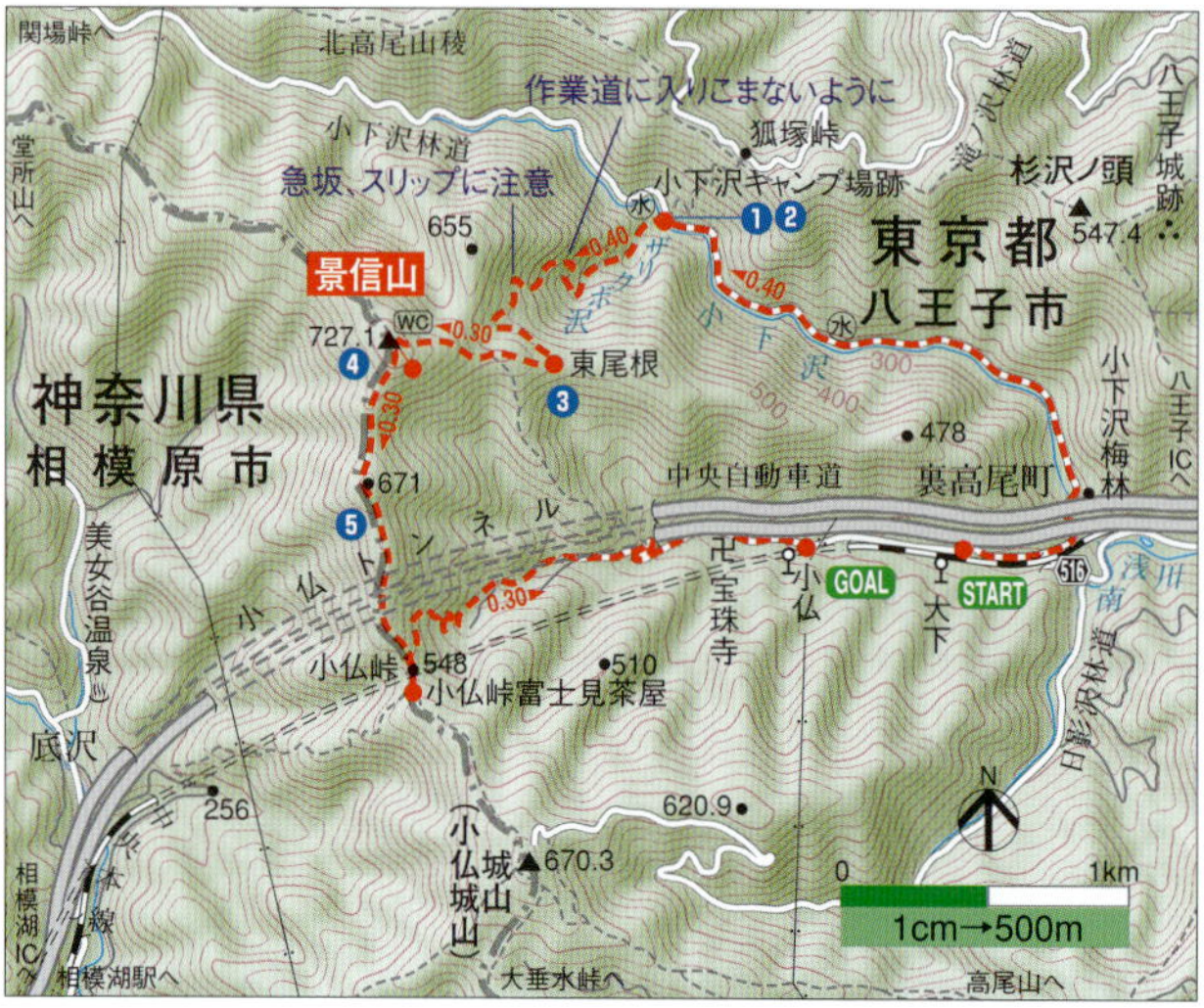

■登山シーズン

２月下旬～４月中旬の梅や桜、５～６月の新緑、10～11月の紅葉のシーズンが最もよい。陽だまりを求めて１、２月の山歩きも楽しい。ウィークデイは静かな山旅が楽しめる。

■ワンポイント・アドバイス

＊高尾駅北口から小仏行きの京王バスに乗り、約15分、大下バス停で下車し、来た道を小下沢入口まで戻るコースが楽。なお小下沢林道には車は入れず、入口付近には駐車場もない。

＊景信山山頂には景信小屋と景信茶屋がある。また小仏峠には小仏峠富士見茶屋があるが、いずれも土・日曜、祝日以外はほとんど営業していない。春は山菜、秋はきのこが土産品。

＊旧甲州街道沿いの高尾梅郷では毎年３月第２または第３土・日曜に梅祭りが行われる。

＊小仏バス停から峠方向に歩くと、15世紀ごろに開山といわれる臨済宗南禅寺派の小仏山宝珠寺がある。この寺の境内入口に鹿の子模様の樹皮をした巨木があるが、この木は「小仏のカゴノキ」として東京都天然記念物に指定されている。

＊小仏峠から旧甲州街道の登山道を相模湖方面に約40分下りると旅館「美女谷温泉」がある。鉄分を含んだ鉱泉で、700円で登山客も入浴可。夏場は温泉で汗を流してから帰路につくのもよい。

早春を彩る小下沢梅林

ザリクボ沢のニリンソウ群落

■問い合せ

高尾ビジターセンター☎042-664-7872、京王バス南☎042-677-1616、八王子市役所浅川事務所（梅まつり）☎042-661-1231

■2万5000図

与瀬

チェックポイント

❶小下沢キャンプ場跡地には国有林の看板とコース標識がある

❷ザリクボ沢入口。水を補給して出発しよう

❸東尾根のコース標識。針葉樹林帯の道が続く

❹春は桜が美しい景信山山頂。展望も楽しみ

❺小仏峠へはゆったりとした縦走路を行く

日本山岳会＝白井聰一（文と写真）

30

都民に親しまれる東海道自然歩道起点の山

高尾山《たかおさん》 599・2m

① 琵琶滝コース〜高尾山〜3号路

山岳の特徴——

付近の観光——

コースの難易度	
体力度	危険度
●○○○	●○○○

日帰り

歩行時間:3時間55分

歩行距離:8.5km

累積標高差:＋675m −675m

桜咲く一丁平から高尾山山頂を見る

1200年の歴史をもつ高尾山薬王院

高尾山は幼稚園児の遠足から、シルバーエイジのウォーキングまで、年間を通して楽しむことができる。6本の自然研究路と稲荷山《いなりやま》尾根コース、いろはの森コースなど、それぞれの体力や季節に応じて、自由にコースを組み合せることができるのも魅力である。

京王《けいおう》線**高尾山口《たかおさんぐち》駅**前に大きな案内図があるので、コースの全体像を把握してから出かけよう。駅構内にイラストマップも置かれているので参考にしたい。

改札口を出て、右に5分ほど行くと、ケーブルカーとエコーリフト乗り場の**清滝《きよたき》駅**前に出る。ケーブルカー乗り場の左側の道を行く。石地蔵《いしじぞう》、岩屋大師《いわやだいし》の先に**琵琶《びわ》滝の分岐**がある。数分のところに滝があるので見ていこう。修験者が水行をしているのを垣間見ることもある。

もとの道に戻り、流れを右に見ながら進む。ところどころにベンチがあるので、休みながら行こう。大きな杉やモミの木の道は深山の趣である。

大山《おおやま》橋をすぎ、小さな木橋の3つ目から飛石伝いに沢の中を進む。数分で右上の水平道に出る。やがて丸太の階段の登りとなり、上がりきったところが5号路との合流点。ここにもベンチがある。5号路を右に進めば1号路に出合い、山頂はすぐそこである。

高尾山山頂は、十三州大見晴台とよばれているだけあって、富士山から都心まで、すばらしい展望が楽しめる。ビジターセンターと

↑１号路に咲くスミレ。春は野の花が随所で見られる

←清滝駅前に立つ東海自然歩道起点の看板

数軒の茶店、水飲み場まで整備され、多くのハイカーでにぎわっている。

下山は3号路を行く。先ほどの合流点まで戻り、指導標にしたがい、3号路に入る。小さな尾根を下ると水平道になる。高尾山の南面をほぼ等高線に沿って進んでいく。「高尾山の植物」と題したこのコースは、カシ類やヤブツバキなどの常緑樹が多く、野鳥のさえず

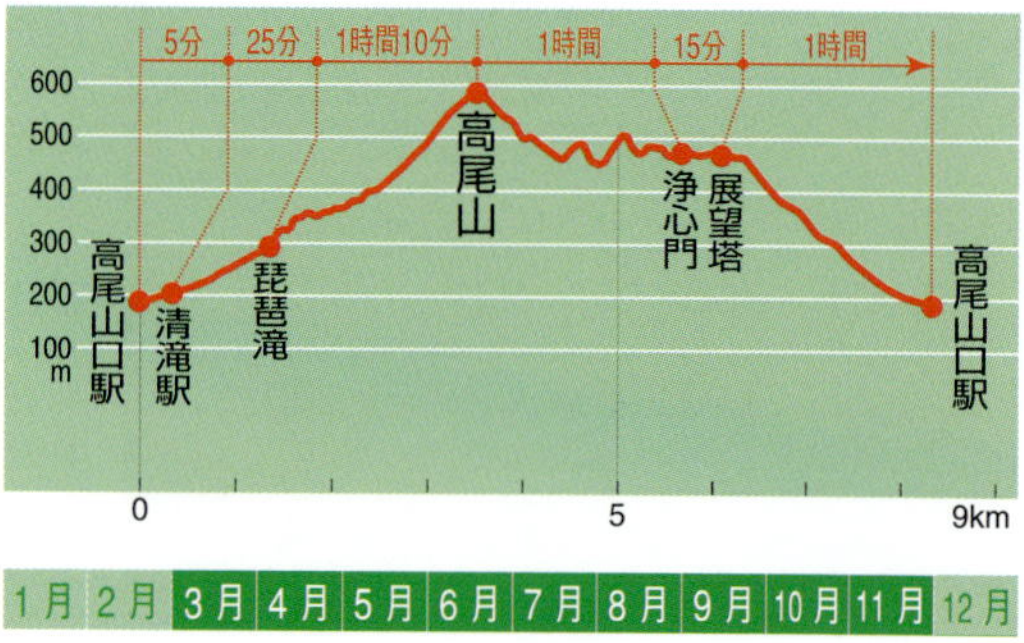

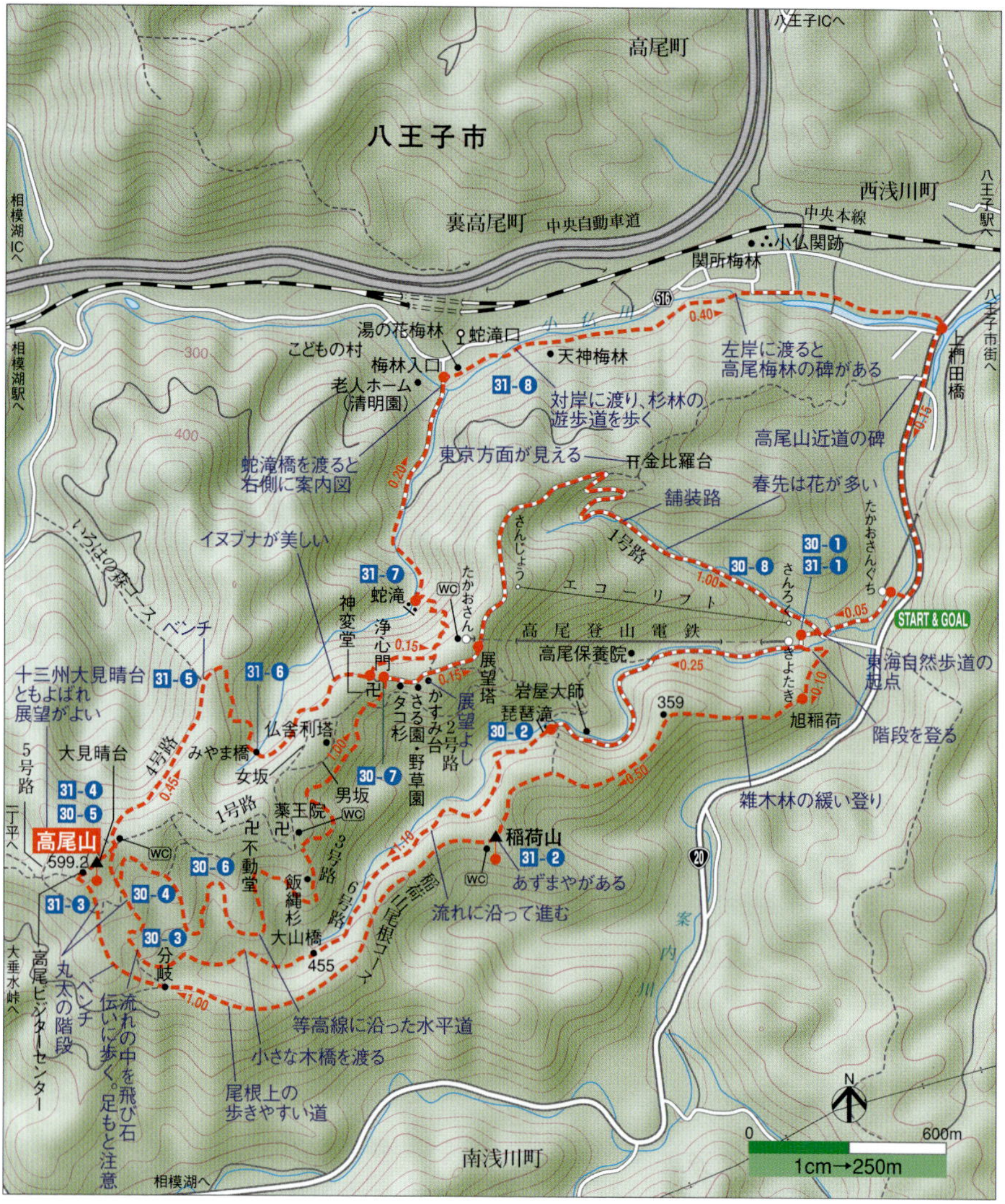

りが楽しめる。

浄心門《じょうしんもん》に出たところが1号路。高尾山のメインストリートである。タコ杉を見て、サル園、かすみ台を進めば、**展望塔**のあるケーブルカーの高尾山駅に着く。

小休止をしたら石畳の道をさらに下っていく。途中、金《こん》比《ぴ》羅《ら》台《だい》に寄り、都心方面の最後の展望を楽しみたい。1号路には春先にたくさんのスミレを見ることができる。5月にはシャガの花がきれいなコースである。やがて朝スタートした清滝駅前に戻る。

金比羅台からは東京方面を眺めることができる

チェックポイント

❶高尾山登山の表玄関、清滝駅

❷一条の清澄な水を落とす琵琶滝

❸稲荷山尾根への道を分けて谷中の道に入る

❹丸太の階段を登れば山頂は近い

❺四季を通して大勢のハイカーを迎える山頂

❻3号路は何度も木橋を渡る

❼浄心門の前を通って高尾山頂駅へ

❽木陰が涼しい1号路を下っていく

■登山シーズン
高尾山は年間を通して楽しめるが、芽吹きの新緑とカエデ類の紅葉のころがおすすめ。四季折々の草木にマトをしぼり、散策してほしい。タカオスミレを探しながら、バードウォッチングを楽しみながらなど、テーマをもって歩くのはどうだろう。冬場に沢筋の飛石が凍っている時には、稲荷山への道から山頂に向かった方が賢明である。

■ワンポイント・アドバイス
＊高尾山口駅までは、新宿から特急または準特急で55分ほどで行ける。

＊マイカー利用なら、高尾山口駅前に有料駐車場があるが、シーズン中は早目に着かないと満車になってしまう。

＊ケーブルカーまたはエコーリフトを利用すれば、歩行時間をさらに短縮することができる。

＊次項「高尾山②」のアドバイスも参照のこと。

■問い合せ
八王子市役所☎042-626-3111、高尾ビジターセンター☎042-664-7872、高尾登山電鉄☎042-661-4151

■2万5000図
八王子・与瀬

頂上直下にある水洗トイレ

ユニークな形のタコ杉

入谷山歩会＝袴田通孝（文と写真）

31

ミシュランで三ツ星の観光地

高尾山《たかおさん》②

599・2m

山岳の特徴―

稲荷山尾根コース〜高尾山〜4号路〜高尾梅林

付近の観光―

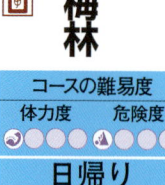

コースの難易度

体力度　危険度

日帰り

歩行時間：4時間20分

歩行距離：9.0km

累積標高差：＋628m
－628m

↑高尾山頂から富士山を望む

→高尾山頂付近の紅葉。秋にはコースの随所で紅・黄の紅葉が楽しめる

フランスの日本版ガイドブックで三ツ星に選ばれたことから、休日には大勢の外国人ハイカーや家族連れでにぎわうようになった。

標高599㍍《メートル》ながら、すばらしい自然の残る都会の大切なオアシスでもある。

ケーブルカー**清滝駅**《きよたき》の左手に登山口がある。階段を登り、登山道が右に回りこむようになると、このコースの名前の由来となった**旭稲荷**《あさひいなり》の赤い鳥居の前に出る。ここからはケーブルカーとエコーリフトが二条になって登っていくのが眺められる。

さらに雑木林の尾根を緩く登り、再び階段が現れると、ほどなくあずまやのある展望地の**稲荷山**《いなりやま》に着く。晴れていれば新宿の高層ビル群まで見わたせる。

樹林帯の歩きやすい尾根道を進むと、道が3本に分かれる。右は6号路、左は大垂水《おおたるみ》峠、高尾山へは真ん中の道を進む。杉林の中を登っていくと、ベンチのある小平地に出る。ここは5号路との十字路で、直進して丸太の階段を登る。二百数十段を登りきると、二等三角点のある**高尾山**山頂である。山頂直下には水洗トイレまで用意されており、高尾の自然を守る工夫がされている。

山頂での展望を楽しんだら4号路を下ろう。トイレの左手に下山口がある。はじめは少し急だが、すぐに歩きやすい道となる。

ベンチのあるところが、いろはの森への分岐。4号路は右の道を行く。ほどなく高尾山で唯一の吊り橋「みやま橋」を渡る。このあたりにはイヌブナが多く、新緑のころはことのほか美しい。平坦な歩きやすい道を進み、**浄心門**《じょうしんもん》の手前から左の道に入る。2号路と分かれ、蛇滝《じゃたき》に向けてジグザグの道を下る。**蛇滝**水行道場の前の階段を下ると舗装路となる。

清明園《せいめいえん》前の橋を渡った右手が**湯の花梅林の入口**。小仏《こぼとけ》川に沿って遊歩道が国道20号線まで続いている。天神《てんじん》梅林、関所《せきしょ》梅林をすぎると国道の**上椚田橋**に出る。右折し、京王線のガードをくぐれば**高尾山口駅**前に戻る。

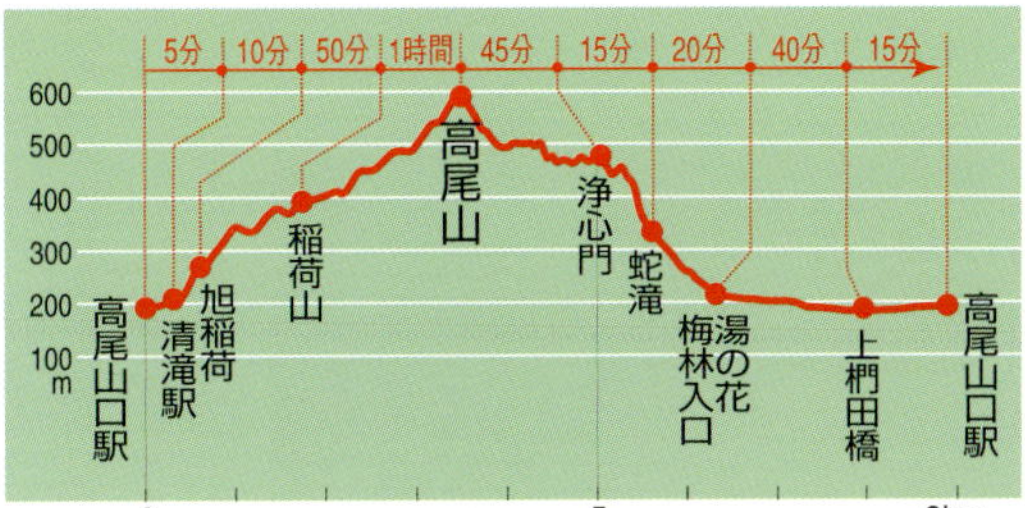

■登山シーズン

観梅を楽しむなら3月上旬から。一丁平の桜は4月中旬。紅葉は11月に入ってから楽しめる。冬の日だまりハイクも楽しい。稲荷山尾根コースは尾根上を登るので、真夏はかなり暑い。薬王院の年間行事に合せて計画を立てれば、さらに充実した山行になるだろう。ケーブル山上駅の展望塔は、夏にはビアホールが開設され、都心の夜景を楽しむことができる。

■ワンポイント・アドバイス

＊高尾山薬王院は、1200余年前に開山された名刹である。高尾山全体がその境内にあたるため、開発されることなく、すばらしい自然が残されている。

＊山頂が混雑しているときには、モミジ台（トイレあり）まで足をのばしてもよいだろう。

＊2015年の開通を目標に圏央道の高尾山トンネルの工事がはじまっている。高尾の自然と生態系が変わらないことを願っている。

＊清明園前を直進すると旧街道に出る。右折すると蛇滝口のバス停で、バスを利用すれば高尾駅に出られる。

＊前頁「高尾山①」のアドバイスも参照のこと。

■問い合せ

八王子市役所☎042-626-3111、高尾ビジターセンター☎042-664-7872、薬王院案内所☎042-661-1115

■2万5000図

八王子・与瀬

高尾ビジターセンター

チェックポイント

❶清滝駅の左側が登山口になる

❷あずまやがある稲荷山。少し休んでいこう

❸二百数十段の階段を登って山頂へ

❹展望の開ける高尾山山頂。売店もオープン

❺いろはの森分岐にはベンチがある

❻吊り橋を渡る。新緑や紅葉がみごと

❼蛇滝。修験者の水行が見られることもある

❽高尾梅林の中を進み駅に向かう

＊コース図は74・75㌻を参照

入谷山歩会＝袴田通孝（文と写真）

32

北高尾山稜

「名城なる故討死、手負い際限なく候……」

きたたかおさんりょう
445・5m（深沢山）
731m（堂所山）

山岳の特徴――

付近の観光――

コースの難易度

体力度 ●●○○　危険度 ●●○○

日帰り

歩行時間: 5時間35分

歩行距離: 13.0km

累積標高差: ＋1031m　－898m

富士見台からは朝な夕な、すばらしい富士山の姿が見られる

年間250万人もの来訪者を数える高尾山《たかおさん》の一角にありながら、尾根ひとつ違うことで、登山者の数は少なく、四季を通じて静かな山歩きができる。冒頭の文は戦国末期、豊臣秀吉の関東征伐の折、八王子《はちおうじ》城を攻めた前田利家が、国元へ送った書状の一文である。

ＪＲ高尾駅北口からバスで5分ほど、中央道下の**霊園前**でバスを降り、西に20分ほどで**八王子城跡の入口**に着く。右手の杉木立の奥に鳥居があり、登山道となる。直進は旧道で、左手は新道だ。15分ほど登った八合目でこの新旧の道が出合い、ひと登りで山頂広場の中《なか》の丸《まる》に着く。休憩所とトイレ、展望台、神社、井戸などがある。神社の先をひと登りすると本丸跡の**深沢山**（445・5メートル）山頂だ。

深沢山山頂445.5メートルの本丸跡。小祠が祀られている

展望台の先を西方に行くとすぐ井戸がある。少し下ったところから山腹を巻くように行くと、小広い鞍部に出て「史跡八王子城駒冷《こまひやし》場《ば》」の石柱がある。古い看板に「これより先は険しいので、体力を考えて行動してください」と書かれている。やせ尾根を20分ほど登ると「史跡八王子城天守閣跡」の石柱がある**大天主跡**の小ピークに着く。周りの木々で、展望はあまりない。

やせ尾根をたどり、小さなコルを2つ越え、ひと登りすると尾根上の分岐点である**富士見台**《ふじみだい》に着く。左に10メートルほどのピークにベンチがあり、富士山の方角だけ樹林が取り払われて視界が開けている。目の前に高尾山稜の主脈も一望できる。

分岐からは登り下りを繰り返し、杉沢《すぎさわ》ノ頭《あたま》、高《たか》ドッケ、板当峠《いたあて》を経て**狐塚峠**《きつねづか》に着く。この間右手には八王子北西部の町並みが展望できる。

狐塚峠からはしだいに登りとなり、杉《すぎ》の丸《まる》、**黒**《くろ》**ドッケ**と小ピークが続く。ここでコースは左手に曲がるので注意。ここからは急な下りとなり、2つピークを越すと頭上が明るく開け、送電線を横切る。なだらかな小ピークを2つほど越すと**関場峠**《せきば》だ。左手5メートルほど下に

■登山シーズン
通年で楽しめる。特に新緑時から梅雨入り前ごろと、紅葉のころがよい。盛夏時はなるべく風のある日を選びたい。樹林が多く、比較的日陰を歩けるが、蒸し暑さは避けられない。

■ワンポイント・アドバイス
＊登山口までのバスは数が少ないので、駅から歩くことをすすめたい。
＊このコースは小ギャップが多いので、歩きごたえがある。管理事務所にボランティアガイドがいて、気軽に対応してくれる。
＊駐車場は高尾駅南口商店街と京王高尾山口駅前、八王子城跡入口にあるが、シーズン中は駐車スペースの確保が難しい。
＊狐塚峠から左手に下ると約10分で小下沢キャンプ場跡に出て、林道を20分ほどで小仏登山口からのバス道に出られる。JR高尾駅までは歩くと1時間ほど。
＊黒ドッケから直進する「夕やけ小やけふれあいの道」を下って夕やけ小やけにも行ける。午後5時前に着けばお風呂にも入れる。

■問い合せ
八王子市役所☎042-626-3111、西東京バス本社☎042-646-9041

■2万5000図
八王子・与瀬

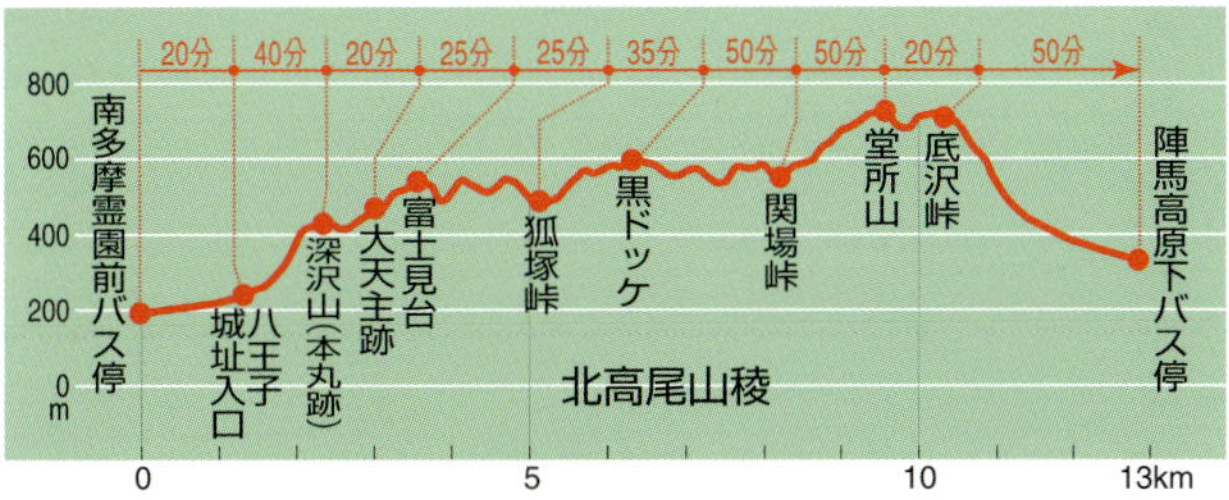

1月 2月 **3月 4月 5月 6月** 7月 8月 **9月 10月 11月** 12月

小下沢《こげさわ》林道の終点が見える。

再び登りとなり、周りがササになってきたら、ほどなく**堂所山**《どうどころやま》に着く。この先、陣馬《じんば》高原下への下山コースは、**底沢峠**《そこさわ》からと、明王《めおう》峠を越え、奈良子《ならこ》峠から下るコースがある。どちらも30分ほど明るい尾根を下る。下りきったところで合流して明王林道をたどると**陣馬高原下バス停**に出る。

チェックポイント

❶八王子城跡入口。直進は旧道、左折すると新道

❷本丸跡から20分ほどの小ピークにある天守閣跡

❸富士見台分岐。富士山は左手に見える

❹狐塚峠。左に行くと小下沢キャンプ場跡へ下る

❺堂所山山頂。風通しがよく、気持ちがよい山頂だ

❻下山口。林道出合の角にある売店隣がバス停

八王子山の会＝須永省三（文と写真）

33

草戸山

くさとやま 364m

尾根道をのんびりたどる町田市の最高峰

山岳の特徴

付近の観光

↑草戸山から甲州街道を隔てて高尾山を望む

→あずまやとベンチがある草戸山山頂。展望もすばらしい

コースの難易度

体力度 危険度

日帰り

歩行時間:3時間

歩行距離:9.0km

累積標高差:＋447m −447m

草戸山はハイカーでにぎわう高《たか》尾山《おさん》のすぐ隣にある静かな山で、八王子《はちおうじ》市、町田《まちだ》市、神奈川県城山《しろやま》町の三市町にまたがり、境《さかい》川沿いに西へのびる町田市の最高地点である。

また、三方に流れ落ちた雨水は、それぞれ多摩《たま》川、境川、相模《さがみ》川となって海に注ぐ分水嶺でもある。山頂周辺は野鳥が多く、冬はカラの仲間やコゲラの姿がよく見られ、春にはキビタキのさえずりなどを聴くことができる。

京王線の**高尾山口駅**《たかおさんぐち》前から甲州《こうしゅう》街道を右へ１００《メートル》ほど進んで、割烹橋本屋の角を左折すると、少し先に「かたらいの路高尾大戸《おおと》コース」の道標が立っている。ここが登山口になる。

住宅のわきから山道に入って、ひと登りで尾根上の四辻の分岐となり、左は高尾駅方面への道で、草戸山へは右手の道を登っていく。小さなピークをいくつも越えていくが、急坂はあまりないので、のんびりと歩ける。途中、新旧2つの**送電線鉄塔**の下をすぎて、次のピークで鉄条網のフェンスにぶつかったら右へ、フェンスに沿って下っていく。

太いモミの木の下で梅《うめ》ノ木平《きだいら》への分岐をすぎ、高尾山の眺めがパッと広がるところが草戸峠である。峠から10分ほど進んで、すべりやすい坂を登ると**草戸山**山頂に着く。

南には丹沢《たんざわ》の山並み、眼下には城山湖の湖面が日差しを受けて輝いている。あずまやとベンチがあるのでゆっくり休憩しよう。

山頂からは東と南の二方向へ下る道が分かれているが、今回は南へ階段を下り、城山湖をめぐる城山町民の森散策路をしばらく歩く。

何度かアップダウンを繰り返して、三差路を峰《みね》ノ薬師《やくし》方面へ右折する。すぐの分岐を右へ上がって、コース上の最高点である榎窪山《えのくぼやま》を越えて下ると**三沢《みさわ》峠**に出る。五差路になっており、梅ノ木平へは右手の広い道を下る。

やがて道は沢沿いになって、グリーンセンター、福寿園《ふくじゅえん》をすぎる。のどかな山里の風景となり、**梅ノ木平**のT字路を右折すれば甲州街道に出る。右へしばらく歩くと**高尾山口駅**に戻ることができる。

チェックポイント

❶四辻から尾根道がはじまる

❷山頂手前にあるミニ展望台

❸よく整備された城山町民の森散策路

❹南高尾山稜と接する三沢峠

❺山里の風景が広がる梅ノ木平

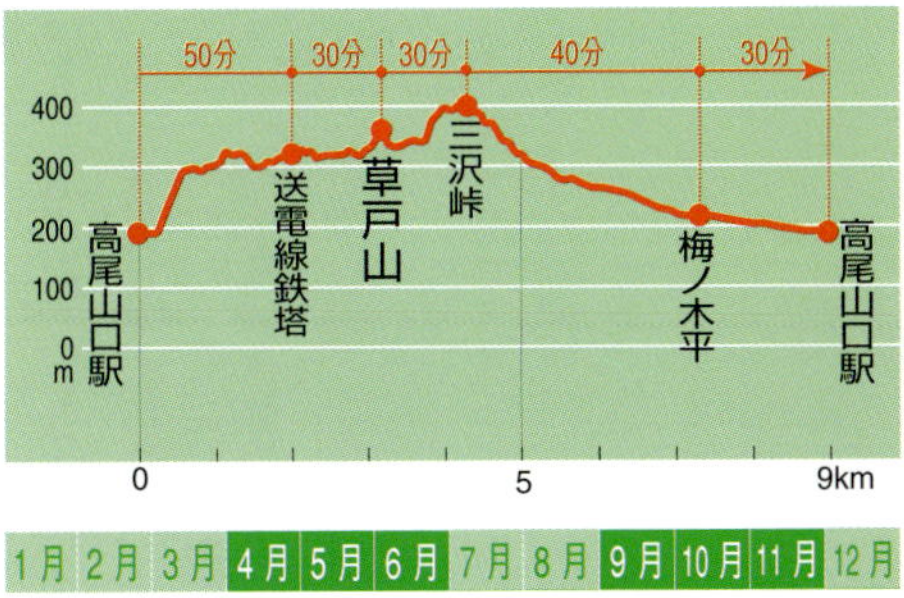

■登山シーズン

このコースは、シイ、ナラ、カエデやクロモジなどの落葉樹の多い尾根道をたどるので、若葉の色のまだ淡い4月ごろや、11月の紅葉のころ、木の葉が落ちる冬枯れのシーズンがよい。

■ワンポイント・アドバイス

＊四辻から草戸山への尾根道には、左右へ何箇所か枝道が分かれている。要所に道標があるので迷う心配はないだろう。コースはほぼ真南へ向かっていくので、時々コンパスで確認するとよい。

＊下山のサブコースとしては、3～4月の花の時期なら、東側の城山町へ下ってみるのもよい。峰ノ薬師分岐を直進して下り、梅や桜の美しい本沢梅園から小松ハイキングコースを下って、城山かたくりの里を訪ねるお花見コースがおすすめだ。歩行時間は峰ノ薬師分岐からかたくりの里まで約1時間30分。帰りの交通機関は、花の季節にはかたくりの里から神奈中バス橋本駅行きの臨時便があるが、それ以外の季節なら、徒歩20分の城山町役場入口バス停から橋本駅に出る。

＊健脚者なら、三沢峠から下山せずに、南高尾山稜へとつないでいくとさらに充実した山行になる。

■問い合せ

八王子市役所☎042-626-3111、神奈中バス相模原営業所☎042-778-6793、城山かたくりの里☎03-5777-8600

■2万5000図

八王子

新八王子山の会＝小白直樹（文と写真）

34

東京でいちばん過疎の山
利島・宮塚山

としま・みやつかやま
507.5m

山岳の特徴

付近の観光

コースの難易度

体力度　危険度

1泊2日

歩行時間：3時間30分

歩行距離：9.0km

累積標高差：＋560m
－560m

船上（北西側）から見た利島全景。手前が利島港と集落

東京都の山でありながら、静かすぎるほどの過疎の山が、この利島・宮塚山である。周囲わずか8キロ弱、伊豆《いず》七島中最少の島で、ピラミッド型の険しい外観は、まさに島全体が山といってよい。また、島の7割以上が椿林で、椿油生産量は全国一である。冬季の最盛期には全島が真赤になり、みごとなものである。

登山道は、南・東・西と3本あるが、西側は最近使われてなく、下山路として利用できる程度。東側ルートは港からの最短距離で、3時間で往復できる。船の時間を上手に合わせれば、日帰りも可能である。

しかし、せっかく島に来たのだから、ここでは島内で一泊し、南から東に下りるコースを紹介しよう。**港**から車道を行き、39メートル独標のヘアピンカーブの先、左下の変電所の少し手前で右に急登する側道に入り、郵便局の前を通って都道228号線に出る。車道を横切り、山の神の**堂の山神社**を右に、山道を直登する。ほどなく浄水場に着き、ここから車道となる。下山時に利用する車道を左から合わせ、海を見ながら島をほぼ半周することになる。

宮塚山山頂展望台から利島港と集落を俯瞰

やがて右下にゴミ焼却場のある274メートル独標の分岐に着く。登山口へは左へ直進する道が早いが、右へ下って阿豆佐和気命本宮《あずさわけのみことほんぐう》や新《にい》島《じま》、式根島《しきねじま》、神津島《こうづしま》を望む芝生の**南**《みなみ》**ケ山**《やま》**園地**に寄るとよい。

都道228号線に登り返し、登山口の道標にしたがって、大きくジグザグを描いて登っていく。西北に山を巻くようになってほどなく、西側登山道と合流、さらに右へ登る。

宮塚山の山頂部は、外輪山というほどではないが、瓢箪状に一周することができる。環状路を右に

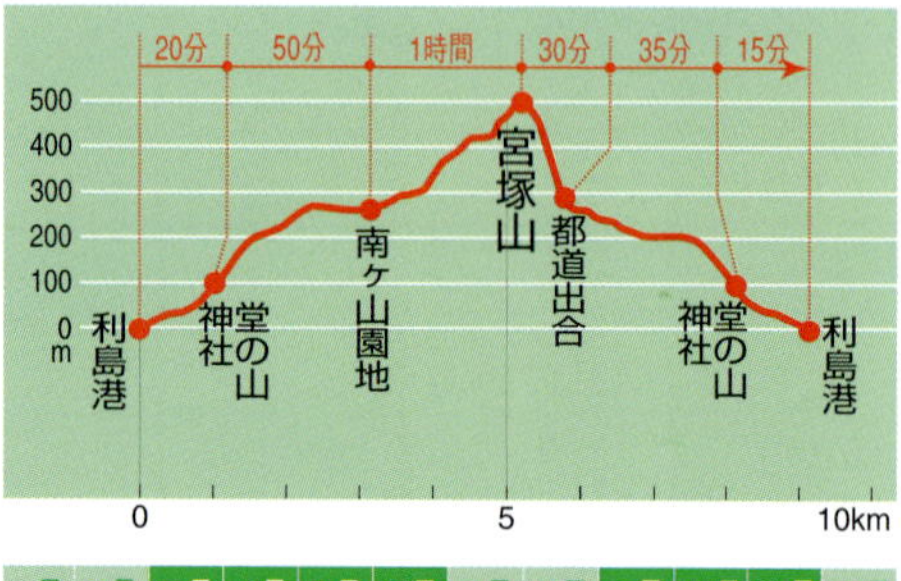

1月 2月 3月 4月 5月 6月 7月 8月 9月 10月 11月 12月

とっていくと目指す**宮塚山**山頂は木立に囲まれ、静寂そのものだ。

　下山は、北に下って、東側登山路と合流し、その先の周路北端に、平成16年完成の鉄製のりっぱな展望台がある。村の集落の全景、大海原の先に大島や伊豆の山々が一望でき、本土の山では味えない、すばらしい眺望を楽しむことができる。

　一服したら少し戻って、東側口の急坂を下る。**都道**に出たら241《メートル》三角点近くのウスイ壕《ごう》園地で太平洋を満喫していこう。あとは浄水場を経由して**利島港**に戻るだけだ。

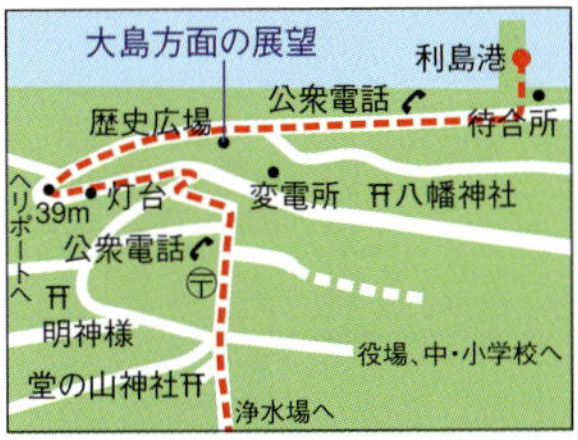

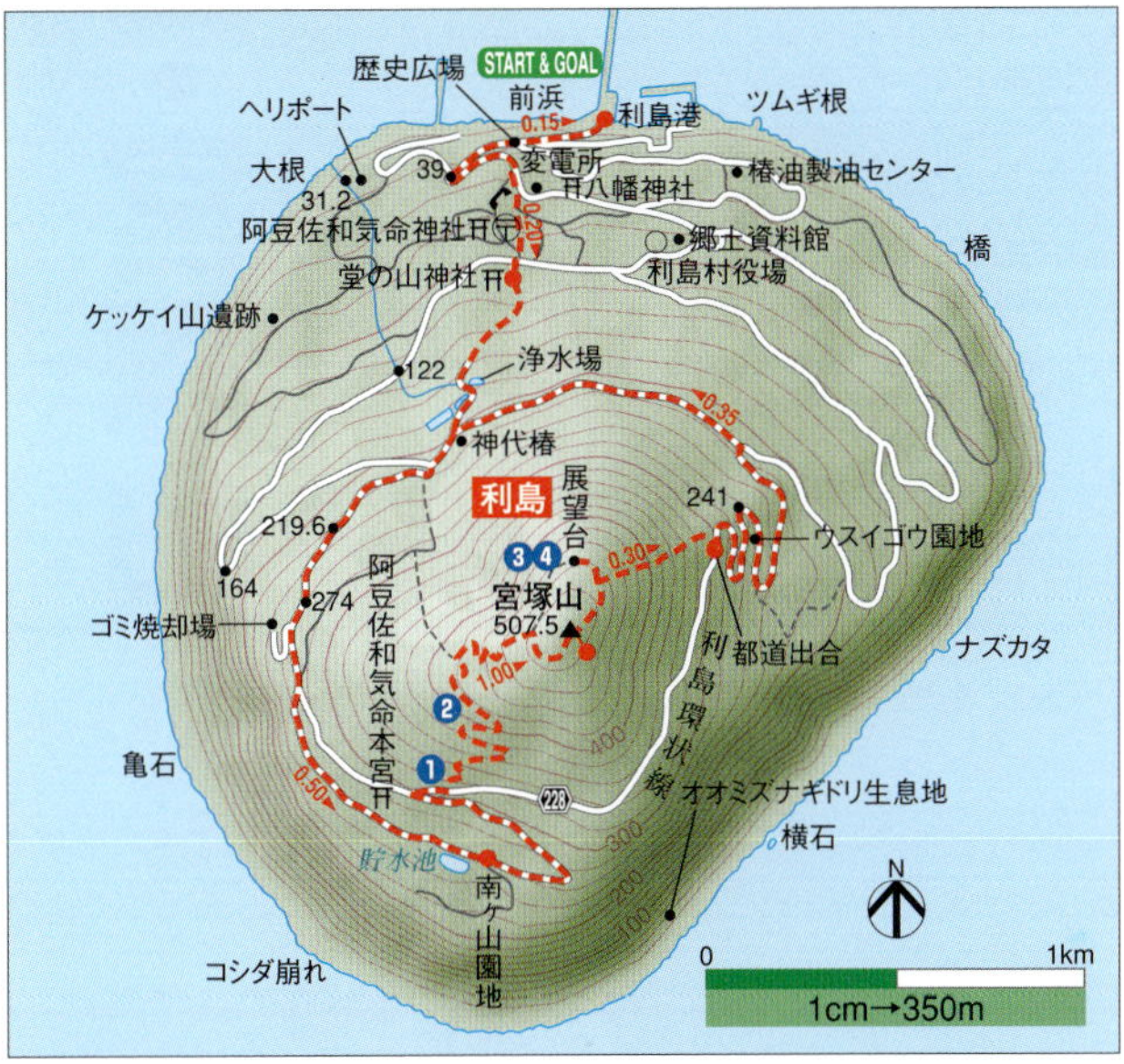

チェックポイント

❶都道228号線沿いにある南側登山道の入口

❷登山道途中には椿が頭上を覆う場所もある

❸宮塚山山頂部の一角にある展望台。大海原がすばらしい

❹展望台からたおやかな宮塚山の山頂を望む

■登山シーズン

12～2月の椿の時期が最高だが、海が荒れるので、船の着岸ができないことが多く、避けた方がよい。春から初夏と秋が無難なところだろう。

■ワンポイント・アドバイス

＊利島は竹芝客船ターミナルより東海汽船の本船便が22時出航、7時35分ごろ利島港着。帰路は13時10分ごろ発、19～20時竹芝に着く。ほかに超高速ジェット船(所要2時間30分ほど)があるが、波の具合で着岸率はよくない。また、ヘリコプター(東邦航空)が利島～大島間を1日1往復している。所要時間10分ほどである。
＊天候による運行確率度は、本船→ヘリ→ジェット船の順。
＊島内にバスなどの交通機関はない。歩いても8kmほどで、2時間もあれば一周してしまう。
＊宿泊は旅館1軒、民宿6軒。全島キャンプ禁止。予約してから入島のこと。
＊集落内のルートはわかりにくい。事前によく確認して出かけてほしい。
＊植物で注目するのは、椿のほかにアシタバ、サクユリ(7月に咲く白い大輪の花)、ツワブキなど。

■問い合せ

利島村役場☎04992-9-0011、東海汽船本社☎03-5472-9999、同利島☎04992-9-0193、東邦航空予約センター☎04996-2-5222

■2万5000図

利島

京葉山の会＝新村貞男（文と写真）

35

新島・宮塚山

眺望がすばらしいマリン・レジャーで人気の島

にいじま・みやつかやま
428・5m

山岳の特徴——

付近の観光——

コースの難易度	
体力度	危険度
1泊2日	
歩行時間：1時間40分	
歩行距離：8.0km	
累積標高差：＋170m −390m	

新島は、一般観光、ことに夏の海水浴などの誘致に力を入れている。北側に標高400メートル、南側に標高2～300メートルほどののっぺりした丘がある程度の平坦な地形である。おまけに、いずれも山頂まで車道が整備されており、登山道はない。山登りの対象にはなりにくい島であるが、山頂の展望はすばらしい。他の島での登山と兼ねるか、この島の豊かな観光と併せて出かけるとよいだろう。

ここでは、島北側にある標高429メートルの宮塚山を紹介しよう。東海汽船の本船が着港（黒根港）してから、帰路の便が出るまでに、3時間30分ほどの時間がある。車を利用すれば、日帰りも難しくない。

港からタクシーで登山口を経由して**富士見《ふじみ》峠**で下りる。峠とは名

富士見峠から本村市街地を望む。海上左は式根島、右は知内島

↑新島港沖より新島北半分の宮塚山を望む。展望台の鉄塔が見える

→宮塚山山頂の三角点標識

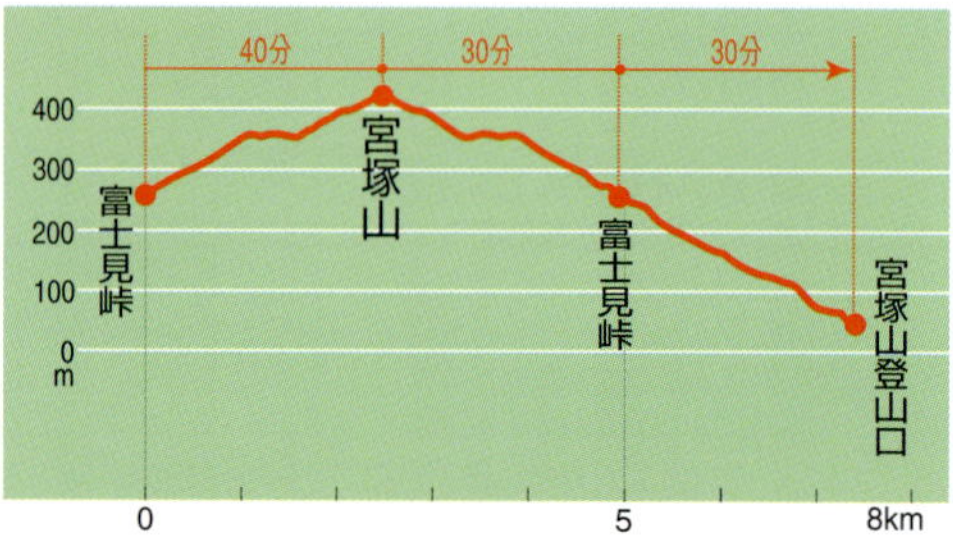

1月 2月 3月 4月 5月 6月 7月 8月 9月 10月 11月 12月

前だけで、中腹の展望台であるが、りっぱなもので、島の集落をはじめ、式根島《しきねじま》、神津島《こうづしま》、三宅島《みやけじま》、御《み》蔵島《くらじま》、そして富士山までも望める。

40分も進むと三差路になり、左の方に緩く登ると、ほどなく無線塔が数本ある**宮塚山**山頂に着く。三角点は突先の白い砂の高台にある。この砂は海岸から吹き上げられたもので、その風の強力さに驚かされる。展望は先の富士見峠に増してすばらしい。

下りは**登山口**まで歩こう。1時間前後をみれば充分である。なお島内には温泉や博物館、流人の墓地、為朝神社などがあり、一泊して見物していくのもよいだろう。

チェックポイント

❶新島港にある観光協会。各種情報が得られる

❷宮塚山登山道の入口。富士見峠まではタクシーでもよい

❸富士見峠の展望台。周囲の島々や富士山も見える

宮塚山山頂に建つ無線塔

■登山シーズン

四季を通して歩くことができる。ただし、海が荒れて欠航の多い冬季は避けた方がよいだろう。

■ワンポイント・アドバイス

＊村営バスが漁港～村役場～その他の村内と通っているが、村民のための運行で、登山者向きではない。宮塚山登山口まで歩くか、タクシーもしくは宿の車の利用となる。

＊宮塚山山頂まで車(タクシーでも)で入ることも可能。

＊428m三角点、432m独標一帯を宮塚山とよんでいる。

＊新島へは、東海汽船の本船が、竹芝ターミナルを前夜に出港し、翌朝新島（黒根港）に着く。帰路は昼すぎに出港し、夕方竹芝に着く。ほかに高速ジェット船の便もあるが、季節によって運休することもある。運航時期、時間をあらかじめ確認してほしい。

＊宿泊は民宿、旅館、ホテルなど60軒ほどある。キャンプ場もスポーツセンター内にある。

＊432m独標は島内の最高峰で、登ってみたいが、①登山道がない、②周辺に同じようなピークがいくつもあり、まぎらわしい、③ピークは樹林帯のまっただ中で、まったく展望はなく、山頂の標識もない、④表面だけ埋っている戦時中の防空壕や火山性の穴がいたるところにあり、土地の人でも落ちこんで出られず、遭難することがあるので危険であり、おすすめできない。

■問い合せ

新島村役場☎04992-5-0240、東海汽船本社☎03-5472-9999、同利島☎04992-9-0193、東邦航空予約センター☎04996-2-5222

■2万5000図

新島

京葉山の会＝関根直次（文と写真）

36

神津島・天上山

太平洋上に浮かぶ花と展望の名峰

こうづしま・てんじょうさん 571.5m

山岳の特徴

付近の観光

コースの難易度	
体力度	危険度
1泊2日	
歩行時間:3時間	
歩行距離:4.5km	
累積標高差:+412m −437m	

船で行く山旅というのは、なぜか旅情を誘うものがある。はるばるやって来たという思い、そして船から洋上の山を眺め生ずる登高意欲、それらが渾然一体となり、一種の希望、あるいは喜びとなって心を満たしていく。そんな島の山旅に最適なのが、神津島の天上山である。

天上山の登山口は黒島《くろしま》登山口と白島《しろしま》登山口があるが、黒島登山口から登り、白島登山口へと下る方が楽しめるだろう。**黒島登山口**からは急斜面をジグザグに切った道が続く。整備されていて快適な登山道である。高木がないので眺めがよく、登りの辛さを慰めてくれる。合目の表示が山頂台地までのよい目安になっている。

黒島側十合目は山頂台地の一角である。近くに江戸時代に海上防衛のために造られたオロシャの石塁があるので見物していこう。そこから10分のところに**千代《せんだい》池**がある。天上山の火口跡に雨水が溜まった池だが、静寂な雰囲気である。

洋上から見た神津島・天上山

月世界を思わせるような裏砂漠

黒島登山道中腹から眺めた神津島港

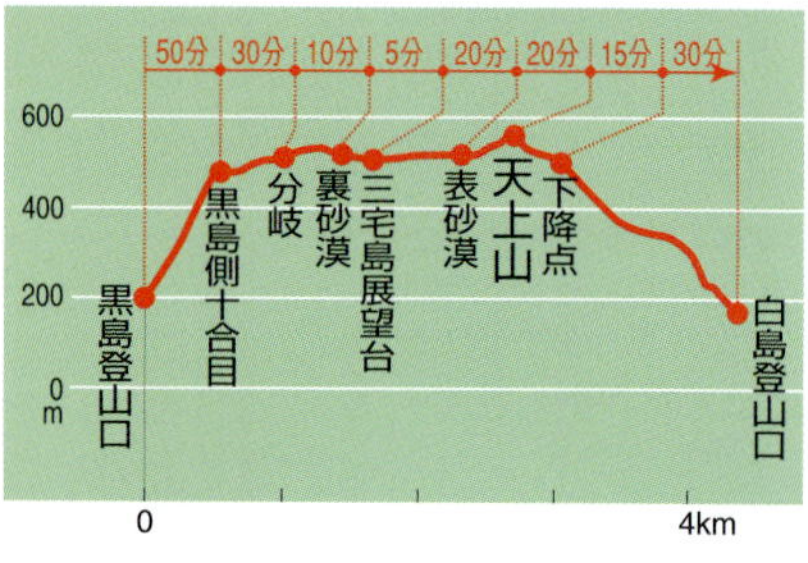

1月 2月 3月 4月 5月 6月 7月 8月 9月 10月 11月 12月

千代池からは背丈の高い樹林帯を行く。まるで熱帯樹林に迷いこんだような錯覚に陥るほどだ。

道の右側に窪地を眺めるようになると、すぐに**裏砂漠《うらさばく》の分岐**に出る。裏砂漠への道をとり、低木地帯を抜けると、月世界のような雰囲気の**裏砂漠**に出る。歩きやすい砂地の道を行くと**三宅島《みやけじま》展望台**だ。大気が澄んでいれば三宅島の噴煙まで眺められる。

三宅島展望台から表《おもて》砂漠への道は、5月中・下旬ならば、オオシマツツジが咲いている。コウヅシ

マッツジやさまざまな花が見られ、花の名山といわれる由縁である。

表砂漠に着けば天上山は近い。白砂と岩塊の道を20分ほど急登すれば**天上山山頂**である。さえぎるものはなく、三宅島、式根島《しきねじま》、新島《にいじま》のみならず、空気が澄んでいれば南アルプスまでも眺められる。まさに快哉を叫びたくなる山頂だ。

下山は不入ヶ沢《はいらない》の絶壁の淵を通り、白島登山口へ下る。道は明瞭で、前半は眺めがよく、後半は樹林帯を行く。那智堂《なちどう》をすぎれば**白島登山口**はまもなくである。

チェックポイント

❶黒島登山口

❷静寂な雰囲気の千代池

❸コロッセウムのような表砂漠

❹天上山山頂

❺山頂から南東方向に三宅島が眺められる

❻白島登山口

■登山シーズン

冬は空気が澄んで眺めはよいものの、西風が強いので不向き。夏は暑く、海水浴客で混雑するので不向きである。花は５月中・下旬のオオシマツツジが咲き乱れる時期が最高だろう。眺望を楽しむには秋が最適。

■ワンポイント・アドバイス

＊船便は大型客船とジェット船がある。大型客船は乗船時間が長いが、風と波に強く欠航は少ない。ジェット船は乗船時間は短いが、運賃が高く、風と波に弱いので欠航が多い。季節によって使い分けるとよい。

＊調布飛行場との間に小型飛行機便があるが、運賃が高い。いざという場合の交通機関として念頭に入れておけばよい。

＊どちらを使っても日帰りは不可能。どうしても１泊せざるを得ない。そこで、初日に天上山に登り、翌日は出航時刻まで島内観光を楽しめばよい。神津島温泉保養センターや赤崎遊歩道、流人墓地、ありま展望台など見どころは多い。レンタカー利用も便利だ。

＊宿の車に黒島登山口まで送ってもらうように交渉すれば楽である。

＊山頂台地は道が錯綜しているので、ガスがかかった時は道に迷う危険性がある。自分のいる位置を常に把握するようにしておきたい。山頂台地のルートは、神津島村役場のホームページが詳しい。

■問い合せ

神津島村役場☎04992-8-0111、神津島観光協会☎04992-8-0321、東海汽船本社☎03-5472-9999、東海汽船神津島案内所☎04992-8-1111

■2万5000図

神津島

東京野歩路会＝真島類治（文と写真）

37

大島・三原山

おおしま・みはらやま
758m

大海原と相模灘を隔てた富士山展望が魅力

山岳の特徴――

付近の観光――

コースの難易度	
体力度	危険度
2/4	2/4

日帰り

歩行時間：6時間45分
歩行距離：14.0km
累積標高差：＋689m
－786m

上空から眺めた大島三原山。火口や三原山登山口周辺がよくわかる

表玄関の元町港を俯瞰する

岡田港を見下ろし、富士山を遠望する

大島は、東京の南方120キロの洋上にあり、海底火山によって形成された東西約9キロ、南北約15キロ、周囲約52キロの楕円形に近い島である。島の中心には758メートルの活火山、三原山の火口があり、イタリアのストロンボリー火山、ハワイのキラウェア火山と並び、世界三大流動性火山として知られている。自然の色も濃く残されており、島を歩いていると、サルやリス、多くの小鳥たちを見ることができる。

この三原山を目指すコースはいくつかあるが、本稿では、島の東側にある都立大島公園を起点にテキサスコースを登り、山頂に立ったあとは、三原山頂口バス停を経て、元町《もとまち》港へ下山するコースを歩いてみよう。ほかにいくつかあるコースは、サブコースとして紹介したので参照してほしい。

都立大島公園前バス停から都道を南に行く。道標にしたがって都道から登山道に入り、急坂を登っていくと再び都道に出る。案内板があり、ここが**登山口**だ。

登山道は3メートル幅の一直線の登りコースで、いささか単調であるが、ところどころに道標があり、進行方向を示してくれる。

ススキヶ原、砂漠を経て、三原山温泉からの道に**合流**する。頂上がしだいに近づいてくると、やがて山頂の一角である**三原山一周コース**に**合流**する。

合流点からはお鉢巡りコースを左に進むとすぐに**剣《けん》ヶ峰《みね》**に立つ。晴れた日には遠く、富士山も望むことができ、大海原の絶景が堪能できる。

三原山頂口から見る三原山全景

剣ヶ峰をあとにし、お鉢めぐりの道を行くと火口のほぼ全容を眺めることができる場所がある。巨大な火口は、まさに三原山が活火山であることが実感できる。

緩く下って、展望台からは御神《ごじん》火《か》茶屋から続く外輪山を見わたすことができる。その下の**三原神社**は、昭和61年の大噴火でも溶岩流に飲みこまれずに残ったものだ。

簡易舗装された火口原を下っていくと、やがて**御神火茶屋**に下り着く。三原山登山の起点ともなる場所で、シーズンには大勢の行楽客が休憩をしている。眼下には火口原が広がり、三原山のスケールの大きさに感動する。また、交番、大駐車場、休憩所、日本航空機墜落の碑、テレビアンテナなど、多数の施設が集まっている。

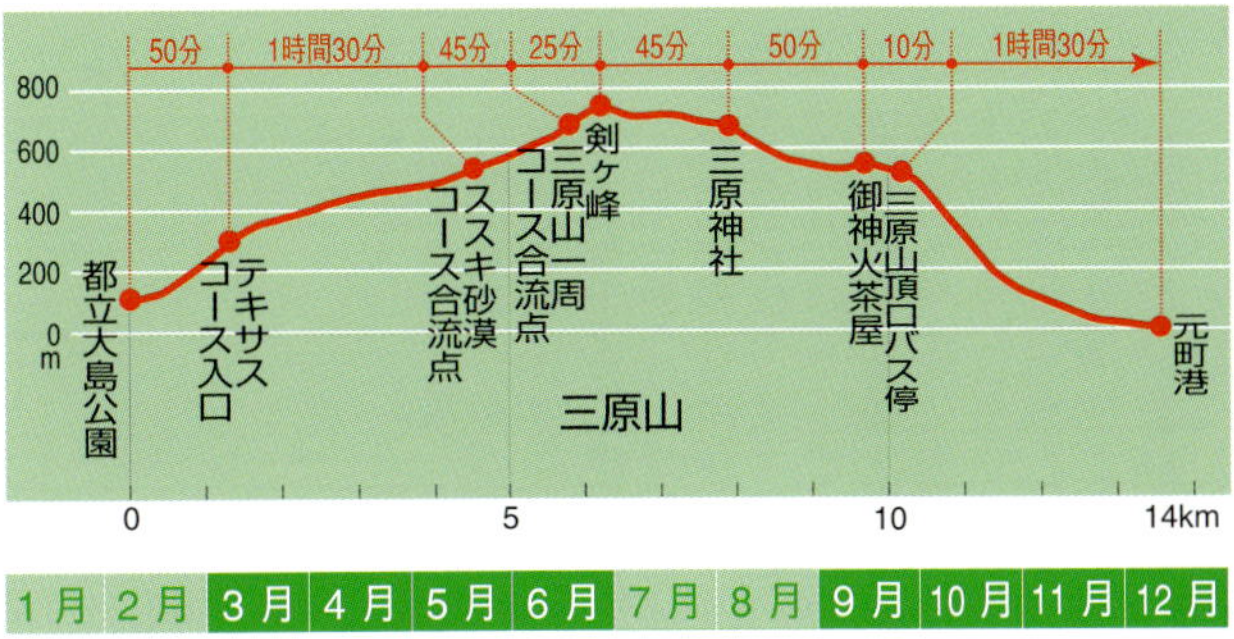

ここで三原山頂口バス停からバスを利用して下山することもできる。さらに歩いて元町港へ行く場合は、指導標にしたがって登山道に入る。要所に指導標が立っているので、迷う心配はないだろう。

住宅地が近づいて来れば、**元町港**までは10分ほどの距離だ。

サブコース―三原山の登山・下山コース―

1 元町港から頂上へ　元町港から住宅地を10分ほど歩くと頂上入口の道標がある。登山道に入り、指導標に導かれて登っていけば約2時間で三原山頂口に着く。三原山山頂へは1時間30分の距離だ。所要3時間30分。

2 都立大島高校から頂上へ　都立高校前バス停から車道を行き、右に登山道の標識に導かれて沢道に入る。やがて尾根道に上がるとバス道路に出合う。10分ほどで大島温泉ホテルに着き、1時間30分弱で頂上火口に着く。所要約3時間30分。

3 さくら小学校前から頂上へ　小学校前バス停で下車後、都道を左に進むと登り道に出合うので、これに入る。標識などはないが、1時間30分ほど登ると都道に出る。この都道を40分ほど行くと大島温泉ホテルの下水処理場に出る。ホテルからは自動車も通れるほどの広い道を登っていくと頂上の火口一周コースである。所要3時間25分。

4 三原山頂上から筆島展望台へ下山　櫛形山、白石山、二子山を通って、筆島が見える筆島展望台のある都道に下山する。所要3時間。

5 二子山から差木地に下山　二子山から波浮港方向に下ると、都道に出て、差木地の町に下山する。所要約2時間50分。

6 三原山頂上から間伏・宮の沢橋に下山　お鉢巡りの一周コース途中から下山する。指導標はない。所要2時間30分。

7 一周コースから野増へ下山　表砂漠、野増集落を経て、野増バス停に下る。所要2時間。

注：2 3 4 7コースは難路につき、不用意に入らないこと。

チェックポイント

❶都立大島公園の椿資料館前を出発

❷テキサス・ハイキングコースの道標

❸テキサス・ハイキングコースを行く

❹火山活動のあとを示す三原山噴火口

❺三原山火口一周のハイキングコース

■登山シーズン

猛暑の7・8月、海の荒れる1・2月の冬季を除けばいつでもよい。

■ワンポイント・アドバイス

＊東京竹芝桟橋から大型客船、高速船ジェットが運行。ジェット船は熱海港からも運航(運航日は季節により変更あり)。羽田空港、東京調布空港からは航空機も利用できる。

＊島の玄関口は元町港、岡田港の2港で、天候によりどちらかに決められる。

＊島の観光ポイントには、火山博物館、貝の展示館(ぱれ・らめーる)、都立大島公園、郷土資料館、リス村、大島ふるさと体験館などのほか、御神火温泉、浜の湯(露天風呂)などの温泉も楽しめる。また、特別天然記念物の桜株や地層切断面なども訪れてみたい。

＊お土産は椿油、くさや、アシタバ、牛乳煎餅、御神火焼酎、大島焼きの陶器など。

＊宿泊施設は、旅館・ホテル19軒、民宿60軒、ペンション5軒があるほか3カ所のキャンプ場も利用できる。

＊島内での移動は、路線バス、定期観光バス、レンタカー、レンタル自転車などがある。

■問い合せ

大島町役場☎04992-2-1446、大島町観光協会☎04992-2-2177、出帆港問合せ☎04992-2-5522、ANA☎04992-2-2337、新中央航空☎04992-2-1651、大島バス☎04992-2-1822、元町浜の湯、御神火温泉は大島町役場観光課(☎04992-2-1446)へ。東海汽船☎03-5472-9999

■2万5000図

大島南部・大島北部

東京野歩路会＝野本秀旺（文と写真）

38

黒潮と巨樹が育む全国屈指の手つかずの自然

御蔵島・御山

みくらじま・おやま
850.9m

山岳の特徴

付近の観光

コースの難易度	
体力度	危険度

日帰り

歩行時間:3時間10分

歩行距離:4.5km

累積標高差:＋375m
−375m

御蔵島全景。御山山頂にかかる雲が切れることは少ない

御蔵島は、三宅島《みやけじま》の南方約18キロの洋上に位置し、周囲約16キロの断崖に囲まれた、ほぼ円形の小島である。最高峰の御山は伊豆《いず》諸島中2番目の標高を誇っている。島の歴史では、江戸時代に島から切り出されたツゲが高級ツゲ細工に加工され、江戸の人たちに珍重された。それによって島は潤い、島民の生活を支えてきたという。

しかし、絶海の孤島という苛酷な環境は変わるはずもなく、島民は人口を抑制し、質素に生きるという術を培い伝承していった。その教訓が近年でも守られ、儲け主義による森林の伐採を抑制し、その結果、豊かな自然が今も残されている。日本一大きなスダジイやツゲの木を中心とする巨樹の森、オオミズナギドリの世界最大の繁殖地、ミクラミヤマクワガタなどの固有種を含む多様な生物。そして、その豊かな森によって育まれた海がもたらした、世界有数のバンドウイルカの生息地など、どれもがこの島の豊かさを物語っている。

こうした貴重な環境を守ろうと、東京都と御蔵島は平成16年度より「御蔵島エコツーリズム」を開始した。これによって、特定区域の入山に対してガイドの同行を義務づけ、入山規制を行い、登山道以外の区域への進入を防ぎ、貴重な動植物の盗掘、乱獲に対する保護・監視などがなされるようになった。登山計画をする際にはその点を踏まえて検討したい。

また、この島の特徴として、山頂に向かう海風と峻険な断崖との関係から形成される雲が、絶えず山頂付近を覆っていることを念頭に置くべきだ。それによって発生した水分が森林を育み、この島を「伊豆諸島随一の水の島」となしているのだが、登山においては眺望が得られない、というマイナス要素になる。

今回紹介するコースは、御山からの眺望が望めない場合でも、エビネ公園（無料・開館日時要確認）や黒崎高尾《くろさきたかお》の展望、あるいは稲根《いなね》

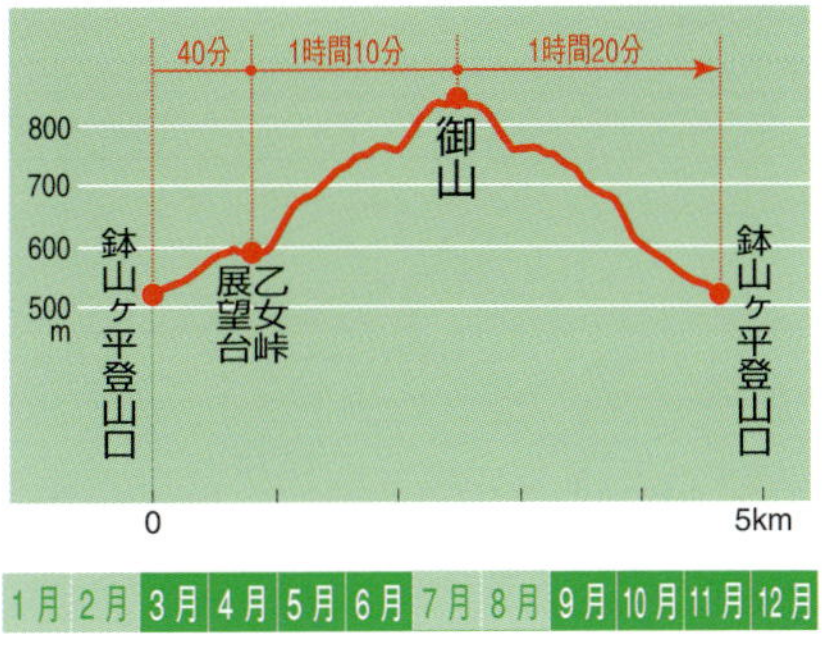

1月	2月	3月	4月	5月	6月	7月	8月	9月	10月	11月	12月

神社本殿までの巨樹の森散策など、オプションが組める点がおすすめである。

登山の開始は、宿泊地にガイドが車で迎えに来るところからはじまる。途中、草祭り神様に登山の安全を誓い、子供たちが植樹したラピュタの森を車窓から眺めているうちにエビネ公園に着く。公園の前方にはトイレもある。登山口広場にはトイレがないのでここですませておこう。なお、黒崎高尾山と稲根が森へはここから歩くことになる。

さらに車を進めると、**鉢山《はちやま》ヶ平《だいら》**の登山口広場に到着する。ここで車を降り、緩やかな階段を登っていく。樹林の中、小さな沢を2本ほどすぎると、ほどなく分岐点が現れる。右に進むとすぐに**乙女《おとめ》峠展望台**に到着する。御山、長滝山《ながたきやま》、つぶねが森《もり》や平清水《ひらしみず》川の谷が一望できる。

分岐点に戻り、その先しばらくは苔が覆う登山道と樹林帯、緩やかな階段が続くが、やがてツゲの低木の間から御山が目の前に現

れ、海も見えてくる。ミクラザサがあたりを覆ってくると、ひと登りで**御山**頂上だ。

山頂からは、噴煙をあげる三宅島や八丈島《はちじょうじま》、長滝山へと続く稜線が見わたせる。まさしく絶景といってよい。

下山は同じ道を引き返す。帰りの際は草祭り神様に再び挨拶をしていこう。

サブコース――長滝山登山口〜御山と御代ヶ池・巨樹の森――

滅多にないことだが、御山に雲がかかっていない日は、長滝山登山口〜御山の往復登山がパノラミックでおすすめだ。また、長滝山登山口〜長滝山登山を終えたのち、御代ヶ池を往復してもよい。御代ヶ池は「新東京百景」に指定されており、途中、御蔵島一と称されるツゲの木がある。

巨樹を見たいなら、やはり南郷巨樹の森だろう。特に終点にある大ジイは幹周り13メートル以上ある日本一大きいシイの木で、見ごたえ充分である。

ガイドを頼まずに巨樹を観察するなら、村はずれにあるタンテイロ巨樹の森がよい。なお、以前は村から歩いて行けた鈴原湿原(都の天然記念物)は近年急速に乾燥化が進み、おすすめできない。

新東京百景の御代ヶ池から見る長滝山

日本一大きいスダジイは圧巻

チェックポイント

❶広々とした鉢山ヶ平の登山口

❷乙女峠展望台から御山方面を見る

❸標高851メートルの御山山頂

❹御山山頂は360度の大展望

■登山シーズン

春と初冬がおすすめ。雨の日は入山規制がかかり、梅雨や秋雨の時期はそれだけ入山日数が限られる。初夏から夏は雲が出やすいばかりでなく、イルカウォッチングも盛んな時期なので、宿の手配が困難になる。

■ワンポイント・アドバイス

＊東京(竹芝)から御蔵島経由八丈島行きの船が出ている(予約制／22時30分発)。御蔵島港には防波堤がなく、海が荒れるとすぐに船が着岸できなくなる。特に冬場は1週間着岸できないことは当たり前である。船のほかにも、大島行きのヘリコプターを利用し、大島からは便数の多いジェットホイルなどで東京に向かうという方法もある。

＊御蔵島はイルカウォッチングの島であり、10戸近くある宿泊施設は、イルカを見るツアーやショップなどによって絶えず予約でいっぱいである。村営バンガローも受付開始と同時に予約が殺到する。なお、島ではテント設営は禁止されており、これら宿泊先が確保できなかった場合は、原則として入島できない。

■ガイド登山について

＊島の収入源は主に「イルカウォッチング」であり、島に数十人いるガイドもほとんどがそれに関連した仕事を主としている。そのため、事前にガイドに予約を入れていなかった場合などは「ガイドが見つからないから登山できなかった」ということもあるので注意したい。

＊平成16年度よりはじまったガイド登山は、当初はまちまちだったガイド料もある程度の指標ができたようだ。ガイド1人につき登山者が7人まで同行でき、半日登山の場合は1人あたり4000円。1人だけの登山でガイドを頼む場合は5000円となる。そのほかにも、長滝山〜御山コースや、縦走、人数等などの都合で料金が変わるので、詳しくは観光協会に問い合わせるとよい。

■問い合せ

御蔵島役場☎04994-8-2121、御蔵島観光協会☎04994-8-2022、東邦航空予約センター☎04996-2-5222、東海汽船☎03-5472-9999

■2万5000図

御蔵島

ともしび山岳会＝田中 聡(文と写真)

39

八丈島・三原山

はちじょうじま・みはらやま
700・9m

八丈富士の眺望と唐滝を楽しむコース

山岳の特徴

付近の観光

コースの難易度	
体力度	危険度
1/4	1/4

日帰り

歩行時間:4時間25分
歩行距離:11.0km
累積標高差:+623m
−825m

稜線に出ると前方に三原山が見えてくる

三原山(東山《ひがしやま》)は、10万年以上前にできた多重式の古い死火山で、歴史を感じさせる。三原山付近には12ほどのハイキングコースがあり、それぞれ名前がついている。

唐滝。水しぶきに虹がかかることもある

山頂にいたるルートは6本ほどだが、一般的なのは、防衛《ぼうえい》道路、中《なか》之郷《のごう》、樫立《かしだて》を起点とする3ルートだろう。ここでは防衛道路から無線の路を経て山頂に登り、ロランの路から三原登山の路を樫立方面に下り、途中から硫黄の路に入り、唐滝《からたき》を見るコースを紹介しよう。

タクシーで防衛道路に入り、登山口の少し手前の分岐で降ろしてもらう。**分岐**には石の道標があり、三原山山頂、樫立方面、三根《みつね》・大《おお》賀郷《がごう》への方向が示されている。

15分ほどで**NTTの中継所**に着く。登山道入口からフェンス沿いにいったん左に下り、回りこんで登りはじめる。コンクリートでしっかり固定した階段が続く。

40分ほどで登りきると、NHKの看板をすぎて**稜線**となり、前方に三原山、北側に八丈富士《はちじょうふじ》の展望が開ける。ピークのアンテナを目指すと、東京都の防災無線中継所の建物に出合う。ここから50㍍《メートル》ほど細い路を登ると**三原山**山頂だ。

下りは、防災無線中継所から樫立までは舗装道路が続いている。三原橋までがロランの路とよばれるが、かって船舶の航行のための電波を発していたロラン局は今はない。樫立方面に舗装道路を下り、三原林道の分岐をすぎて**三原橋**へ。三原橋から樫立までが「三原登山の路」である。

舗装道路を下っていくと、**唐滝沢に出合う**。「硫黄山《いおうやま》方面」を示す大きな木製の道標があるので、右折し、大きく右に曲がって、すぐ

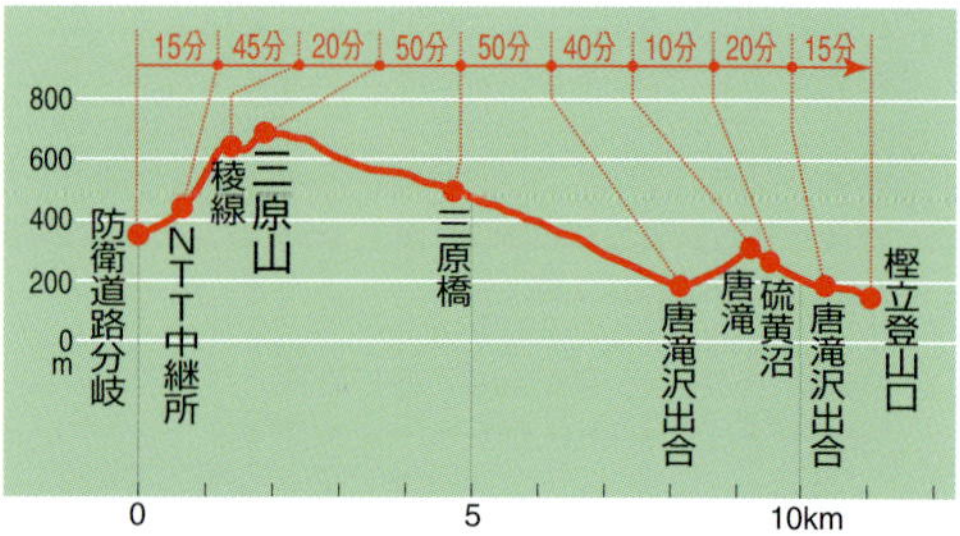

1月	2月	3月	4月	5月	6月	7月	8月	9月	10月	11月	12月

左に曲がると分岐が2つ出てくるが、いずれも左を行く。途中左に分かれる硫黄沼への路は、帰りに時間があったら寄ることにして、直進する。杉の木のある分岐を左折すると水道タンクがあり、砂防ダムを越えて沢を渡る。もう一度砂防ダムを越えたところが**唐滝**だ。帰路に余裕があれば、往路で通った分岐からすぐのところにある**硫黄沼**に立ち寄っていこう。エメラルドブルーの沼である。

三原登山の路の**唐滝沢出合**まで戻り、橋を渡ると15分ほどで**樫立登山口**に着く。スーパーストア横に伊勢崎商店前バス停がある。

■登山シーズン

一年中可能だが、春から初夏、秋がベスト。夏のハイシーズンはダイバーや海水浴客で混雑するので避けた方がよい。台風が来ると飛行機は欠航となるので注意が必要。また、南国のイメージが強いが、海洋性の気候なので、思ったよりも暑くない。

■ワンポイント・アドバイス

＊三原山山頂からは八丈富士の眺望は得られないので、稜線に出たところで撮影ポイントを探すとよい。

＊三原山の山頂は狭いので、休憩するなら5分ほど下ったところにある広場がよい。

＊三原橋のすぐ先で、左に中之郷にいたる細い道を分け、30分ほどで右に唐滝・硫黄沼方面への分岐の道標が出てくるが、この路は、途中に道標もなくわかりにくいので、入らないように注意したい。

＊八丈島の道標は、石に文字を刻んだものが多い。通常の木の道標をイメージしていると、足下にある石を見すごしてしまうことがある。

＊温泉は樫立、中之郷、末吉にあり、いずれも島の南部に集中している。露天風呂があるのは末吉の見晴らしの湯のみ。また野趣味あふれる裏見ケ滝温泉（中之郷）は男女混浴で、水着着用。

＊交通と気候については次項の㊵八丈富士を参照。

■問い合せ

八丈町役場☎04996-2-1121、八丈島ビジターセンター☎04996-2-4811、東海汽船本社☎03-5472-9999、全日本航空予約・案内センター☎0120-029-222

■2万5000図

八丈島・八丈島南部

チェックポイント

❶防衛道路からＮＴＴ中継基地への道に入る

❷石段状の登山道を登っていく

❸三原山山頂。大海原の展望が広がる

❹唐滝沢出合。沢に沿って登り、唐滝を訪ねよう

❺エメラルドブルーの水を静かにたたえる硫黄沼

❻樫立バス停。すぐ近くにスーパーストアがある

東京雲稜会＝滝本　健（文と写真）

40

海と火口を見ながらのお鉢めぐりは気分最高！

八丈島・八丈富士

はちじょうじま・はちじょうふじ　854・3m

山岳の特徴―

付近の観光―

コースの難易度

体力度　危険度

日帰り

歩行時間：4時間20分

歩行距離：8.5km

累積標高差：＋342m　－796m

お鉢巡りのコースから八丈小島を望む

底土《そこど》港から登山口まで歩いても2時間ほどだが、ここでは登山口までタクシーを利用し、帰路に空港まで歩くコースを紹介しよう。

下山後、ビジターセンター（植物公園内）や温泉に寄るのであれば、空港からレンタカーを利用した方が便利だ。

八丈富士山頂から三原山を遠望する

登山口からお鉢めぐりの路までは1280段の階段がつけられ、中間点に640段の標識がある。1時間ほど登ると、**お鉢めぐりの路**と大穴《おおあな》に下りる路との交差点である。左回りの路をとると、15分ほどで**八丈富士**山頂である。左に八丈小島《はちじょうこじま》を見ながら1時間ほどで一周できる。終始、火口と海を眺めながらのお鉢めぐりは、天候さえよければ気分は最高だ。

一周して先ほどの交差点から火口に向かって100メートルほど下ると、T字の分岐となり、右に10分ほどで**浅間《せんげん》神社**がある。その横から深さ60メートルの小穴《こあな》（火口）をのぞくことができる。また左に20分ほど行くと中央火口丘の湿原に出るが、途中から道が水没していることもある。

下りは**登山口**から鉢巻道路を右

浅間神社からのぞきこんだ小穴

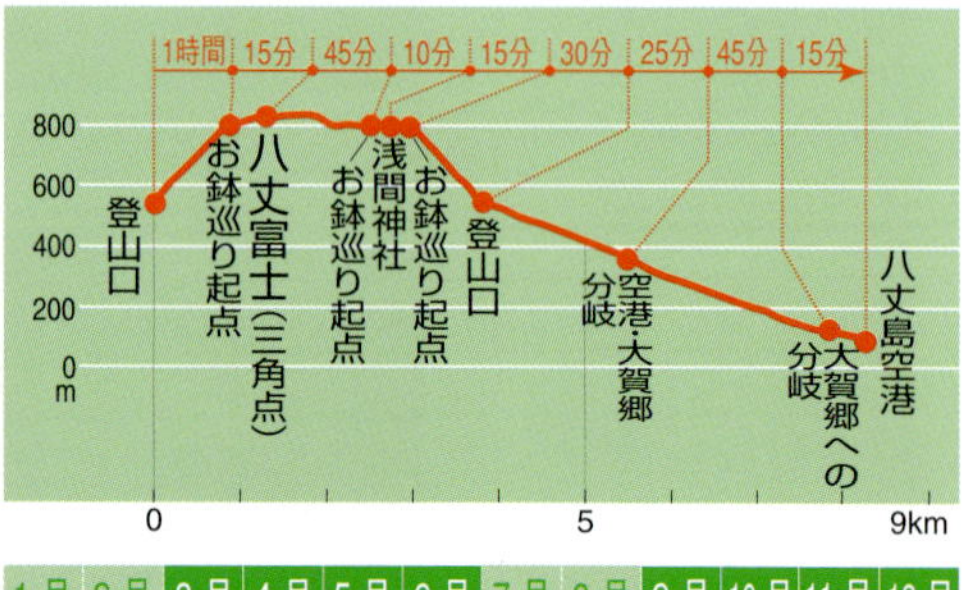

1月　2月　3月　4月　5月　6月　7月　8月　9月　10月　11月　12月

に5分ほど行くと、下降路の分岐がある。ここから20分で**空港・大《おお》賀郷《がごう》への分岐**だ。石の道標を見すごさないようにしよう。

空港への近道に入ると、突然ジャングルの中に迷いこんだ気分になるが、時折舗装道路が出てきたりする。鳥やセミの声を聞きながらのジャングル歩きもまた楽しい。40分ほどでセンターラインのあるりっぱな舗装道路に出ると、左手に八丈島測候所の建物が現れる。やがて**大賀郷への分岐**となり、右折は植物公園へ。**八丈島空港**へは直進する道を行く。

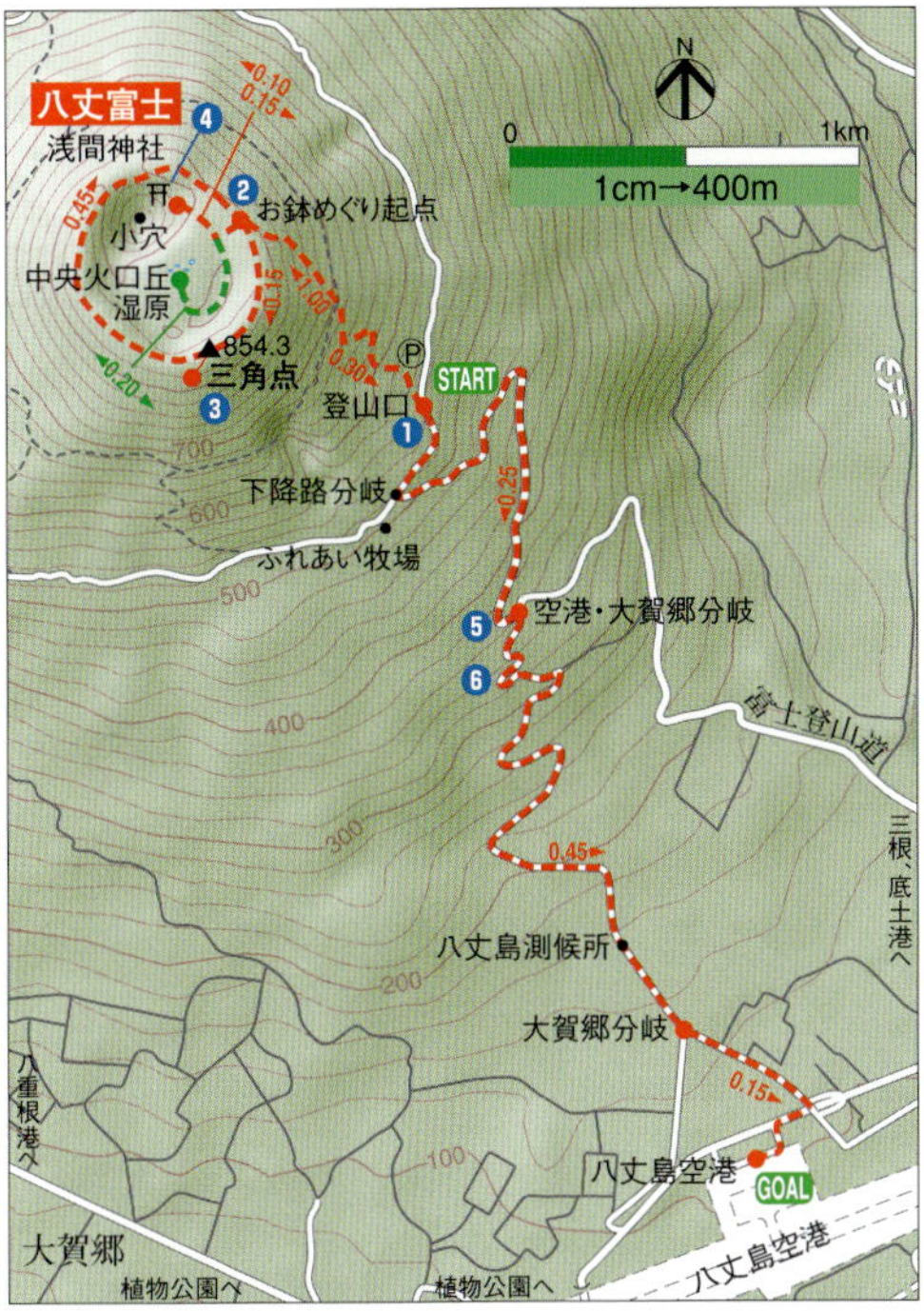

チェックポイント

❶登山道入口。少し上にも駐車場がある

❷お鉢巡りの起点。階段上でひと息つける

❸八丈富士山頂。空港や三原山が見える

❹浅間神社。すぐ横から小穴がのぞける

❺空港への近道分岐からうっそうとした森へ

❻近道はジャングルをを行く気分になる

■登山シーズン

一年中可能だが、春から初夏、秋がベスト。前項の㊴八丈島・三原山を参照のこと。

■ワンポイント・アドバイス

＊東京の南方ということで、南国のイメージがあるが、緯度では九州の阿蘇、長崎と同じところに位置し、思ったほど暑くはない。また八丈島は非常に雨の多いところなので、しっかりした雨具と足回りは必携である。

＊八丈島へのアプローチは船の場合には竹芝桟橋を夜出て朝到着する。帰りは朝出発となる。港は、その時の海の状況により、底土港だったり、八重根港だったりする。

＊島内の交通は町営バスが2時間に1本程度なので、利用する場合には事前に時刻表を調べておくとよい。入山時にはタクシーを利用し、下山後はバスを利用するとよい。

＊お鉢巡りの途中には足もとの悪いところもある。土がぬかるんでいる時とか、風の強い時にはお鉢巡りは止めた方がよい。

＊下降時に鉢巻き道路を曲がらずに、そのまま直進すると、7分ほどでふれあい牧場に着く。飲み物の自販機とトイレがあるので、寄り道するのもよい。

＊八丈富士登山はレンタカーで登山口まで行く人が多い。レンタカーを利用する場合には、植物公園内にあるビジターセンターに寄っていこう。

＊底土港近くには無料の町営キャンプ場があり、トイレ、水道が完備されている。利用する際には事前に役場に要連絡。

＊道標や温泉については前項㊴八丈島・三原山を参照のこと。

■問い合せ

八丈町役場☎04996-2-1121、八丈島ビジターセンター☎04996-2-4811、東海汽船本社☎03-5472-9999、全日本航空予約・案内センター☎0120-029-222

■2万5000図

八丈島

東京雲稜会＝滝本　健（文と写真）

関東ふれあいの道

高尾山山頂から見る富士山。ふれあいの道前半は富士山展望が魅力

関東ふれあいの道（首都圏自然歩道）は、関東地方1都6県を一周する長距離自然歩道で、東京都八王子《はちおうじ》市梅《うめ》ノ木平《きだいら》を起・終点に、高尾山《たかおさん》、奥多摩《おくたま》、秩父《ちちぶ》、妙義山《みょうぎさん》、筑波山《つくばさん》、九十九里浜《くじゅうくりはま》、房総《ぼうそう》、三浦《みうら》半島、丹沢《たんざわ》などを結んでいる。総延長は1665キロ、144のコースがある。どのコースもおおむね10キロ前後に区切られ、日帰りができるように設定されていて、コース中の自然景観のすばらしさはいうまでもなく、それぞれ変化に富み、地域の名所、旧跡などにも出会える楽しい道だ。

↑歴史のみちの浅間嶺山頂付近。心地よい樹林帯の道が続く

→富士見のみち・生藤山付近を行く。樹間からの展望が楽しみ

その関東ふれあいの道の中で、東京都には7つのコースが設定されている。

①**湖のみち**　津久井《つくい》湖、相模《さがみ》湖、丹沢《たんざわ》、富士山などの眺望を楽しみ、高尾山を登るコース。

②**鳥のみち**　東京都コースの中でも19・4キロと最も長いコースで、景信山《かげのぶやま》から陣馬《じんば》山《さん》周辺は野鳥の種類が多く、山頂や尾根上からは富士山、丹沢、奥多摩の山々の眺望がよい。

③**富士見のみち**　東京都コースの中で最も標高の高い茅丸《かやまる》（1019メートル）があり、起伏に富み、生《しょう》藤山《とうさん》あたりから眺める富士山は絶景である。

④**歴史のみち**　浅間《せんげん》尾根を行く道で、8キロと東京都コースでは最も短く、かつては甲州《こうしゅう》中道といわれた古い官道で、中世甲州街道として重要視されていた。

歴史のみちの最後を飾る払沢ノ滝

⑤**鍾乳洞と滝のみち**　東京都コースで唯一滝が見られるコース。また全長300メートルの大岳《おおだけ》鍾乳洞は都の天然記念物でもある。

⑥**杉の木陰のみち**　初詣や御岳《みたけ》講などで有名な御岳神社があり、四季を通してにぎわっている。コース中の日《ひ》の出山《でやま》は、山名の通り、都心から昇る日の出はさえぎるものがなくすばらしい。

⑦**山草のみち**　高水《たかみず》三山のうち惣岳山《そうがくさん》、岩茸石山《いわたけいしやま》の2山を通るコースで、岩茸石山～棒《ぼう》ノ折山《おれやま》の一帯はスミレの種類が多い。

昭島山岳会＝加藤秀夫（文）　入谷山歩会・山岳写真ASA・東京雲稜会（写真）

高尾山山頂大見晴台から見る富士山。冬至前後にはダイヤモンド富士も楽しめる

登山口付近の料亭の庭に咲くヤマブキソウ

41

関東ふれあいの道①

湖のみち

丹沢の山並みと富士を眺め、三湖を望む

梅ノ木平～小仏城山～高尾山

山岳の特徴—

付近の観光—

コースの難易度	
体力度	危険度

日帰り

歩行時間：6時間5分

歩行距離：16.2km

累積標高差：＋1036m
−1059m

関東ふれあいの道・湖のみちは、城山《しろやま》湖、津久井《つくい》湖、相模《さがみ》湖の三湖を見下ろす明るい尾根を歩くコースである。距離はおよそ16キロ、6時間前後の行程だ。春夏秋冬、好天の日を選んで、のんびり歩いてみよう。

梅《うめ》ノ木《き》平《だいら》でバスを降りると、峰《みね》ノ薬師《やくし》北参道口の大きな石柱と石仏が迎えてくれる。案内《あんない》川に沿っていくと250メートルほどで左折する。高尾《たかお》グリーンセンターの先に車止めとあずまやがあり、このあたりからすこしずつ登りになる。

登り着いた**三沢《みさわ》峠**は明るく広々として気持ちがよい。右にコースをとると巻道と稜線通しの道に分かれる。体力に合わせてどちらかを歩くとよい。

泰光寺山《たいこうじさん》、**西山《にしやま》峠**と越え、**浅川《あさかわ》峠**をすぎるとほどなく**中沢山《なかざわやま》**に着く。直下の送電線鉄塔からは展望がよい。

中沢峠、金比羅山《こんぴらさん》を越えると、わずかな登りで**大洞山《おおぼらやま》**だ。高尾山《たかおさん》側の展望を楽しんでわずかに進むと、道は北に折れて下り、小尾根を越す。右手に林道が併走し、さらに進むと国道が見えてくる。

大垂水《おおだるみ》峠で国道20号線を橋で渡り、高尾山稜に取り付く。すぐに沢沿いとなり、急登を20分ほどで尾根上の道になる。ササ道が樹林になるあたりから左に右に折れると平らな道になる。右に大きく曲がると右から大平林道からの道が合流する。階段を登りきれば**小仏《こぼとけ》城山《しろやま》**だ。

展望を楽しんだら、いよいよ高尾山主脈の縦走路に入る。道も広く歩きやすい。特に一丁平《いっちょうだいら》からもみじ台を経て高尾山までの間は、野草や花、桜の木も多く、展望もよい。

高尾山は関東の一大観光地だけに、四季を通してハイカーや行楽客が多い。特に冬至の前後にはダ

■登山シーズン

通年で楽しめる。特に早春時のスミレやカタクリ、ヤマブキソウ、ニリンソウなど、時を追って多くの花が楽しめる。秋の紅葉もすばらしく、関東でも比較的遅い時期まで楽しめる。

■ワンポイント・アドバイス

＊登山口までのバスは数が少ないので、余裕をもって、駅から歩くことをすすめたい。圏央道の工事中は一部歩きづらいところや迂回する地点もある。

＊マイカー利用の場合は陽気のよいシーズン中は駐車場の確保が難しいので、あまりすすめられない。駐車場は高尾駅南口商店街と京王高尾山口駅にある。

■問い合せ

八王子市役所☎042-626-3111、西東京バス本社☎042-646-9041、高尾山登山電鉄☎042-661-4151、神奈川中央交通バス津久井営業所☎042-784-0661

■2万5000図

八王子・与瀬

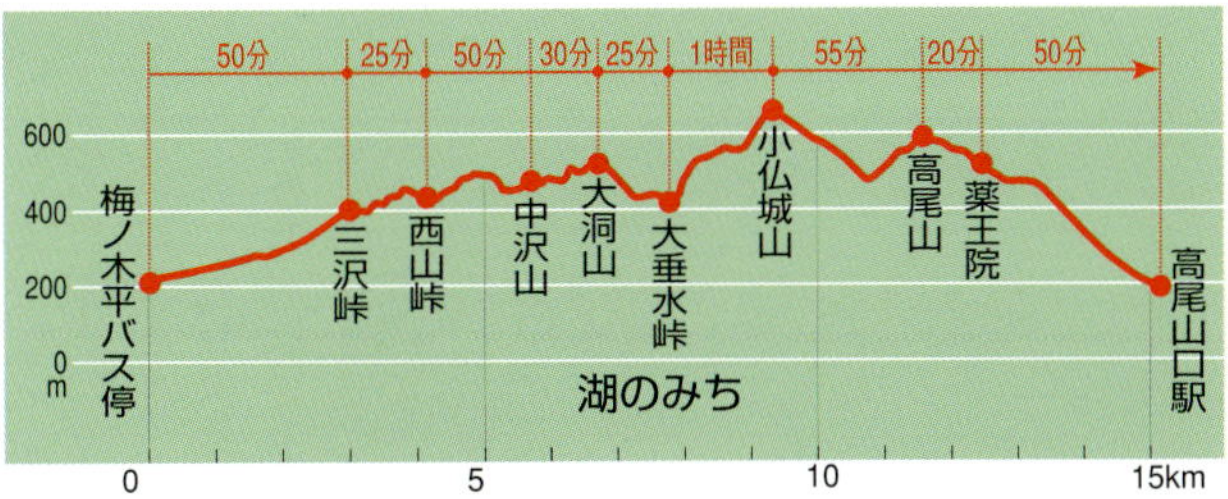

1月 2月 3月 4月 5月 6月 7月 8月 9月 10月 11月 12月

＊高尾山周辺は74ページの地図も参照

イヤモンド富士が見られるので、山頂の大見晴台《おおみはらしだい》付近はカメラをもつ人たちでにぎやかだ。

山頂から自然研究路1号路を行く。不《ふ》動堂《どうどう》、**薬王院**《やくおういん》、飯縄《いいづな》権現堂《ごんげんどう》を抜けると大杉並木。広くなったところで左右に道が分かれる。右が男坂で108段の階段、左が女坂で緩いスロープ状の道で、どちらを行ってもよい。神変堂《しんぺんどう》、浄心《じょうしん》門《もん》、タコ杉、サル園、野草園、展望台を経てケーブル駅を通過する。坂道の斜度が増してくると、どんどん高度を下げて登山口の清《きよ》滝《たき》に下りる。**高尾山口駅**までは5分ほどで着く。

チェックポイント

❶梅ノ木平バス停。バス時間は要確認

❷広々として気持ちのよい三沢峠

❸国道20号線大垂水峠は橋で渡る

❹城山山頂の高尾山側に立つ道標

❺高尾山山頂。正面の1号路を下る

❻表参道清滝口。左はケーブルカー駅

八王子山の会＝須永省三（文）須永省三・小野一美（写真）

42

関東ふれあいの道②

鳥のみち

サクラに紅葉、眺望を満喫する東京憩いの鳥の道

高尾山〜景信山〜陣馬山

山岳の特徴——

付近の観光——

陣馬山山頂から奥多摩、奥武蔵の山々を望む

関東ふれあいの道2番目のコースである「鳥のみち」は19・4キロ。豊かな植物に育まれ、鳥類はもちろん昆虫の種類も多く、四季を通じて多くの人に親しまれている。

京王《けいおう》線**高尾山口《たかおさんぐち》駅**を出発、高尾山自然研究路1号路を行く。舗装された急勾配の道をジグザグに登ると金毘羅台《こんぴらだい》からの尾根道と合流。十一丁目茶屋を左に見すごし、さる園をすぎると、タコ杉や天狗の腰掛杉など、樹齢500〜700年の大杉が目を引く。

3号路と出合う浄心門《じょうしんもん》をすぎると、道は正面にある108段の男坂と、右の女坂に分岐する。この道が再び合流して平坦な道になり、階段を登ると薬王院《やくおういん》山門だ。

薬王院本堂で参拝をすませ、左手階段を登って色彩華麗な本社へ、さらに裏手を登ると奥ノ院となる。この先10分もすると、開けた広場のある**高尾山**山頂に着く。

展望台から山道となり、階段を下りると「ここから裏高尾」の看板がある。ひと登りするともみじ台だ。一丁平《いっちょうだいら》を通って小仏城山《こぼとけしろやま》までの約2キロは千本桜《せんぼんざくら》と名づけられ、4月中旬〜下旬が見ごろ。

電波塔が見えてきたら**小仏城山**だ。南側に相模湖《さがみこ》が広がり、その奥に富士山が美しい姿を見せてくれる。ここからは相模湖、津久井《つくい》湖《こ》へ下る道もある。

ひと休みして先へ進むと下りとなって、すぐに小仏峠富士見茶屋が現れ、坂を下ると小仏峠だ。「明治天皇御休止跡」の石碑がひっそりと立っている。

小仏峠からは本コースいちばんの急坂を登り**景信山《かげのぶやま》**へ。展望はたいへんよく、振り返れば、これまでのルートが一望できる。

景信山から西に向かう。小さな起伏が連続し、展望はあまりよくない。堂所山《どうどころやま》への道を分け、直進すると美女谷《びじょだに》温泉と陣場《じんば》高原下の標識のある底沢《そこざわ》峠となる。続いて藤野《ふじの》と相模湖から上がってくるコースと合流すれば**明王《めおう》峠**だ。

明るい尾根道を行き、奈良子《ならこ》峠を抜けると、緩やかに登る。最後のひと登りを終えると、**陣馬山**山頂に着く。茶店の前に白馬の像が

コースの難易度

体力度　危険度

日帰り

歩行時間：7時間10分

歩行距離：19.4km

累積標高差：＋1291m
－1154m

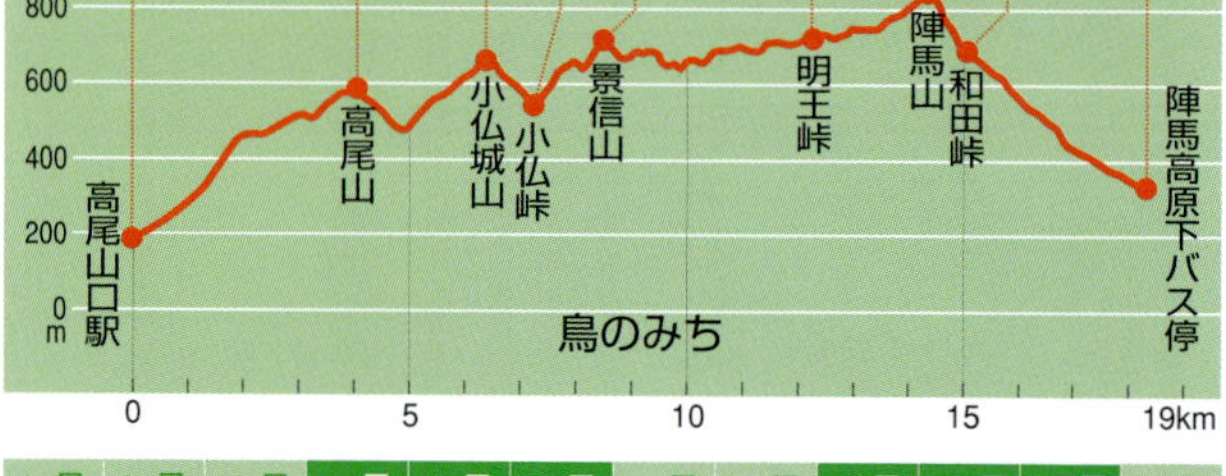

1月 2月 3月 **4月** **5月** **6月** 7月 8月 **9月** **10月** **11月** 12月

立ち、西に富士山と南アルプス、北に奥秩父《おくちちぶ》と奥多摩《おくたま》、東は武蔵野《むさしの》の台地、振り返れば、道志《どうし》と丹沢《たんざわ》山塊などが楽しめる。

充分景色を堪能したら下山にかかろう。急な階段道に注意して、**和田峠**へ。峠からは右手の林道を**陣場高原下バス停**まで下山する。

＊高尾山周辺は74ページ、景信山周辺は72ページの地図も参照

チェックポイント

❶色彩華麗な薬王院本社

❷高尾山直下、4号路との分岐

❸小仏城山の茶屋は600席もある

❹小仏峠の明治天皇御休止跡

❺景信茶屋。春は桜が美しい場所だ

❻明王峠の明王茶屋。休憩する人も多い

❼陣馬山山頂。360度の大展望が広がる

■登山シーズン

四季折々に楽しむことができるが、特に桜のころと紅葉、そして冬枯れの季節。また、降雪のあとも軽アイゼンがあれば安心。

■ワンポイント・アドバイス

＊冬場の日照時間が短い時などには、清滝駅から日本一の勾配を誇るケーブルカーを利用するのも有効。

＊薬王院境内では、ところどころに出ている標識に注意して進もう。

＊高尾山へは１号路から６号路と稲荷山コースの７つの登路があり、目的や好みに応じて楽しめる。

＊小仏城山茶屋は収容600名、年中無休。ただし、悪天候時は休業。

＊このコースに点在する茶屋は小仏城山茶屋を除いては、土・日曜、祝日の営業となる。ただし、悪天候の場合は休業。営業時間は大半が９時から日没の１時間前まで。

＊コースには茶屋、トイレ、休憩所が多く、よく整備されている。また、登山路、下山路もさまざまに組み立てることができ、バリエーションに富んだルートをつくることが可能だ。

＊陣場山から和田峠経由陣場高原下が鳥の道となっているが、陣場山から南へ樹林帯を下る新ハイキングコースがあり、ここを通ると車道歩きが大幅に減る。

＊陣場高原下からのバスは、シーズンには直行臨時バスやボンネットバス「夕やけ小やけ号」も運行される。料金は同じ700円。

■問い合せ

八王子市役所☎042-636-3111、西東京バス本社☎042-646-9041、高尾登山電鉄☎042-661-4151

■2万5000図

八王子・与瀬

薬王院本社に立つ鳥天狗

東京山倶楽部＝坂上弥生（文と写真）

43

関東ふれあいの道③

富士見のみち

「富士見のみち」の起点からめぐる静かな山稜歩き

和田峠〜生藤山〜浅間峠

山岳の特徴——

付近の観光——

コースの難易度

体力度　危険度

日帰り

歩行時間：5時間40分

歩行距離：14.7km

累積標高差：＋1224m
－1146m

三国山の稜線は桜が美しい

関東ふれあいの道第3番目のコースである「富士見のみち」は、起点である陣馬高原下《じんばこうげんした》から終点の上《かみ》川乗《かわのり》まで、15キロ弱の行程である。生藤山《しょうとうさん》をはじめ、深い緑を残す東京都檜原村《ひのはら》と山梨県、神奈川県との県境の峰々を結んで、のんびり歩き、富士山や丹沢《たんざわ》、奥多摩《おくたま》の展望を楽しんでみよう。

京王八王子駅《けいおうはちおうじ》からのバスが着くのは**陣馬高原下**。バスを降りて和《わ》田《だ》峠までは、車に気をつけながら車道を歩く。**和田峠**には売店もあるのでひと息入れていこう。売店正面にある看板の左手から登山道に入る。陣馬山へ向かう道のにぎやかさを離れて、静かな山旅気分を満喫したい。

和田峠から高岩山《たかいわやま》を経ておよそ30分で**醍醐**《だいご》**峠**へ。八王子市の最高峰である**醍醐丸**《だいごまる》（867メートル）へはひと登りだ。展望の開けた山頂にはベンチがあり、奥多摩方面の山々を眺めながら休んでいこう。

山頂からいったん下っていくと、クヌギの木の下に山ノ神の石祠がある。さらに進み、神奈川県の和田へ下る分岐にも山ノ神が祀られている。

柏木野《かしわぎの》への分岐でもある連行峰《れんぎょうほう》まで、少しずつ高度を上げていく。**連行峰**からは落葉樹林の道を歩き、このコースの最高峰である茅丸《かやまる》（1019メートル）を目指す。茅丸までくれば、生藤山はもうすぐだ。**生藤山**山頂は広くはないが、休憩するには格好の場所である。富士山を眺めながらゆっくりと食事をとりたい。

展望を楽しみ、お腹も満足したら、**三国山**《みくにやま》へ向かおう。山頂からは丹沢や道志《どうし》の山々まで見わたせる。時間に余裕があったら、桜の名所で知られる甘草水《かんぞうすい》を訪ねてみるのもいい。

三国山から少し下ると軍刀利《ぐんだり》神社があるので、お参りをし、次のピークの熊倉山《くまくらやま》を目指す。**熊倉山**からの笹《ささ》尾根はカラマツの木が目立ち、新緑のころも紅葉のころも美しい木立に囲まれた道だ。

その笹尾根を**浅間**《せんげん》**峠**まで下ると、あずまやがあるので最後の休

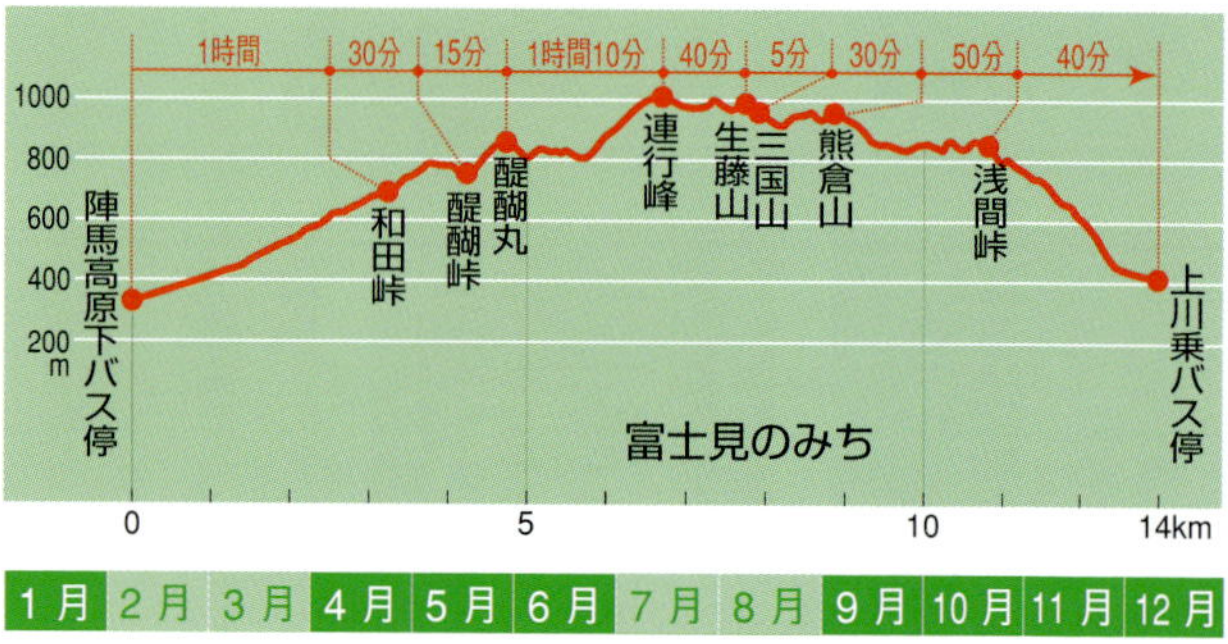

憩をとろう。浅間峠から上川乗までは、心地よい疲れを感じながら緩やかに下っていける。40分ほどで上川乗に着くと、バス停まではもうすぐだ。

■登山シーズン

春の新緑やツツジのころ、秋の紅葉のころがベストシーズンだが、年間を通して登山することができ、冬季も積雪は少ないため、降雪後を除けば、冬富士の展望台として人気がある。陣馬山のにぎわいからはずれ、のんびり、静かに山歩きが楽しめる。

■ワンポイント・アドバイス

＊本コースは関東ふれあいのみち「富士見のみち」として整備され、巻道や指導標も整備されているので、安心して歩ける。

＊往路の陣馬高原下までは京王八王子駅より西東京バスで約50分。帰路は上川乗バス停よりJR五日市線武蔵五日市駅まで西東京バスで約40分。バスの時間は確認してから出かけたい。

＊今回のコースからはずれるが、春は桜の名所としても名高い甘草水まで足をのばしてみるのもおすすめ。三国山まで早めに着いたら、片道約20分で美しいヤマザクラを堪能できる甘草水休憩所へ。甘草水は日本武尊が東征の際に兵をうるおす水がなく、鉾をもって岩を打ち砕いたところ、貴重な清水が湧き出したと伝えられる伝説の水場。ただし、今はこの水は飲めないので注意してほしい。

■問い合せ

檜原村役場☎042-598-1011、八王子市役所☎042-626-3111、西東京バス楢原営業所☎042-623-1365、西東京バス五日市営業所☎042-596-1161

■2万5000図

猪丸・五日市・与瀬

チェックポイント

❶和田峠の売店。駐車もでき、行楽シーズンはにぎわう

❷醍醐丸山頂。小さな標識があるが、見落としやすい

❸茅丸山頂。気持ちのよい稜線上のピーク

❹生藤山山頂。気持ちのよい山頂で、富士山も見える

❺軍刀利神社にお参りして熊倉山へ向かおう

❻鞍部にある浅間峠の休憩所。右に上川乗に下山する

山岳写真ASA＝庄内春滋(文) 庄内春滋・塩田諭司(写真)

44

関東ふれあいの道④

歴史のみち

古くから人々の生活を支えた往環を行く

浅間嶺～時坂峠～払沢ノ滝

山岳の特徴——

付近の観光——

コースの難易度	
体力度	危険度

日帰り

歩行時間：3時間50分

歩行距離：9.0km

累積標高差：＋706m
－833m

浅間嶺展望所から大岳山、馬頭刈尾根を眺める

かつて数馬《かずま》や人里《へんぼり》の里人が物資を運んだ浅間《せんげん》尾根の道は、いま関東ふれあいの道第4番目の「歴史のみち」として親しまれている。古甲州《ここうしゅう》街道ともいわれる古道を、往時をしのんで歩いてみよう。

JR武蔵五日市《むさしいつかいち》駅からバスに揺られて**上川乗《かみかわのり》**のバス停で下りる。

払沢ノ滝。四季それぞれに表情を変え、凍結した滝は圧巻

武田菱《たけだびし》の旧家の前にある指導標にしたがって登ろう。しばらくは急坂で景色も望めない登りが続く。竹林のそばを通り、植林された杉林の中を行く。

傾斜が緩くなってトラバース気味に登ると、まもなくトイレのある**浅間嶺《せんげんれい》の休憩所**に着く。左に5分ほど登ると小さな祠があり、その少し先が国土地理院の地形図に表記されている**浅間嶺**のピーク（903メートル）である。ここは景色がよくないので、広場に戻り、案内板の右手の道を10分ほど登ったところにある展望台に行こう。左手の道は展望台を経由せずに時坂峠《とっさかとうげ》に行く道だ。

展望台には浅間嶺の標識があり、関東ふれあいのみちの指定撮影ポイントとなっている。南側は丹沢《たんざわ》から富士山への展望がよい。北側は大岳山《おおだけさん》～御前山《ごぜんやま》の山並みが望める。桜並木もあり、春は花見が楽しめる。その桜並木沿いに下れば**小岩分岐**に出る。左は先の休憩所へ。右へ折れると時坂峠への道だ。

自然林と杉植林の境にある、よく整備された緩い坂道を下る。まもなく急な下りになり、右の水場をすぎると、前方にかぶと造りの農家（今はそば屋）の前に出る。ここにはクリンソウの群落があり、5月にはみごとな花の群生が見られる。

道は広くなって、峠のお茶屋、**高嶺《たかね》荘**に着く。空気が澄んだ日にはその少し手前の道から東京の高層ビル群が見える。茶屋は貞享3（1686）年、瀬戸沢《せとざわ》駅宿として創業された歴史あるもの。奥には山の神が祀られている。

茶屋前から舗装された林道を行くと二股になる。時坂峠への道を左にとってしばらくで、右に北秋《きたあき》川《かわ》橋への道標がある。ここが**時坂峠**で小社がある。

10分ほど下ると先の林道と合流し、トイレがある。時坂集落の農家の間を、道なりに何回か林道と合流しながら下ると**払沢《ほっさわ》ノ滝の駐車場**に出る。右に行けば**払沢ノ滝**だ。2月初旬ごろに氷結した滝は一見の価値がある。

駐車場からさらに下って左に豆腐店を横に見ると、目の前が**仏沢ノ滝入口バス停**である。さらに15分下ると本宿《もとじゅく》に出る。

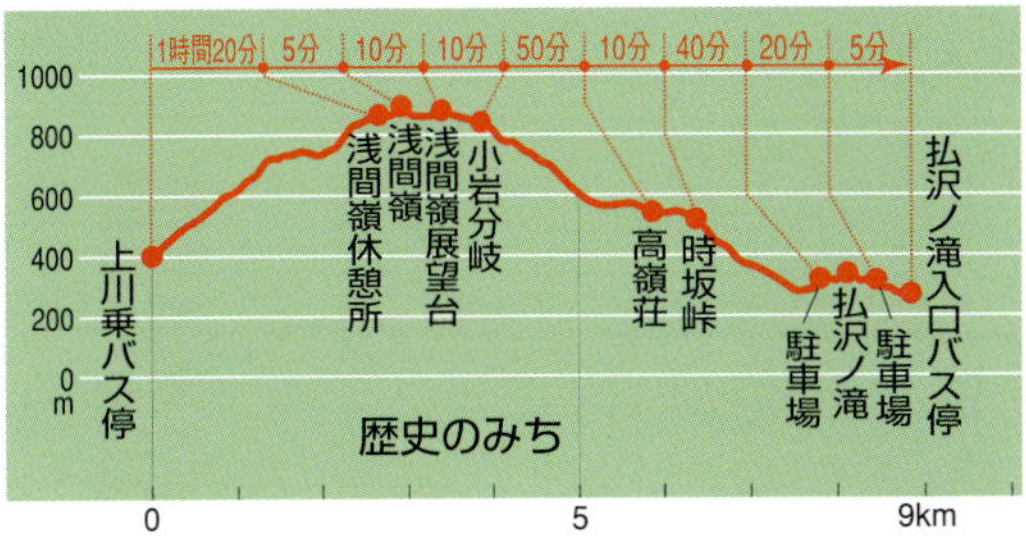

1月 2月 3月 4月 5月 6月 7月 8月 9月 10月 11月 12月

チェックポイント

❶ 石碑の横を通って登りはじめる

❷ 浅間嶺休憩所。展望もすばらしい

❸ 浅間嶺展望台。360度の好展望

❹ 山の神が祀られる峠の茶屋

❺ 払沢ノ滝入口

❻ 払沢ノ滝バス停に到着する

■登山シーズン

新緑とヤマザクラのお花見を兼ねる場合は、年によって違うが、4月中旬～下旬。11月中旬～下旬は紅葉狩りが楽しい。また冬の陽だまり山行にも格好のコースだ。2月初～中旬の最も寒い時は、払沢ノ滝の氷結した姿がすばらしい。低い山なので、夏は避けた方がよい。

■ワンポイント・アドバイス

＊払沢ノ滝から逆コースは、時坂峠までと、かぶと造りの家から稜線までが急な登りで、あとは浅間嶺まで緩い登りになる。浅間嶺の道は、昔甲斐の国～武蔵の国を人々が木炭や織物などの産物を馬に乗せてゆきかった生活道路だっただけに、険しい道ではないので、ゆったりと歩いていこう。

＊往路はJR武蔵五日市駅から西東京バスで数馬行きか笛吹行きに乗車し、上川乗で下車。所要は50分程度。帰路は払沢ノ滝入口から武蔵五日市駅行きに乗車。バスは本数が少ないので、事前に調べておいた方がよい。本宿まで下れば（徒歩約15分）数馬からのバスもある。

■問い合せ

檜原村役場☎042-598-1011、檜原村観光協会☎042-598-0069、西東京バス五日市営業所☎042-596-1611

■2万5000図

猪丸・五日市

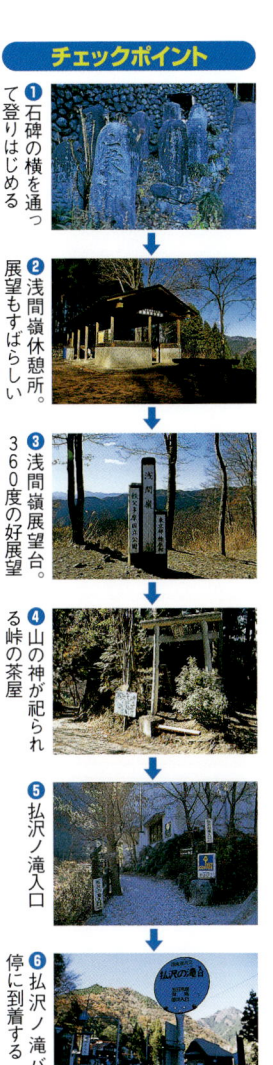

東京雲稜会＝鈴木忠雄（文）柄沢啓太・鈴木忠雄（写真）

45

関東ふれあいの道⑤

鍾乳洞と滝のみち

3つの滝と富士山の展望を楽しめる充実したコース

つづら岩～大滝～大岳鍾乳洞

山岳の特徴——

付近の観光——

女性的で静かな綾滝

雄壮で迫力ある天狗ノ滝

本コースは、関東ふれあいの道第5番目のコースで、3つの大滝と富士山の眺望を楽しむことができる。終点では鍾乳洞も楽しめるポイントの多いコースである。

払沢ノ滝入口バス停で下車すると「関東ふれあいの道」の案内図があり、ここがコースの起点である。上流に向かって**千足**《せんぞく》バス停まで歩き、商店の先で右に、沢沿いの細道に入る。神社を右に見送り、20分ほどで舗装路に別れを告げて、山道に入る。

沢を横切るとすぐに分岐となる。左に入って天狗《てんぐ》ノ滝を経由する道を行こう。まもなく小滝が現れ、その左側を登っていくと**天狗ノ滝**が姿を現す。高さ20㍍ほどのりっぱな滝だ。

幅は狭いが落差のある大滝

滝の前を横切って、右手を登ると、先ほど分かれた道と合流する。続いて現れる滝は**綾**《あや》**滝**で、ベンチの置かれた休憩スペースがある。

綾滝からは急登となる。やがてつづら岩が現れ、基部で左右に分かれる。**つづら岩**ではロッククライマーの練習風景に出会うこともある。

左にコースをとると、「悪い登り」の標識があり、岩場や鉄バシゴが出てくるが、それほど危険ではない。開けたところに出ると**富士見**《ふじみ》**台**《だい》に到着する。あずまやがあり、関東ふれあいの道の指定撮影ポイントになっている。天候がよければ富士山を遠望できる。

富士見台から先は、おおむね下りとなる。快適な林間の路を大岳《おおだけ》山《さん》方面に向かうと、やがて右手に大滝《おおたき》方面への**分岐**となる。ここからはかなり急な下りもあり、慎重に下ると、やがて大岳沢に出合う。道はこの大岳沢に沿って下る。何回か沢を渡ると、木橋の先に大滝への分岐があり、右に下るとすぐ先に、コース中最後の滝、**大滝**で

コースの難易度	
体力度	危険度
日帰り	
歩行時間:4時間25分	
歩行距離:9.0km	
累積標高差:+882m −797m	

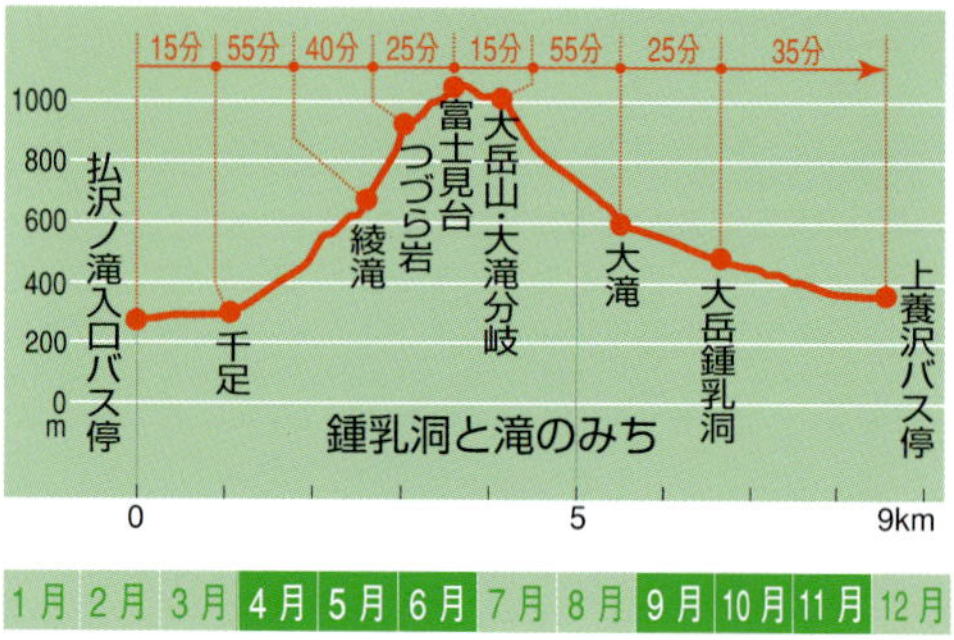

1月 2月 3月 4月 5月 6月 7月 8月 9月 10月 11月 12月

ある。

大滝から３００㍍で林道に出ると、「関東ふれあいのみち」の案内図がある。舗装道路を９００㍍で**大岳鍾乳洞**だ。さらに下ると、途中に採石場があり、やがて大岳鍾乳洞入口のバス停に着く。コースの終点は左折して２００㍍ほど奥の**上養沢**《かみようざわ》**のバス停**で、ここがバスの始発となっている。

チェックポイント

❶登山道入口の千足バス停。ここから登りはじめる

❷稜線上にある富士見台のあずまや。富士山が見える

❸大岳山と大滝方面の分岐。大滝へは右に下る

❹大岳沢沿いに下る。桟道をいくつか渡る

❺大滝をすぎてすぐに林道に出る

❻大岳鍾乳洞入口。一度は鍾乳洞見物をしてみよう

■登山シーズン
通年歩くことができるが、急な登り下りがあるので、雪が着くとすべりやすい。降雪直後は避けた方がよいだろう。11月下旬には紅葉が楽しめる。

■ワンポイント・アドバイス
＊JR武蔵五日市駅よりバスを利用し、払沢ノ滝入口（北秋川橋）で下車する。小岩行きか藤倉行きのバスであれば、千足で下車してもよい。
＊天狗ノ滝手前の小滝を天狗ノ滝と間違えて横切ってしまうと、道がないので気をつけよう。
＊綾滝で水を補給するとよい。ただし、この沢水は地元の人の飲料水となっているので、汚さないように注意すること。
＊急登のあと、つづら岩の基部に着いたところでひと休みしたくなる。この道は馬頭刈尾根の縦走路で、大岳方面は左だが、いったん右に２～３分行くと、展望の開けたところで休憩ができる。
＊６カ所以上沢を渡る場所があり、濡れた岩の上を歩くので、水ですべりやすい靴は避けた方がよい。特に大雨のあとでは、足首まで水につかることを覚悟しないと渡れないこともある。
＊時間があれば大岳鍾乳洞を見物するのもよい。途中腹ばいで通過するところもあり、ちょっとした探検気分を味わえる。
＊採石場から先の下りは、平日にはダンプカーが通ることがあり、要注意。

■問い合せ
檜原村役場☎042-598-1011、檜原村観光協会☎042-598-0069、西東京バス五日市営業所☎042-596-1611

■2万5000図
五日市・武蔵御岳

東京雲稜会＝滝本 健（文と写真）

46

関東ふれあいの道⑥

杉の木陰のみち

展望の日の出山から関東の霊山・御岳山を結ぶ

日の出山〜御岳山〜御嶽駅

山岳の特徴——

付近の観光——

日の出山山頂から御岳山、大岳山を望む

晴れた日には、丹沢《たんざわ》や奥多摩《おくたま》の山々をはじめ、新宿の高層ビル群まで見える見晴らしのよい日の出《ひで》山《やま》（902・0メートル）。そして古来より農耕の神として信仰を集める御岳山神社を訪ねる関東ふれあいの道第6番目の「杉の木陰のみち」は、全長11・5キロ、植物や野鳥も多く見られ、早春から初冬まで四季折々に歩いてみたいコースだ。

ＪＲ武蔵五日市《むさしいつかいち》駅から約30分、**上養沢《かみようざわ》**行きのバス終点から歩きはじめる。「関東ふれあいの道」を示す大看板を見て、養沢川沿いの林道をしばらく歩き、御岳沢《みたけさわ》出合でトイレ舎の脇を右へ折れ、山道に入る。階段状の登山道を登ると大きな建物がある**養沢鍾乳洞**に着く。残念ながら現在は閉鎖中で見学はできない。

杉の巨木が並ぶ御岳表参道

石灰岩の大岩下を通り、杉の林を山腹を巻くように高度を上げていくと金毘羅《こんぴら》尾根上の広い道に合流する。右は武蔵五日市駅へ下る道だ。標識にしたがって左へ急な坂道を登ると、しだいに展望が開け、やがて山頂直下に手入れが行き届いたバイオトイレがある。

日の出山山頂は明るく広々とした好展望台で、ベンチやあずまやもある。周囲の山を眺めながら弁当を広げるのに最適だ。

山頂をあとに、肩の東雲《しののめ》山荘を右に見て御岳山《みたけさん》へ向かおう。杉木立のなだらかな尾根道を行くと、天然記念物の**神代ケヤキ**があり、ケーブルカーへの道と分かれる。みやげ物店の並ぶ参道を通り、随《ずい》神門《しんもん》から**御岳山神社**に続く250段の石段を登る。参拝したら神代ケヤキまで戻り、左へ曲がり、山上《さんじょう》集落を抜けると**御岳山ビジターセンター**が左手にある。

ケーブルカーの御岳山駅前を通り、巨木が並ぶ杉並木の表参道を下る。舗装してある急坂をどんどん下って、山麓の**滝本《たきもと》駅**に着く。

コースの難易度	
体力度	危険度

日帰り

歩行時間：4時間35分

歩行距離：11.5km

累積標高差：＋867m
－993m

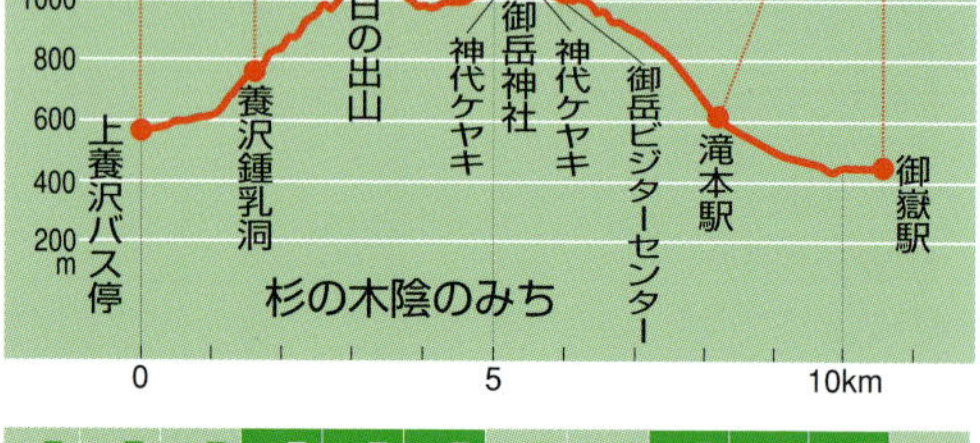

1月	2月	3月	4月	5月	6月	7月	8月	9月	10月	11月	12月

チェックポイント

❶登山道入口。標識にしたがって林道を右へ

❷石灰岩の大岩に沿って歩く

❸杉の木立の中、よく整備された道を登る

❹日の出山山頂。360度の展望が広がる

❺御岳神社社殿。大勢の人が訪れている

❻滝本駅に下山する。橋の先がケーブル駅

ここからバスも出ているが、ＪＲ御嶽駅まで歩こう。バス道は歩道がないところもあるので、車には要注意。

吉野《よしの》街道に突き当たったら、これを横断して「御岳渓谷」の標識にしたがって神路《かみじ》橋を渡り、対岸の多摩川本流の遊歩道を下流に向かう。春は新緑、秋は紅葉に彩られた清流沿いの道は気持ちよく、ボルダリングやカヌーに興じる人々の姿を眺めるのも楽しい。

御岳橋をくぐって青梅《おうめ》街道に出ると**御嶽駅**は目前だ。駅隣には御岳インフォメーションセンターがある。

■登山シーズン

全コースよく整備されており、家族連れや年配者にもおすすめできるコース。登山適期は早春から初冬まで。冬季は登山道が凍結するので避けた方がよい。真夏でもほとんどが杉木立の中を歩くコースなので涼しい。

■ワンポイント・アドバイス

＊武蔵五日市駅から上養沢行きのバスは１時間に2本程度と少ないので、事前に問い合わせた方がよい。

＊御岳神社は正式には武蔵御嶽神社とよばれ、紀元前90年、崇神天皇の時代に創建されたと伝わる関東有数の霊場。天平８年には僧・行基が東国鎮護を祈願して蔵王権現像を安置した。本殿は神明造、宝物殿には国宝の紅糸威大鎧(あかいとおどしおおよろい)をはじめ、国宝級の鎧や太刀が展示されている。

＊御岳ビジターセンターは、御岳山付近の登山道や自然の情報が得られ、展示物や休憩所もあるので、時間があれば立ち寄るとよい。

＊御嶽駅のインフォメーションセンター(電話での問合せは青梅市観光協会へ)では、「関東ふれあいのみち」の情報が得られる。

＊桜の時期に歩く時は御岳神社からほんのわずか大岳山の方向へ歩いて、長尾平を訪れてみよう。桜並木が美しい展望広場にはベンチや茶店もあり、山上の花見が楽しめる。

■問い合せ

青梅市観光協会☎0428-24-2481、御岳ビジターセンター☎0428-78-7872、西東京バス五日市営業所☎042-596-1611

■2万5000図

武蔵御岳

御岳インフォメーションセンター

東京恋峰倶楽部＝本木總子（文と写真）

47

関東ふれあいの道⑦

山草のみち

奥多摩入門の山として人気の三山を歩く

惣岳山〜岩茸石山〜棒ノ折山

山岳の特徴

付近の観光

コースの難易度	
体力度	危険度

日帰り

歩行時間:5時間35分

歩行距離:13.1km

累積標高差:＋1249m
－1150m

岩茸石山山頂から目指す棒ノ折山(中央)、黒山(手前)を眺める

　惣岳山《そうがくさん》、岩茸石山《いわたけいしやま》を経由し、棒《ぼう》ノ折山《おれやま》へ登る本コースは、関東ふれあいの道第7番目「山草のみち」に指定されており、新緑と紅葉が楽しめる奥多摩《おくたま》入門の人気コースである。

第2鉄塔付近から多摩川を見下ろす

御嶽駅《みたけ》より青梅《おうめ》方向に戻り、ATM横の小道を登り、踏切を渡ると慈恩寺《じおんじ》前に出る。本堂左横が登山口である。杉植林の急坂を登り、尾根道を30分ほど行くと、地元で**四ツ角**《よかど》とよぶ沢井《さわい》、丹縄《たんなわ》方面との十字路に出る。

　ここから整備された広い尾根道になる。惣岳山には大国主命を祀った青渭《あおい》神社の本社があるため、登山道は御神域の中を進む。「しめつりの御神木」、「鶴亀の石」など神社に由来したポイントを行くと**井戸窪**《いどくぼ》に出る。左の急坂を登ると**惣岳山**山頂だ。残念ながら木立で展望は得られない。

　社殿右横を進むと、露岩まじりの急斜面になる。高度感はあるが、距離は短い。慎重に下ると、左が開け、奥多摩の山々が見え、気分を和ませてくれる。

　ここから緩やかな道を行くと、高水山《たかみずさん》方面への巻道との分岐に出る。左へ進み、岩まじりの急坂を登ると細長い**岩茸石山**の山頂に着く。北西に目指す黒山《くろやま》、棒ノ折山や、奥多摩の山々が望め、秋にはハギの花が楽しめる。

　三角点の横から**名坂峠**《なさか》までの急坂を慎重に下る。黒山まで距離は長いが、雑木林の中、静かな山旅を楽しめる。

　小さなピークを何度か越え、**雨沢山**を経て、棒ノ折山が見える稜線に出ると、すぐにベンチが置かれた**黒山**山頂である。

　山頂からひと下りし、登り返すと名栗《なぐり》湖を眼下に望む**ゴンジリ**

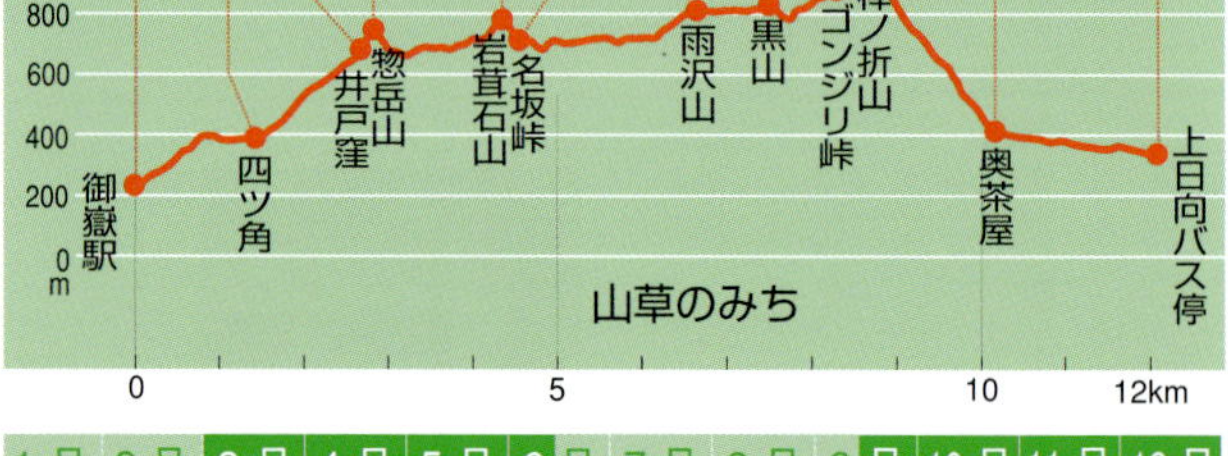

1月 2月 3月 4月 5月 6月 7月 8月 9月 10月 11月 12月

(権次入)峠に出る。峠から、歩きにくい丸太組の道を登ると、広々した**棒ノ折山**山頂に立つ。山頂からは奥武蔵《おくむさし》、上越《じょうえつ》の山々や都心の高層ビルの展望が開けている。

展望を満喫したら、あずまや横より杉植林の急坂をいっきに下る。乾いていても濡れていてもすべりやすいので、充分注意をして下ろう。沢筋に出てワサビ田が現れるとすぐに**奥茶屋**《おくちゃや》である。車道を20～30分歩くと**上日向**《かみひなた》**バス停**に着く。バスの本数が少ないので、のんびりと1時間ほど歩いていけば川井《かわい》駅である。

チェックポイント

❶慈恩寺登山口から登りはじめる

❷惣岳山山頂に建つ青渭神社

❸展望のよい岩茸石山山頂

❹広々とした棒ノ折山山頂

❺奥茶屋付近の大丹波川の美渓

■登山シーズン

標高が低いので夏は暑い。名坂峠からゴンジリ峠間は、雑木林が多く、4月から5月にかけ、ヤマザクラ、ツツジが咲き、10月から11月には紅葉が楽しめる。遠望のきく晩秋から初冬もおすすめである。

■ワンポイント・アドバイス

＊土・日曜、祝日にはホリデー快速により、都心からも短時間で御嶽駅に着くことができる。帰路の上日向からのバスは本数が少なく、川井駅まで歩くことを前提に計画を立てる方が無難。

＊水の補給およびトイレは奥茶屋まで無理なので、御嶽駅ですましておこう。

＊マイカー利用は、御嶽駅より500mほど御岳山方向へ行くと無料駐車場がある。

＊青渭神社の創立は不明であるが、『延喜式神名帳』に記載されている。現在の本社は1845年に再建された。

＊名坂峠からは1時間20分ほどで川井駅に下れるため、エスケープルートとして利用可能。

＊川井駅から古里駅方面へ10分ほど行くと松ノ湯温泉水香園(☎0428-85-2221)がある。事前連絡により日帰り入浴可能。

＊御岳から川井にかけて、多摩川沿いに3つの美術館がある。御嶽駅対岸には、御岳で晩年をすごした日本画の巨匠、川合玉堂の作品を展示した玉堂美術館。御嶽駅から川井方面へ20分ほど行くと、荻原守衛「女」、高村光太郎「手」など、明治・大正・昭和にいたる近代日本の美術を展示した御岳美術館。さらに3分ほどで、奥多摩の自然、文化、歴史などに根ざした作品を展示するせせらぎの里美術館と、三館三様の楽しみ方ができる。

■問い合せ

青梅市役所☎0428-22-1111、青梅市観光協会☎0428-24-2481、奥多摩町役場☎0428-83-2111

■2万5000図

武蔵御岳・原市場

青梅石楠花山岳会＝戸上和三(文と写真)

日本山岳耐久レース

日本山岳耐久レースは、美しい奥多摩の自然の中で、自己の限界に挑戦し、体を鍛え、健全なる心身を育てることを目的として行われている。また、大会会場となる奥多摩の、かけがえのない自然を守り育むことは、私たちに課せられた次の世代への責務であるとも考え、参加選手からの浄財を奥多摩の環境保全活動に充当し、奥多摩の自然保護活動もあわせ進めている。

ヒマラヤでは、ファイナルキャンプを出て頂上にアタックし、再びキャンプに帰るまで、一昼夜連続して行動することもしばしばである。耐久レースは、そのトレーニングのひとつであることを強く意識し、ヒマラヤを目指す若い東京のクライマーの登竜門であるとも位置づけている。

レースは、毎年10月体育の日に行われ、総歩行距離71・5キロを24時間で走破する。２００８年（第16回大会）の参加者は各部門の総勢で２２１１名。8時間を切ってゴールするアスリートから、第一関門突破を目標とする初心者まで参加者はさまざまである。第16回大会で24時間の制限時間内にフィニッシュした完走者は１７６６名。優勝者のタイムは男子7時間39分16秒、女子8時間54分07秒。

大会事務局では、東京都山岳連盟傘下の山岳会会員で、ソロクライマーとして数々の記録をうち立てた世界的クライマー、故・長谷川恒男の業績をたたえ、大会の象徴として男女のレース優勝者に長谷川恒男CUPを贈呈している。

午後1時、五日市中学をスタート

トップ選手は夜半にゴール

深夜の急坂に苦戦する選手

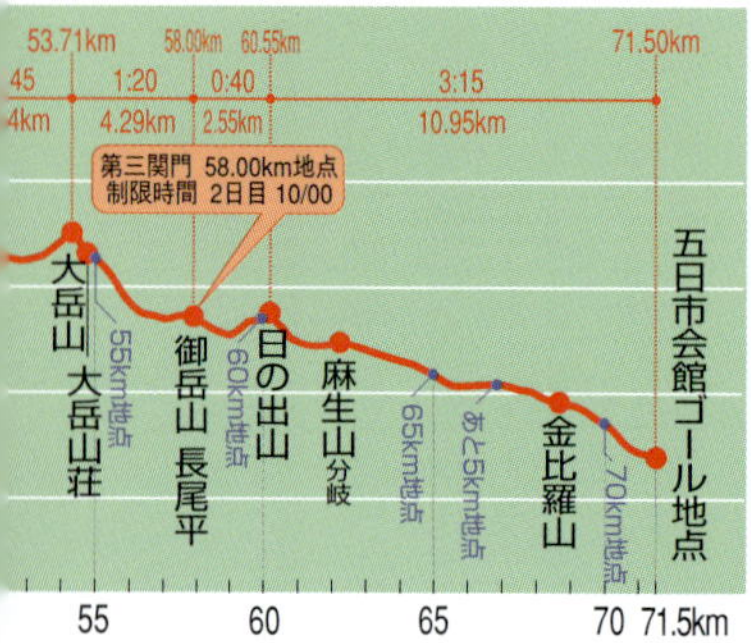

第二関門の給水ステーション

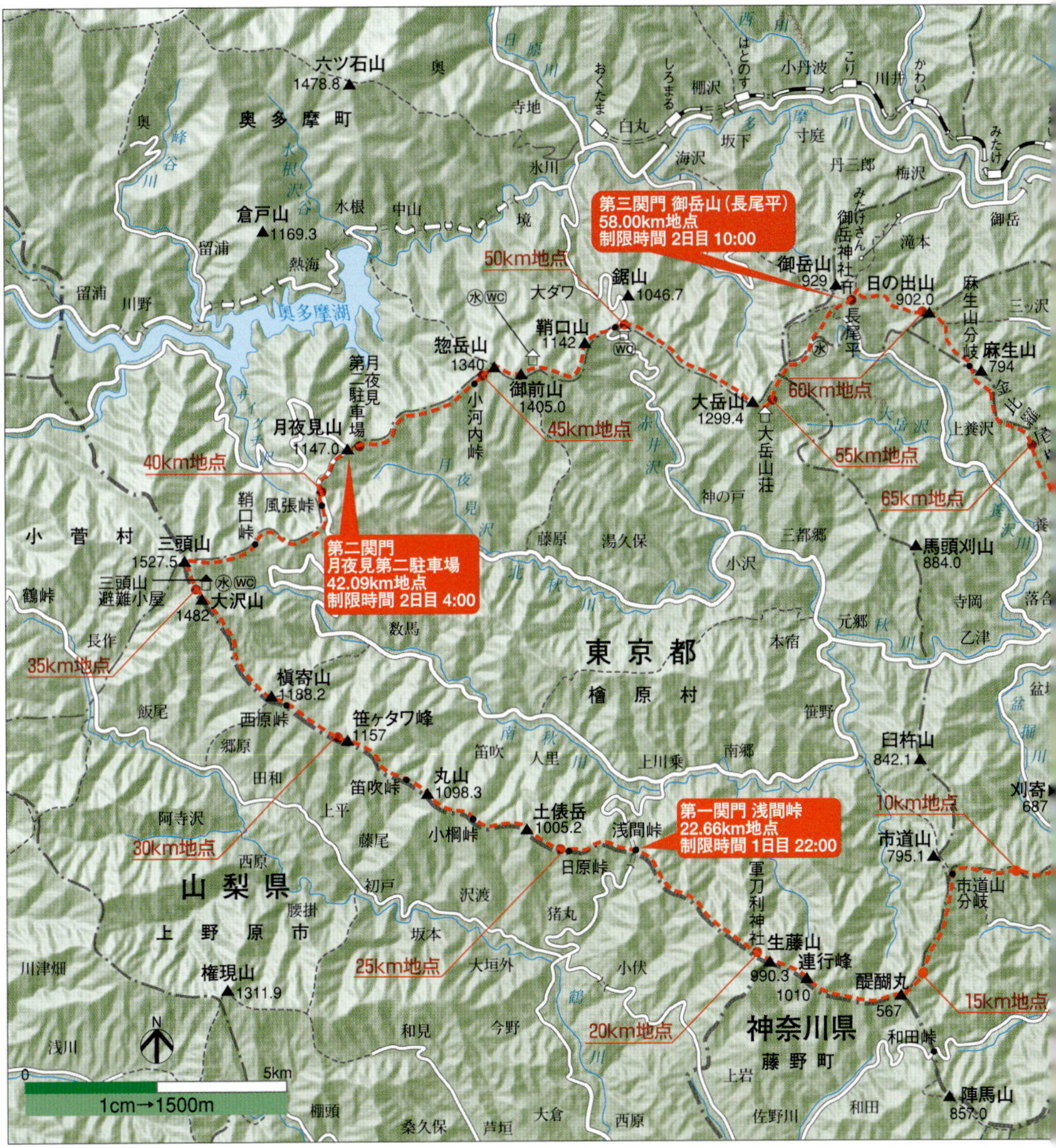

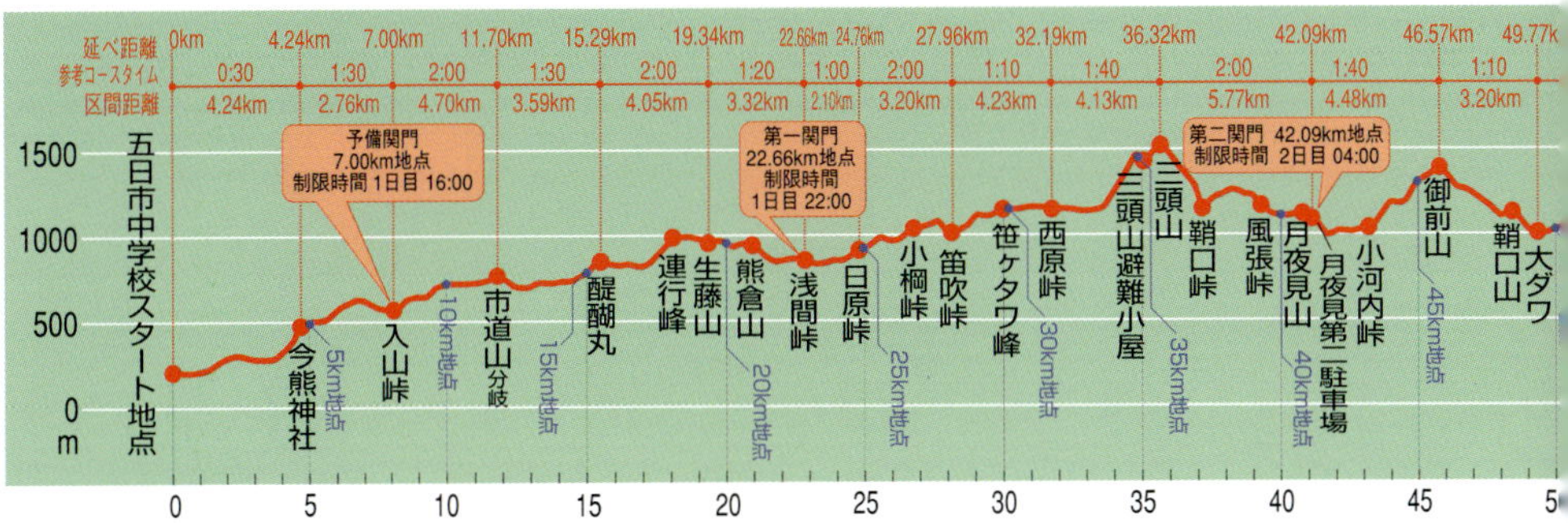

東京都山岳連盟日本山岳耐久レース委員会委員長＝宮地由文（文と写真）

48

日本山岳耐久レースのコースを歩く①

五日市～市道山～笹平

コース途上の古社、名刹を訪ねるのも楽しみ

山岳の特徴―

付近の観光―

五日市では最古の建造物である広徳寺の総門

今熊山園地から五日市方面を俯瞰する

武蔵五日市駅《むさしいつかいち》前から檜原《ひのはら》方面に向かう。和菓子屋さんの路地を左に折れると秋川《あきがわ》の段丘の上に出る。ここは春になると一面にオドリコソウの群落が見られる貴重な場所である。そのまま右に曲がると**阿岐留**《あきる》**神社**にぶつかる。源頼朝、足利尊氏らから寄進された武蔵国《むさしのくに》有数の古社である。

正面境内から竹林を下り、道標にしたがって登っていくと、鎌倉《かまくら》五山建長寺《けんちょうじ》の末寺である**広徳寺**《こうとくじ》である。室町時代のはじめ、土地の長者の妻が開基し、小田原北条氏が再興した。客殿に北条早雲らの各位牌を安置するという。境内には大イチョウがあり、秋の黄葉は息を飲む美しさである。また、春には南門前にあるラショウモンカズラの群生もみごとなものだ。

広徳寺から日向峰《ひなたみね》の尾根へ上がり、新多摩《しんたま》変電所の脇を進み、「関東の呼ばわり山」今熊《いまくま》神社を目指す。呼ばわり山伝説とは、安閑天皇の御世に、皇后が行方不明になった時、天皇の夢にお告げがあり、今熊神社に祈願したところ、夢のお告げ通りに皇后が見つかったと伝えられる。

登山口の**今熊神社里宮**拝殿にお参りし、急な石段を登っていくと、展望のきく奥宮の建つ**今熊山**頂上だ。今熊山は春にはミツバツツジが美しく山腹を彩る。

日帰り

歩行時間:6時間15分

歩行距離:16.0km

累積標高差:＋1251m
−1118m

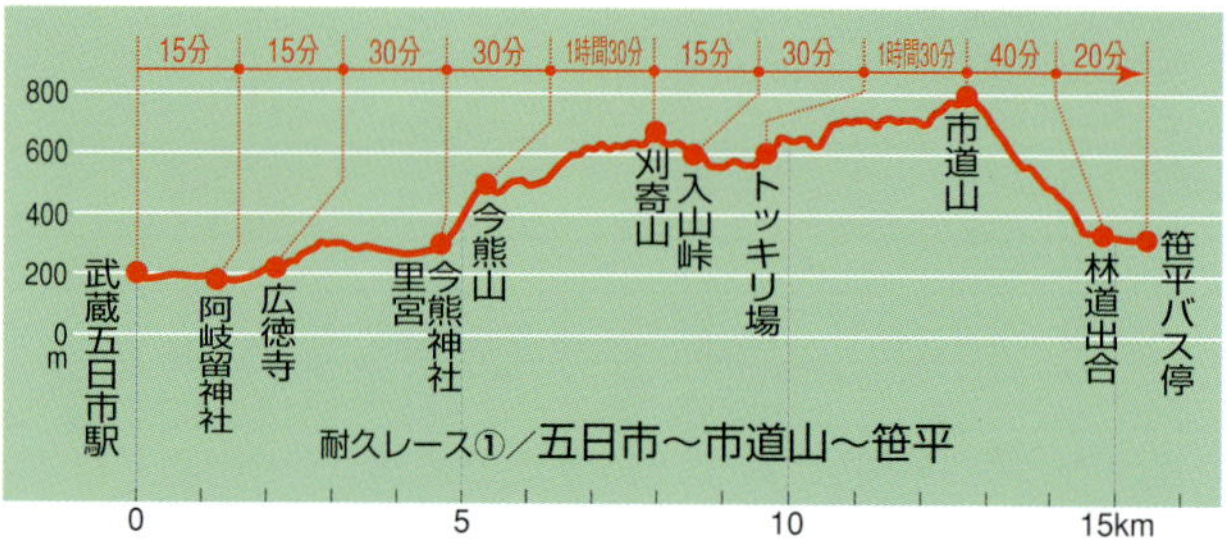

1月 2月 3月 4月 5月 6月 7月 8月 9月 10月 11月 12月

分岐から刈寄山《かりよせやま》の道標にしたがっていくと、最後の急な階段の先にあずまやがあり、その先が**刈寄山**頂上である。

山頂からは、来た道を引き返すと難なく盆堀《ぼんぼり》林道と交差する**入山**《いりやま》**峠**に着く。市道山《いちみちやま》へは**トッキリ場**を経由して峰見《みねみ》通りとよばれる樹

林の中のアップダウンが続く道を進む。市道山分岐の道標にぶつかれば、急登をひと登りで**市道山**の頂上に着く。樹林に囲まれて見通しが悪いが、静かなたたずまいだ。

　臼杵山《うすきやま》方面に向かって岩尾根を進むと、左にヨメトリ坂が分岐する。昔、八王子に働きに出る若い男女が言葉を交わしながら登り下りした折、道が急なため、女性は着物の裾をまくり上げて登ったという。そんな女性の妖艶さに、若い男衆は心ときめかせ、恋が芽生え、結婚に結びついたというロマンチックな道である。

　しっかりした細い急な道を下っていくと小坂志川《こさかし》の橋を渡り、**林道**に出る。20分ほどで檜原街道に沿った**笹平**《ささだいら》のバス停がある。

チェックポイント

❶深い森に囲まれた阿岐留神社本殿

❷今熊山山頂に祀られる今熊神社奥宮

❸刈寄山山頂にはあずまやが建っている

❹樹林の中の静かな市道山山頂

■登山シーズン

新緑の季節は広徳寺周辺の山里に五日市特産の野菜「野良坊」が栽培され、アズマイチゲやカタクリなどの群落が見られる。また秋の紅葉時期も捨てがたい。積雪の心配はなく一年を通じて味わいのある山行が楽しめる。

■ワンポイント・アドバイス

＊笹平からJR武蔵五日市駅のバスは1時間に1本程度。事前に西東京バス五日市営業所で調べておくといいだろう。

＊五日市の町は、麺類はうどん、そば、ほうとうなどどこの店に入ってもおいしい。また、十里木にできた温泉「瀬音の湯」で汗を流し、春には五日市名産の野良坊のおひたしを肴に、地元の銘酒「喜正」で一杯、下山祝いとするのもよいだろう。

＊今熊山へは、日向峰の尾根から「金剛の滝」の道標に導かれ、名瀑の金剛ノ滝を見学し、そのまま頂上に突き上げる登山道もあり、魅力的な静かな山道として楽しめる。

■問い合せ

あきる野市観光協会五日市支部☎042-596-0514、西東京バス五日市営業所☎042-596-1611

■2万5000図

五日市

U-TAN CLUB＝宮地由文（文と写真）

49

日本山岳耐久レースのコースを歩く②

市道山〜生藤山〜浅間峠

レースとは違ってやさしく歩ける尾根道

山岳の特徴——

付近の観光——

生藤山山頂。さほど広くない山頂は桜の季節には混雑する

三国山甘草水側へ少し下ったところに桜の大木が多い

コースの難易度	
体力度	危険度

日帰り

歩行時間:7時間25分

歩行距離:14.0km

累積標高差:＋1374m −1291m

明治から昭和のはじめまで、春になると養蚕の盛んだった八王子《はちおうじ》恩方《おんかた》村から「お蚕雇い」の臨時募集が桧原《ひのはら》村にあった。高い収入だけでなく、若い男女が親や親戚の目から離れて自由に交際できるチャンスでもあったため、多くが市道《いちみち》山《やま》を越えて恩方村に入った。若い娘が裾を端折って赤い腰巻で前屈みになって急坂を登る光景に男たちは胸をときめかし、そんなことがきっかけで交際がはじまり、ヨメトリをしたということが多かったという。ヨメトリ坂の名のゆえんである。

武蔵五日市《むさしいつかいち》駅から数馬《かずま》行きのバスに乗り、**笹平**《ささだいら》で下車する。小坂《こさか》志《し》川沿いに林道を進むと、市道山への登山口がある。ヨメトリ坂を登り、左の臼杵山《うすきやま》からの尾根道と合流すれば**市道山**はすぐだ。

山頂から急坂を下った鞍部に耐久レースの大きな標識が立っている。参加選手は、スタートして12キロ付近のこのあたりではまだ余裕で、醍醐丸《だいごまる》までの穏やかな吊尾根の腐葉土の道を、景色を楽しみながら走っていることであろう。

醍醐丸の少し手前にある15キロ標識をすぎ、あとひと登りで八王子市最高峰の**醍醐丸**に着く。

醍醐丸山頂からは笹尾根への道を進む。山ノ神、奥山ノ神をすぎて急なジグザグ道を登りきると、平坦な**連行峰**《れんぎょうほう》に着く。続いて茅丸《かやまる》を左から巻き、次の小ピークを右から巻き終えると**生藤山**《しょうとうさん》山頂への看板を見る。耐久コースではここも右から巻いて三国《みくに》峠へと案内している。

トップランナーはともかく、耐久選手の多くはこのあたりでは5時間ほど経過しているので、展望のよく効く三国峠で美しい夜景を見て元気をもらうはずである。

三国峠からさらに赤土のアップダウンの激しい道を進むと、耐久20キロの標識地点で、ここには軍刀《ぐんだ》利《り》神社の新しい社もできている。この先の熊倉山《くまくらやま》までは桜の名所

■登山シーズン

なんといっても生藤山の桜が咲く４月がよい。またこの時期はカタクリの群生地にも出会える。耐久レースのある10月もよい。

■ワンポイント・アドバイス

＊笹平、上川乗ともにバスの便数が少ないので、事前に調べておくこと。

＊市道山、醍醐丸、生藤山山頂周辺に南秋川の支流が入りこんでいる。一般ハイカーは、沢登りの踏跡に入らないように。

＊体調不良の場合は、醍醐丸から和田峠経由で陣馬高原下バス停へ下山してバスで八王子駅へ。三国峠から石盾尾神社へ下山してバスで上野原駅へ出るのもよい。

■問い合せ

八王子市観光協会☎042-620-7381、檜原村観光協会☎042-598-0069、西東京バス五日市営業所☎042-596-1611

■２万5000図

五日市

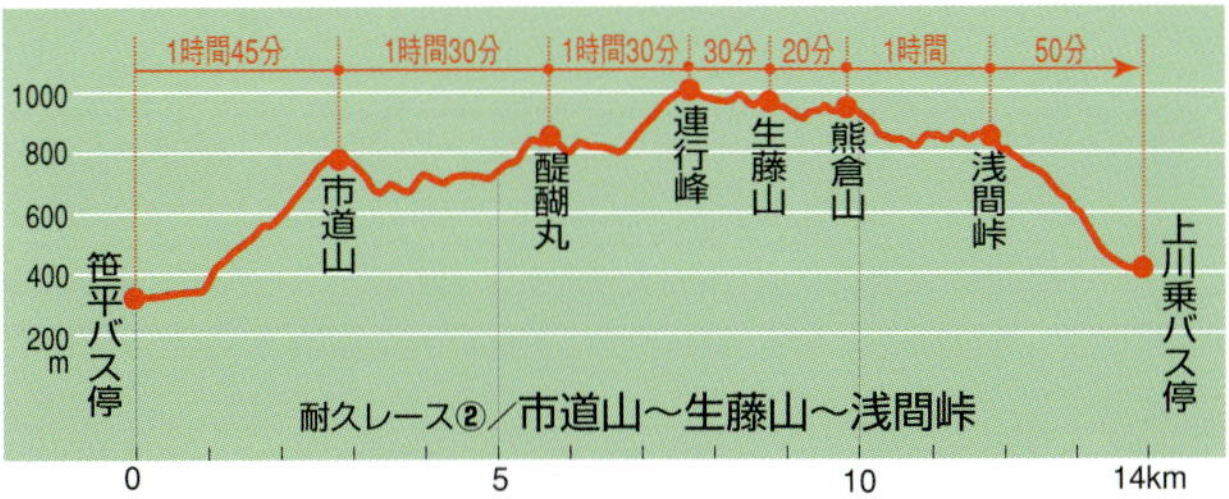

1月 2月 3月 **4月 5月 6月** 7月 8月 **9月 10月 11月** 12月

で、生藤サクラとして春のお花見ハイキングの名所でもある。

熊倉山からすべりやすい急坂を下れば、なだらかな尾根道となる。浅間《せんげん》峠手前の小ピークを右から巻いて進むと、やがてオアシスにたどり着いたような気分で、耐久レース第一関門の**浅間峠**に到着する。

耐久コースはそのまま、まっすぐ笹《ささ》尾根を進むことになるが、ここでは浅間峠から上川乗《かみかわのり》方面へ下ることにしよう。40分ほどで舗装道路に出て、さらに10分ほど歩けば**上川乗バス停**に到着する。

チェックポイント

❶笹平バス停。ここから歩きはじめる

❷林道からヨメトリ坂に入る

❸市道山分岐。ここから耐久のコース

❹軍刀利神社の耐久レース20キロ標識

❺浅間峠のあずまや。休んでいこう

❻下山地の上川乗バス停

新八王子山の会＝山本春雄（文と写真）

笹尾根の途上から御前山(左奥)、大岳山(右奥)方面を望む

50

日本山岳耐久レースのコースを歩く③

浅間峠～槇寄山～郷原

かつての暮しに思いをはせ、のびやかな尾根道を行く

山岳の特徴―

付近の観光―

笹《ささ》尾根は、その尾根道をたくさんの峠が越えている。これはかつての人々が交流した暮しに根差した峠道だ。そのころに思いをはせながら歩いてみたい。

武蔵五日市《むさしいつかいち》駅より数馬《かずま》行きのバスに乗り、**上川乗《かみかわのり》**で下車。数馬方面に少し歩き南秋川《みなみあきがわ》を渡る。そのまま道なりに登っていくと登山口に着く。

つづら折りの急登を行くと、やがて小広い尾根に出る。大木に囲まれた小さなお社に、ほっとさせられる。登りが少し緩やかになったら、やがて**浅間峠《せんげん》**だ。あずまやもある広い場所で、のんびり休憩していこう。

これからは尾根道の登り下りを繰り返す。視界の開けるところもあり気分よく歩ける。次の日原《ひばら》峠では素朴な石仏が迎えてくれる。穏やかな道をすぎ、急登を行くと**土俵岳《どひょうだけ》**に着く。丸太のベンチらしきものがあるので、ひと息つけるだろう。

ここから小広い尾根道を緩やかに登り下りし、やがて**小棡峠《こゆづり》**である。しばらく行くと道が二手に分かれている。左は丸山《まるやま》を通るルート。右は丸山を巻く道だ。左側の丸山登頂ルートを行こう。さほど広くない頂上だが、日が当たって気持ちがよい。

丸山をすぎたあたりから、やっと笹尾根という名前らしく、ササやぶの道も出てくるようになる。ここからは比較的緩やかな下りの道をたどって**笛吹峠《うずしき》**に着く。「大日」と刻まれた石碑が立っている。昔の道標でもあったようだ。

コースの難易度	
体力度	危険度
日帰り	
歩行時間:6時間30分	
歩行距離:13.5km	
累積標高差:+1204m −1027m	

樹間越に奥多摩の山々が見える槇寄山山頂

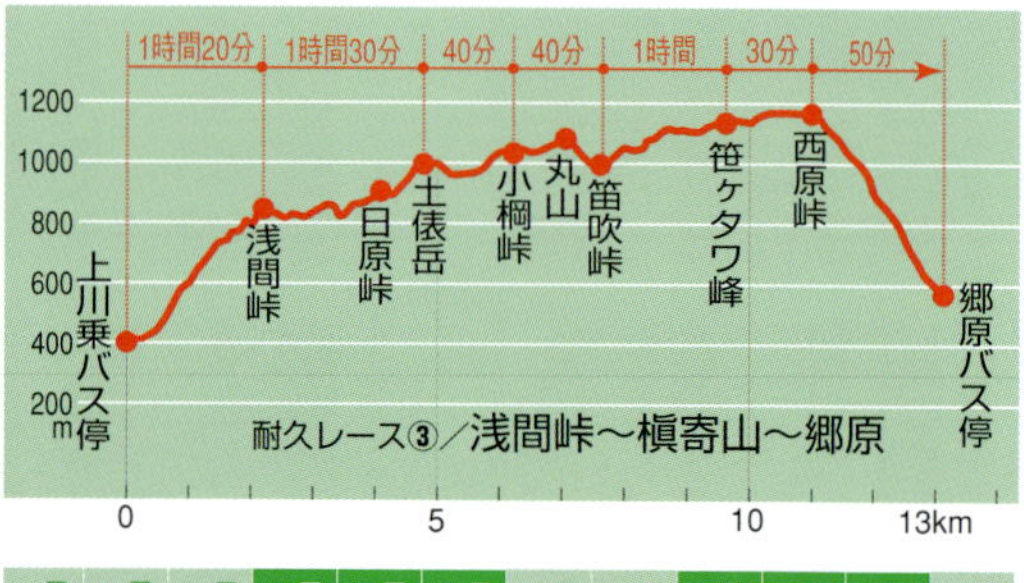

1月 2月 3月 4月 5月 6月 7月 8月 9月 10月 11月 12月

ここからもさらに尾根道を進んでいくが、途中開けた場所では展望を満喫できる。いくつも峠をすぎ、植林帯を行くと**西原峠**《さいはら》にたどり着く。

正面は槇寄山《まきよせやま》を経て三頭山《みとうさん》への登り、右へ下れば数馬方面だが、今回は郷原《ごうばら》へ下ることにする。少し下ると槇寄山を巻いてきた道と合流し、樹林帯の尾根道をひたすら下る。途中「つね泣き峠の由来」を書いた掲示板が立っている。おつねという里の娘と香蘭という僧の悲恋物語だ。

原への分岐点をすぎると、まもなくイノシシよけの柵があり、郷原の集落が目の下に見えてくる。民家の間をまっすぐ行けば**郷原**のバス停に出る。

チェックポイント

❶耐久レースと合流する浅間峠

❷小さな地蔵が見守る日原峠

❸北の笛吹と南の小棡へ道を分ける小棡峠

❹数馬と郷原への下山路が分かれる西原峠

❺原への分岐をすぎると郷原が見える

❻郷原バス停前。バスで上野原駅へ

■登山シーズン

新緑の季節、落ち葉を踏みしめて歩く季節、いずれのシーズンにも趣があって楽しめる。ただし、樹林の中を歩く時間が長く、蒸し暑い季節はつらい。

■ワンポイント・アドバイス

＊郷原からのバスは本数が少なく、曜日によって運休となることもあるので、事前に調べておく方がよい。

＊登山口には5台ほどの駐車スペースがある。

＊数馬方面へ下山するコースもある。途中の道も特に問題はない。ただし、郷原同様、バスの本数は少ないので要注意。事前にダイヤを確かめておいた方がよいだろう。

＊コース中の水場は1カ所。道標にしたがい、15分で到着する。

＊コース中の要所には道標が整備され、登山道は明瞭である。

■問い合せ

檜原村役場☎042-598-1011、上野原市役所☎0554-62-3111、富士急都留中央バス上野原営業所☎0554-63-1260、西東京バス五日市営業所☎042-596-1611

■2万5000図

猪丸

三角点友の会＝稲葉淑子・小西敏勝・後藤秀之（文と写真）

51

日本山岳耐久レースのコースを歩く④

西原峠〜三頭山〜鞘口峠

レースでは夜間に通過する最難関となる区間

山岳の特徴—

付近の観光—

コースの難易度	
体力度	危険度

日帰り

歩行時間：5時間30分

歩行距離：10.5km

累積標高差：＋974m
－895m

日本山岳耐久レースで、コースの中間部となり、夜間に最高点まで登る三頭山《みとうさん》は、選手にとっては最もつらい区間だろう。昼間でも林の中で展望はあまりない。

西原《さいはら》峠に上がるにはいくつかのルートがある。手軽なのは**大平入口**《おおだいら》から登る道だろう。急坂は登りはじめだけで、あとは緩やかな林の中の道が峠へと導いてくれる。

西原峠のすぐ上が**槇寄山**《まきよせやま》で、コース中数少ない展望の得られるピークだ。耐久レースはこのピークを巻いて通るが、展望がよいので立ち寄っていこう。西に大菩薩《だいぼさつ》連山《れんざん》や富士山を望み、木の間越しに三頭山も見える。

尾根はなだらかに三頭山へ向かうが、**郷原**《ごうはら》**への分岐**をすぎると急登に変わる。じっくりと歩を進めるのがよい。三頭大滝からの道を迎えると都民の森になる。丸太のベンチでひと休みしていこう。

大沢山《おおさわやま》を越して、少し歩くと耐久レース35キロ地点を示す道標が立っている。続いて右に三頭山避難小屋を見て、すぐにムシカリ峠に着く。ここから大滝を経て駐車場へ下ることもできる。

階段の道を登ると**三頭山中央峰**の広場に出る。「三頭山」と称するが、表示があるのは東峰とこの中央峰だけで、西峰にあたる小ピークは鶴《つる》峠へ下る踏跡があるだけだ。

三角点のある東峰へは、山名の由来となった御堂《みどう》峠に下って登り返す。ベンチのある最高点の先に

↑槇寄山から三頭山を眺める。立木の奥に中央峰、東峰は右の枝に隠れて見えない

→秋には紅葉が美しい都民の森駐車場。駐車料金は無料だが、夜間は閉鎖されている

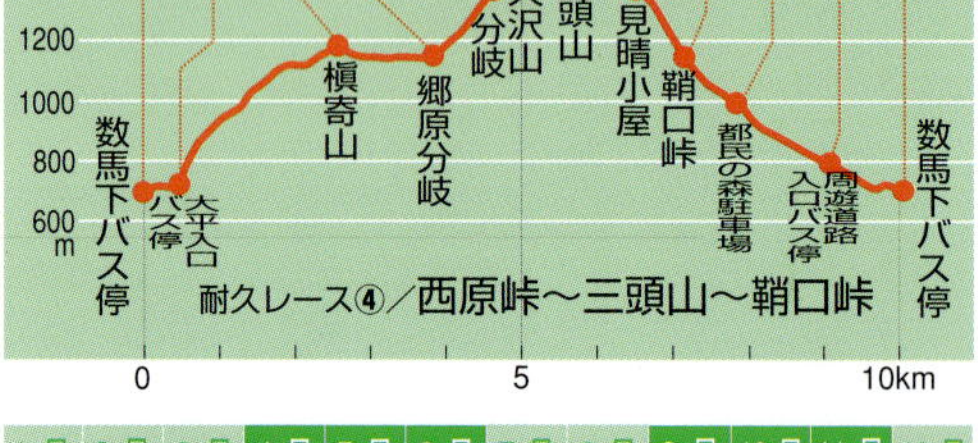

1月	2月	3月	4月	5月	6月	7月	8月	9月	10月	11月	12月

三角点が置かれている。その向こうには展望台デッキがつくられている。天気がよいと、御前山《ごぜんやま》や大岳山《おおだけさん》など、レースでの難関となる山々を眺めることができる。

山頂から都民の森の「ブナの道」に沿って下る。**見晴らし小屋**の前など2カ所で登山道が分岐している。いずれも鞘口《さやぐち》峠にいたるのだが、登山道の方はいささか急で、足場もよくない。

鞘口峠には木のテラスがある。ここから都民の森までは、広い道を緩やかに下る。**都民の森駐車場**発の連絡バスに間に合えばよいが、だめでも1時間ほどで**数馬下**へ下山できる。

■登山シーズン

レースは10月に行われるが、秋の紅葉から冬の日だまり散歩のころが汗もあまりかかずに快適。5月の連休をすぎてからの新緑も捨てがたい。レースの練習をかねて夜間に通過するなら夏でもよい。

■ワンポイント・アドバイス

＊五日市から直接都民の森まで行く臨時バスも運行されている。秋から冬は運休もあるので事前に確認を。
＊都民の森駐車場は朝8時から夕方5時まで利用可能。時間外の移動はできない。
＊下山後に汗を流したい場合は数馬下の蛇ノ湯(民宿)、少し先に歩いて15分ほどで数馬の湯(月曜休み)など。

■問い合せ

檜原村役場☎042-598-1011、檜原都民の森管理事務所☎042-598-6006、西東京バス五日市営業所☎042-596-1611、檜原温泉センター数馬の湯☎042-598-6789

■2万5000図

猪丸

チェックポイント

❶大平入口にある道標。ここから山道へ入る

❷西原峠で耐久レースコースに合流

❸耐久レース35キロポイント

❹ログハウス風の三頭山避難小屋

❺若葉が美しいムシカリ峠。ベンチで休んでいこう

❻展望のよい三頭山中央峰

❼都民の森の施設のひとつ、見晴小屋

❽鞘口峠から下山の途につく

東京野歩路会＝山下善朗（文と写真）

52

日本山岳耐久レースのコースを歩く⑤

都民の森～御前山～宮ヶ谷戸

鉄人が翔けるブナの森とカタクリの山

山岳の特徴

付近の観光

コース途上の風張峠から見た御前山

コースの難易度	
体力度	危険度

日帰り

歩行時間:5時間50分

歩行距離:15.0km

累積標高差:＋1251m
－1118m

鞘口《さやぐち》峠から御前山《ごぜんやま》にかけては、山岳耐久レース全71・5キロのほぼ中間点であり、レース中最大の難所とされている。ヘッドライトの灯りを頼りに、真っ暗な山道を駆け抜ける鉄人たちに思いをはせながら歩いてみよう。

登山口である**都民の森**には、大きな駐車場や売店、トイレなどがあり、天気のよい日には家族連れでにぎわっている。鞘口峠にかけての登りは、ブナの巨木が美しく、新緑と紅葉のころはみごとである。整備された山道を20分ほどで**鞘口峠**に着く。

風張《かざはり》峠の手前は、奥多摩湖《おくたまこ》側の山腹の道を行くが、部分的に切れているところもあるので注意したい。**風張峠**からは右手に奥多摩周遊道路が見下ろせ、さらにその奥には御前山の全容がよく見える。

峠の先で一度奥多摩周遊道路に下りるが、車やオートバイの往来が激しいので、交通事故には充分に気をつけたい。100メートルほど先のガードレールの切れ目から再び左手の山道に戻る。入口が少しわかりにくいが、道標があるので見落とさないようにしたい。ここから少し先の**月夜見山**《つきよみやま》山頂はよい広場になっている。

月夜見第二駐車場からは、左手の樹間に奥多摩湖を望みながら、**小河内《おごうち》峠**を目指して下降する。峠からは本格的な登りになる。部分的ではあるが、尾根が狭くなっているところもある。道は尾根を忠実にたどるものと、山腹を巻くものがあるが、大差はないだろう。惣岳山《そうがくさん》への登りにはカタクリの群生地があり、登りの疲れをいやしてくれる。

御前山へは、**惣岳山**から一度鞍部に下り、登りなおすことになるが、それほどの登りではない。御前山手前で、右手の立木が開けたところからは、視界のよい日には富士山が大きく見える。

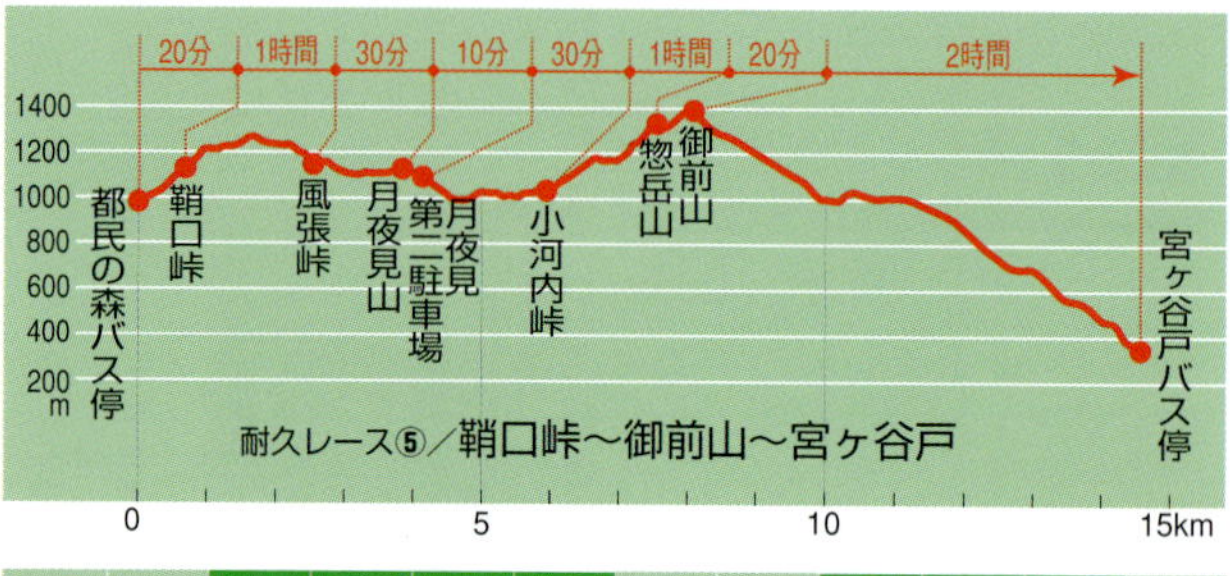

1月	2月	3月	4月	5月	6月	7月	8月	9月	10月	11月	12月

登り着いた**御前山**山頂は、北側の立木が刈られ、雲取山《くもとりやま》や鷹《たか》ノ巣《す》山《やま》、川苔山《かわのりやま》が遠望できる。山頂から5分ほど下った左手には御前山避難小屋がある。

下山は、耐久レースのコースから右にはずれ、湯久保《ゆくぼ》尾根を下ろう。歩きやすい杉の植林帯の道を「宮《みや》ヶ谷《や》戸《と》バス停へ」の道標にしたがう。仏岩《ほとけいわ》ノ頭《あたま》から10メートルほどは急な露岩帯なので、充分に気をつけて下りたい。

チェックポイント

❶大きなベンチのある鞘口峠

❷登山道から一度周遊道路に出る

❸月夜見第二駐車場を通過する

❹小河内峠。左手に奥多摩湖が見える

❺広くて休憩に最適な御前山山頂

❻耐久コースと湯久保尾根の分岐

■登山シーズン

新緑と紅葉のころが最高である。また、4月半ばは御前山周辺のカタクリがみごと。夏は標高が低いのでかなり暑く、できれば避けた方がよい。真冬は降雪はめったにないが、登山道が凍りついていたり、反対にぬかるんでいたりで、おすすめできない。

■ワンポイント・アドバイス

＊登山口の都民の森へはJR武蔵五日市駅より西東京バスの数馬行きに乗る（1時間）。数馬からは無料の連絡バスが都民の森まで出ている（10分）。ただし、この連絡バスは、3月は土・日曜、祝日、4月1日～11月30日までの期間限定運行となっている。また、休日のみ武蔵五日市駅～都民の森間の急行もある。

＊下山後は、宮ヶ谷戸バス停から武蔵五日市駅行きの西東京バスがあるが、土・日曜も1時間に1本程度しかない。

＊東京都山岳連盟主催の日本山岳耐久レースは、例年10月の第2日曜から「体育の日」にかけて行われている。もし、選手を応援するなら、鞘口峠か月夜見第二駐車場がいいだろう。

■問い合せ

檜原村役場☎042-598-1011、西東京バス五日市営業所☎042-596-1611

■2万5000図

奥多摩湖・猪丸

カタクリは4月中旬～下旬に惣岳山～御前山間で多く見られる

東京恋峰倶楽部＝松本 敏（文と写真）

鋸尾根から見下ろす氷川の町並み

53

日本山岳耐久レースのコースを歩く⑥

宮ヶ谷戸～御前山～奥多摩駅

四季を通じて静かな山を満喫できる健脚向きルート

山岳の特徴――

付近の観光――

コースの難易度

体力度　危険度

日帰り

歩行時間:6時間55分

歩行距離:13.5km

累積標高差:＋1430m　－1435m

宮ヶ谷戸《みややと》でバスを降りる。バス停後方の橋を渡り、道標にしたがって集落の間を抜けて進むと、すぐに山道となる。つづら折りにいっきに上がると伊勢清峯《いせきよみね》神社への分岐である。左手に鳥居が見え、右手に神社への登山道がある。神社へは往復約10分だ。

尾根道を進み、民家の畑の横を通ると、まもなく湯久保《ゆくぼ》尾根唯一の岩場が現れる。樹木との対比が絵になる。ほかには悪場も顕著なピークもなく、杉や桧の林と雑木林に覆われた山道を淡々と歩く。行き交う人もほとんどなく、のんびりとマイペースで歩くことができる。時折木々の間から、目指す御前山《ごぜんやま》が顔を出す。

植林帯を登りつめると縦走路に出る。左に進み、避難小屋への分岐を通りすぎるとすぐに**御前山**山頂である。山頂一帯はカタクリの群生地で、保護のために柵が設けられている。柵内には絶対に入らないこと。広い山頂にはベンチも設置されており、ゆっくりと休むことができる。北側のカラマツなどが伐採され石尾根方面の展望がよくなっている。

御前山から先、**鞘口山**《さやぐちやま》、大《おお》ダワを越えて鋸山《のこぎりやま》分岐までが、耐久レースのルートと重なる。レースでは、ここまで来ればひと安心、といったところだろうか。時間内完走を目指す選手にとっては、眠気はピークとなるころだが、以降は長い登りもなく、ただ前進するのみである。

緩いアップダウンを繰り返すうちに道路が見えてくる。**大ダワ**である。神戸《かのと》から奥多摩《おくたま》方面まで抜ける林道が通っている。林道を横切り、階段を上がると、このルート上で最も急な登りとなる。これまでの疲れがどっと出てくるが、わずかなのでがんばろう。

急登を終えると、あとは下りとなる。しばらく行くと鎖場が現れる。左が鎖、右がハシゴに分かれている。無理をしないで行ける方を選択すること。途中、氷川《ひかわ》の町

1月　2月　3月　4月　5月　6月　7月　8月　9月　10月　11月　12月

並みを見下ろし、さらに高度を下げる。舗装道路に沿うように進むと登計《とけ》峠である。長かったルートも終わりが近い。道路をそのまま左に進んでも奥多摩駅に出られるが、もう少し山気分を味わいたければ、まっすぐに神社横の道を行く。最後の急な階段は充分に注意して下ること。神社の境内を通り抜け、氷川キャンプ場の前に出れば、**奥多摩駅**はすぐ近くだ。

チェックポイント

❶歴史を感じる伊勢清峯神社鳥居

❷木漏れ日の中を歩く

❸広くて心地よい御前山山頂

❹休憩によい鞘口山山頂

❺耐久コースと分かれて鋸尾根へ

■登山シーズン

カタクリの咲く4月中旬～下旬がベスト。この時期、山頂は異常に混み合うが、カタクリは一見の価値あり。

■ワンポイント・アドバイス

＊武蔵五日市駅発の藤倉・小岩行きのバスを利用する。本数が少ないので、事前にバスの時刻を確認すること。「御前山登山口」ひとつ手前の「宮ヶ谷戸」で降りる。バス停横のトイレは利用可。

＊ルート上には仕事道がある。迷いこまないよう注意。

＊御前山頂上からほんの少し三頭山方面に下ると、ベンチのある眺望スポットがある。ここからは三頭山を正面に、遠くは富士山も望むことができる。

＊湯久保尾根分岐から鞘口山への登りあたりまでにもカタクリが見られる。陽当たりがよく、山頂付近よりもひと足早く開花のピークを迎える。

＊御前山避難小屋は管理が行き届いていて快適。トイレあり。横に水場があるが飲用は不適。

＊下山時間が遅くなったら、大ダワから先は鋸尾根ではなく、林道を奥多摩駅へ下った方が安全。

＊大ダワ避難小屋と併設のトイレは閉鎖された。替わって林道沿いにトイレのみを新設中。2005年6月使用開始予定。

＊氷川キャンプ場の対岸に、もえぎの湯がある。露天風呂もあり、快適な温泉である。夏場はキャンプ場の入場者も多く訪れ、待つことも。駅周辺の旅館でも日帰り入浴できる。

■問い合せ

檜原村役場☎042-598-1011、檜原村観光協会☎042-598-0069、奥多摩町役場☎0428-83-2111、奥多摩観光案内所☎0428-83-2152、奥多摩ビジターセンター☎0428-83-2037、西東京バス本社☎042-596-1611、もえぎの湯☎0428-82-7770

■2万5000図

猪丸・奥多摩湖

可憐なカタクリの花

7月に咲くヤマユリ

スルギ山の会＝佐伯紀和（文と写真）

54

日本山岳耐久レースのコースを歩く⑦

奥多摩駅～大岳山～御岳山

奥多摩のランドマークからの大展望を満喫

山岳の特徴―

付近の観光―

コースの難易度

体力度　危険度

日帰り

歩行時間：5時間55分

歩行距離：14.0km

累積標高差：＋1472m
－1412m

浅間嶺から見た大岳山(右)。鋸山(左)からは快適な稜線歩き

御前山《ごぜんやま》をすぎた山岳耐久レースコースは、大岳山《おおだけさん》から御岳《みたけ》神社へと続いていく。大岳山はドーム型の山容にちょこんと尖った頂上をのせた特徴ある姿で人気が高く、この山の見える多摩《たま》地方では、その形から俗にキューピー山ともよばれ親しまれている。頂上からは富士山をはじめとした大展望が広がる。

大岳山山頂からの展望。休日は大勢の登山者でにぎわう

奥多摩《おくたま》駅前から氷川《ひかわ》交差点を抜けて、昭和《しょうわ》橋を渡ったところが登山口である。鋸山《のこぎりやま》の標識にしたがって進もう。**愛宕《あたご》神社**の境内を抜け、杉の植林帯を登っていくと、天狗像のある**天聖《てんせい》神社**に出る。右手に御前山が大きい。鉄バシゴのある小さなアップダウンを繰り返し、左の木の間越しにコブのような天地山《てんちやま》のピークが見えてくると鋸山は近い。

樹林の中の**鋸山**を越えると、鞍部で御前山からの縦走路を合わせる。耐久レースのルートはここからで、落ち着いた樹林帯の気持ちのよい稜線歩きが続き、樹林越しに富士山が見えはじめる。やがて**馬頭刈《まずかり》尾根への分岐**を右に分けると頂上への最後の急登となる。前方の視界が開けてくると、**大岳山**頂上の一角に飛び出す。頂上からは、富士山をはじめ、丹沢《たんざわ》、道志《どうし》の山々や大菩薩連嶺《だいぼさつれんれい》などが一望できる。

充分に休んだら下りにかかろう。頂上直下の大岳神社までは急

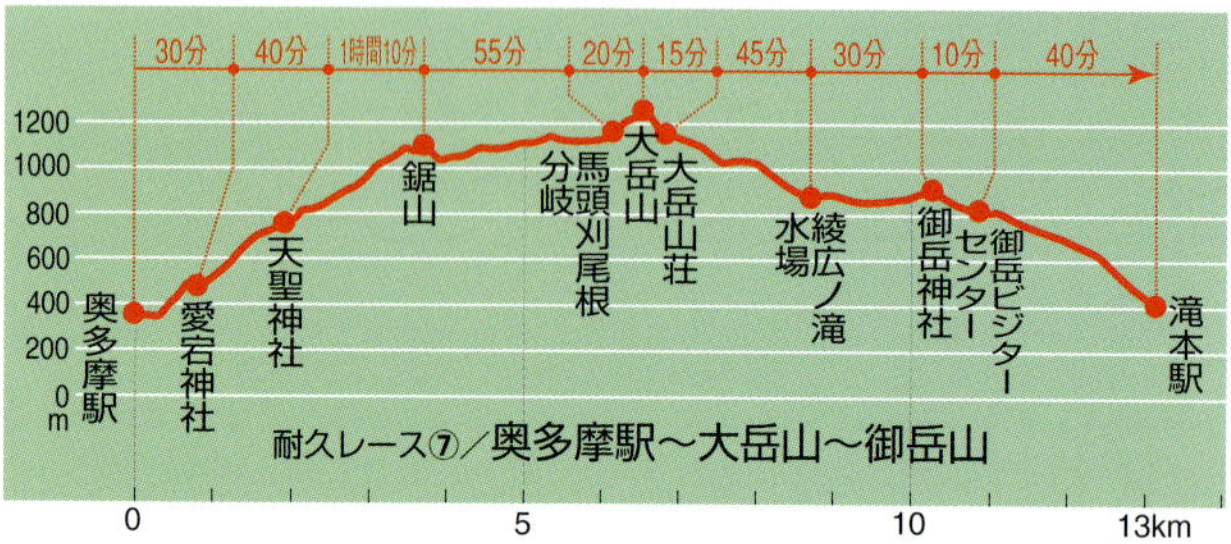

1月　2月　3月　4月　5月　6月　7月　8月　9月　10月　11月　12月

斜面に注意。その先の**大岳山荘**のテラスからは丹沢と東京方面の展望が開け、登山者のよい休憩場所となっている。大岳山荘からの下りは、一部右側の斜面が切れている箇所があり、転倒は禁物だ。左に鍋割山《なべわりやま》への道を見送り、芥場《あくたば》峠からは左の沢伝いに下るコースに入る。このあたりは新緑や紅葉のころは特にきれいなところだ。

綾広《あやひろ》ノ滝上部の**水場**をすぎ、天《てん》狗《ぐ》の腰掛杉《こしかけすぎ》で奥ノ院からの道を合わせると、まもなく長尾平《ながおだいら》で、**御岳神社**はすぐ先だ。耐久レースのルートはさらに日《ひ》ノ出山《でやま》に向かうが、それは次回に回して滝本《たきもと》に下ろう。指導標にしたがって御岳山上集落の中を進み、**御岳ビジターセンター**の先の分岐を右にとる。沿道の杉に番号が振られており、これが787になると**滝本**である。滝本からは西東京バスでJR青梅線の御嶽駅に出る。

チェックポイント

❶愛宕神社へは急傾斜の石段登り

❷大天狗、小天狗が立つ天聖神社

❸天聖神社先のハシゴ場を登る

❹大岳山荘のテラス。トイレあり

❺芥場峠への心地よい樹林帯

❻武士の信仰をあつめた御岳神社

■登山シーズン

冬期は凍結箇所が多く、条件によって積雪もあるので、経験者向きとなる。一般的には早春から新緑のころと、初秋から12月ごろまでがよい。

■ワンポイント・アドバイス

＊起点の青梅線奥多摩駅へは、中央線立川駅から所要1時間10分前後。本コースは行程が長いので、遅くとも9時には奥多摩駅を出発できるよう計画しよう。滝本からのバスは1時間に2本程度の運行だが、最終バスの時間に注意。

＊大岳山頂上からは、ここまでの山岳耐久レースコース前半（本ガイドの「山岳耐久レースのコースを歩く①～⑥）の山並みが展望できるので、コースの全体像がつかめる。

＊大岳山は古くから名山・霊山として知られ、江戸時代に著された『新編武蔵風土記稿』には「郡中第一ノ高山ニシテ蔵王権現ヲ鎮座ス」とあり、その起源は天平年間に吉野山からご神影を写し祀ったという。「尋常ノ人タヤスク至ルコトヲ許サス」「登ラント請フモノアレハ潔斎ノ後コレヲユルス」霊山であった。また、明治時代に編まれた『武蔵通志』には「両総地方ニテ武蔵ノ鍋冠山ト称シ海路ノ目標トナス」とあり、江戸湾を行く船が目印にしたという。

■問い合せ

奥多摩町役場☎0428-83-2111、青梅市役所☎0428-22-1111、西東京バス氷川車庫☎0428-83-2126、京王タクシー無線センター☎0428-22-2612、大岳山荘☎0428-78-8450（宝亭支店）

■2万5000図

奥多摩湖・武蔵御岳

ソニー山岳部＝大泉 久（文と写真）

55

日本山岳耐久レースのコースを歩く⑧

御岳山～日の出山～武蔵五日市駅

好展望の頂からゴールまで最後の挑戦

山岳の特徴——

付近の観光——

コースの難易度	
体力度	危険度

日帰り

歩行時間:4時間45分
歩行距離:15.0km
累積標高差:＋979m
－1193m

高岩山から紅葉の日の出山、麻生山を望む

日本山岳耐久レースも日《ひ》の出山《でやま》まで来れば大詰めである。あとはゴールまで下りの11キロを残すのみで、ラストスパートをかけたいところである。苦しさに耐え、歯を食いしばり、どの選手もすべての力を出し切って最後の挑戦が展開される。ここでは、御岳山《みたけさん》の表参道を登り、耐久レースのコースに合流し、日の出山から金比羅《こんぴら》尾根を下り、ゴールの五日市《いつかいち》会館までのルートを紹介しよう。

御嶽駅前からバスで終点のケーブル下で降り、ケーブルカー**滝本《たきもと》駅**を右に見て表参道の鳥居をくぐる。杉並木が続く舗装された道をジグザグに登り、ケーブルカーが交差する下を通過する。しばらく行くとケーブルカー御岳山駅の道と合流し、**御岳ビジターセンター**前に出る。

日の出山からのすばらしい日の出

山上の民宿、旅館の間を抜けていくと、右に神代ケヤキとよばれる老木を仰ぎ、この先の**御岳神社分岐**で耐久レースコースに入る。分岐を直進し、日の出山に向かう。舗装路を下ると、途中から平坦な山道となり、左前方に日の出山が見える。

樹林帯に入ると木の根が出ているので注意して歩こう。**上養沢《かみようざわ》への分岐**をすぎ、階段を登ると、左手の台地に東雲《しののめ》山荘が建ち、右手には水洗トイレもある。最後に階段を登れば待望の**日の出山**山頂に到着する。雄大な奥多摩《おくたま》の山並みをはじめ、ここからの展望はすばらしい。

ゆっくり休んだら金比羅尾根を下山しよう。選手のほとんどは夜間から早朝に通過し、ゴールに向かう。階段を下っていくと、いくつかの道が交差するので、標識に注意して進もう。**三《み》ツ沢《ざわ》**、**養沢鍾乳洞**、**白岩《しらいわ》ノ滝への各分岐**を次々と分け、麻生山《あそうやま》を巻いて長い樹林帯が続く。

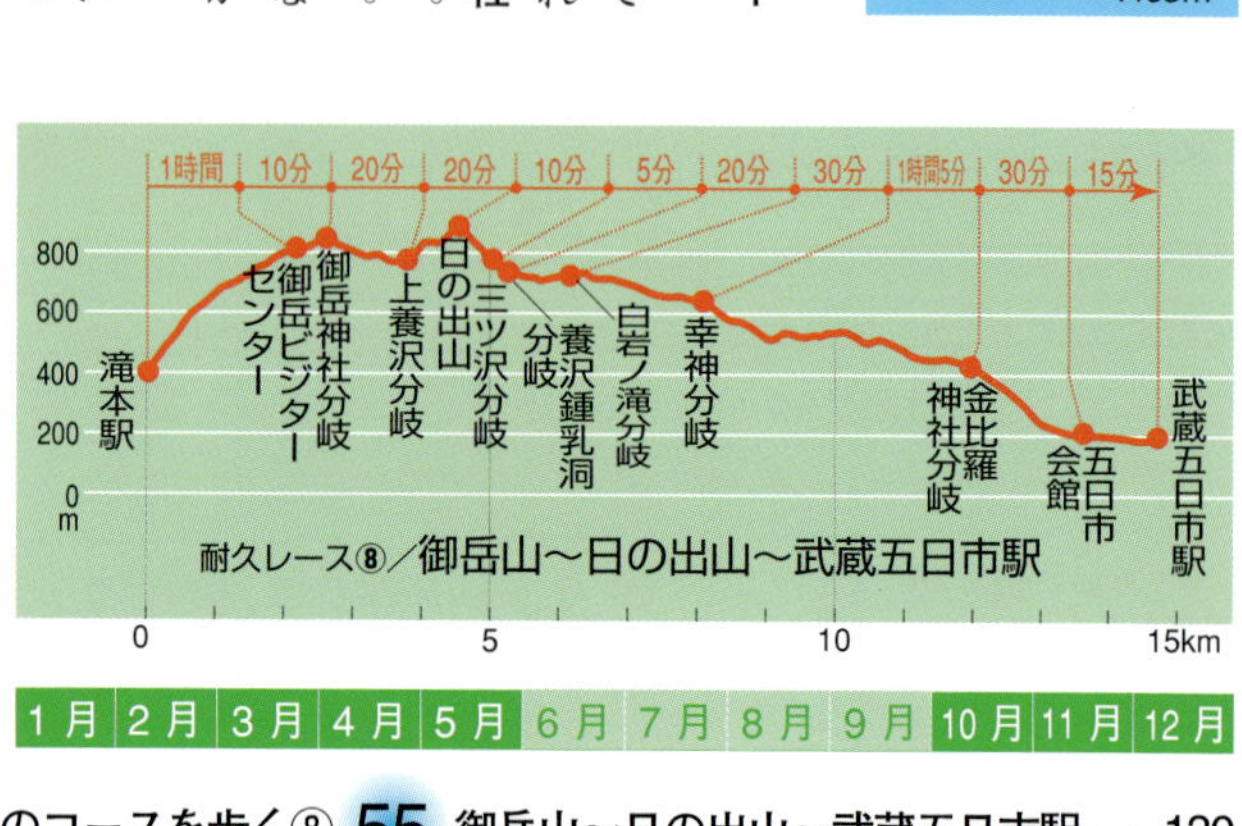

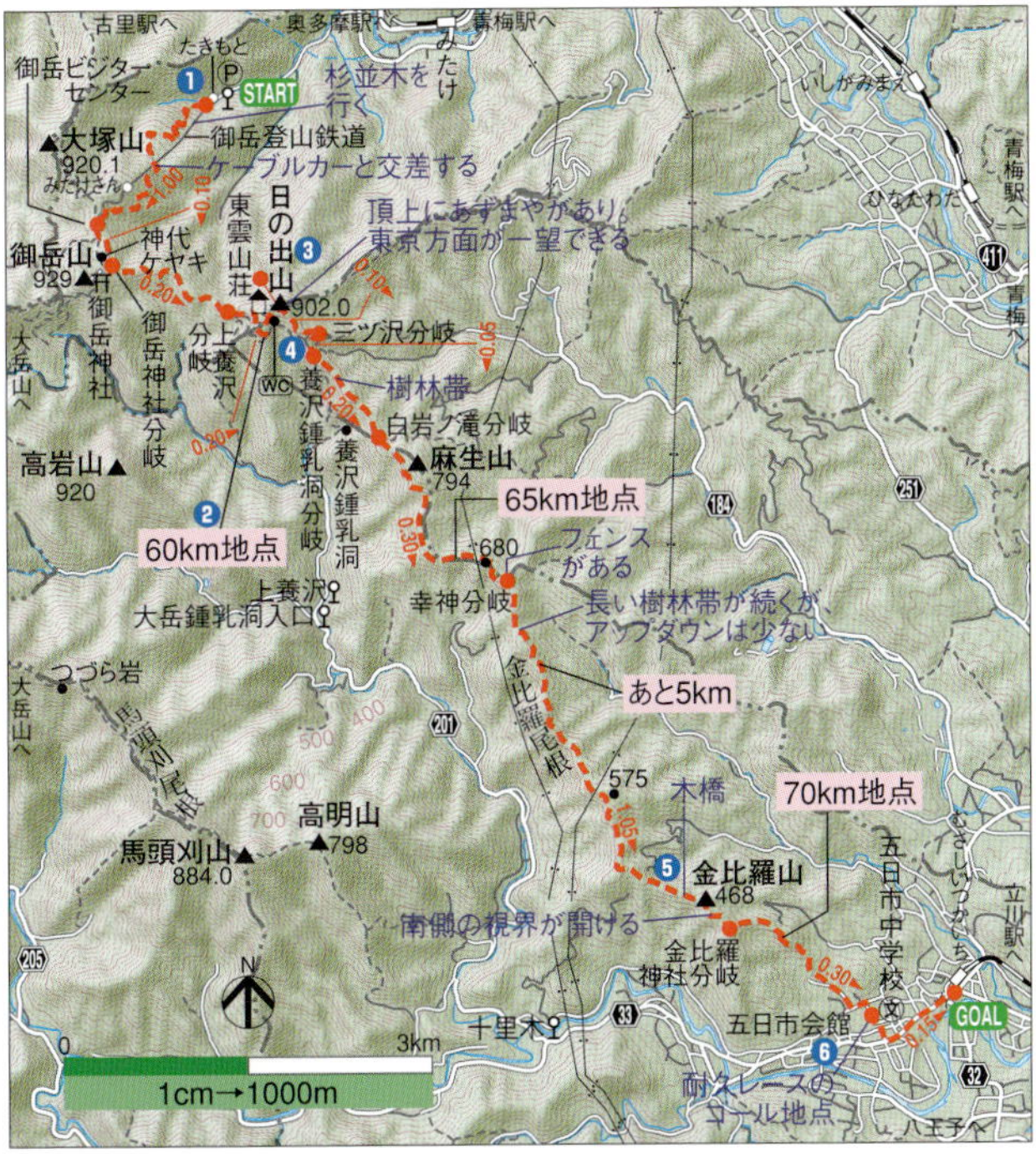

フェンスが現れ、**幸神分岐**《さちがみ》をすぎ、ゴールまであと5キロの標識まで来れば、どの選手も完走を確信する。木橋を渡ると伐採地で南面の展望が開ける。**金比羅神社分岐**を左折し、舗装路を下って里道に入れば、選手が感激のゴールゲートをくぐる**五日市会館**は目の前だ。檜原《ひのはら》街道に出て、**武蔵五日市駅**まで1キロほどである。

チェックポイント

❶鳥居をくぐり、表参道登山口へ

❷耐久レースのスタートから60キロ地点を示す標識

❸日の出山山頂からの美しい夜景

❹日の出山山頂から階段道を下っていく

❺樹林帯を抜けると木橋を渡る

❻耐久レースゴール地点の五日市会館

■登山シーズン

秋の紅葉から新緑の季節がベスト。秋から冬にかけて、好天日には日の出山山頂から副都心の高層ビル群、筑波山まで見える。日の出と夜景は特に美しい。

■ワンポイント・アドバイス

＊御嶽駅からケーブル下まで、バスは1時間に1～2本運行。タクシー利用も可。ケーブル下付近には有料駐車場もある。

＊ケーブルカーに乗れば、6分で御岳山駅まで行ける。1時間に2～3本運行。

＊神代ケヤキは樹齢1000年、樹高30m、幹周り8.2mで、国の天然記念物に指定されている。

＊御岳ビジターセンターに立ち寄れば、貴重な周辺の自然や登山情報を得られる。月曜(祝日のときは翌日)と年末年始は休館。

＊本コースには日本山岳耐久レースのスタートから60km、65km、70km地点、ゴールまであと5kmの標識が設置されている。確認しながら歩くのも楽しい。

＊下山後余裕があれば、武蔵五日市駅前の観光案内所で情報を収集し、五日市市街の郷土館や寺社を訪れてみたい。

■問い合せ

青梅市役所☎0428-22-1111、あきる野市役所☎042-558-1111、御岳ビジターセンター☎0428-78-9363、五日市駅前観光案内所☎042-596-0514

■2万5000図

武蔵御岳・五日市

国指定天然記念物の神代ケヤキ

東京アルコウ会＝窪田紀夫（文と写真）

御前山の自然保護活動……

東京都山岳連盟自然保護委員会・菅野明彦

大岳山、三頭山と並んで「奥多摩三山」のひとつに数えられる御前山は、明るい広葉樹の自然林に多くの山野草が自生しており味わい深い。その最たるものが毎年4月ごろに咲くカタクリの花だ。東北地方などではさほど珍しくないが、比較的温暖な奥多摩の山で群生しているのは、学術的に貴重なことであるとされている。

このカタクリが、心ない一部の登山者による盗掘により、大きなダメージを受けている。カタクリは、種が落ち、芽が出て花を咲かせるまでおよそ7年という長い時間をかけるのである。これをいとも簡単に摘みとってしまうのだから、なんという無慈悲な仕打ちをするのであろう。また、盗掘する意図はなくても、知らず知らずに群落を踏み荒らしてしまう登山者も中にはいるようである。

カタクリの季節の休日ともなると、御前山は登山者で押すな押すなの混雑となり、盗掘、踏み荒らしはもちろんのこと、山内各所で排泄行為をする登山者による被害も出ている。御前山避難小屋近くの水場の水が飲用不適となってしまったのである。オーバーユース(自然公園の過剰利用)が問題視される昨今の山岳の現状を垣間見ることができる。

御前山での水質調査活動(写真＝椎名宏子)

東京都山岳連盟自然保護委員会は、こうした現状を憂慮して、カタクリの開花の季節に合わせ、毎年御前山でカタクリ・パトロールを実施している。内容としては、登山道にカタクリ保護用のロープ設置や山頂での啓蒙活動、登山道での巡視などである。このほかに、沢が凍結する厳冬期を除いた毎月、御前山の栃寄沢と惣岳沢の2

山で遭難しないために………

東京都山岳連盟救助隊長・松本秀勝

昨今の登山ブームは山を愛するものとしてはたいへんうれしい限りだが、一方では山岳遭難が平成10年以降6年連続して、1000名を超える事態となっている。

この中で突出しているのは40歳以上のいわゆる中高年層の遭難で、体力不足、基本的な登山に対する知識不足による事前の計画不足や最低限の装備不足などが指摘されている。

では、それらにどのように対処すればよいのか? 東京都山岳連盟では、自分の身は自分で守る「セルフレスキュー」を推奨している。なにかアクシデントがあったときに、その場にいる全員でどのようにすればアクシデントに対処できるかを、考えることでもある。

「来週の休みに○△山に行く」。この時点からセルフレスキューははじまる。ここで○△山を調べたり、計画書をつくったり、列車の時刻を調べたりすることで基礎知識が身につく。また、この「計画書」が万が一の時、捜索などの重要な情報になる。

山では救急車や救助隊はすぐには来てくれない。したがって、最低限の「救急法」も修得しておきたい。消防署や日赤が講習会を設けているので受講をおすすめする。

救急法を習得したら、「ファーストエイドキット」も持参するようにしたい。キットの中にはテーピングテープやラテックスの手袋、三角巾に滅菌ガーゼなどをもとに、自分の使いやすいものを入れておけばよい。また「事故連絡書」を作成してキットといっしょに入れておこう。万一の際には、この連絡書にメモをして救助要請時に使用する。

不時のビバーク用装備として、ツェルト、レスキューシート、細引(6ミリ・10メートル)やカラビナ(環付きを含む)2〜3枚、スリング(テープ120センチ)2本程度もできるだけ持参しよう。これらの使用法は諸団体により各種講習会が開催されている。こちらも一度受けてみるとよい。また、日帰りだから、今日は雨が降らないからと、ヘッドランプや雨具を持っていかない人がいるが、日程や天候に関係なく、どんな山行にも必携である。

つの沢で水質調査をしている。これらの活動は、山と溪谷社「山岳環境賞」を受賞するにいたり、社会的にも評価されつつある。

最も奥多摩らしい雰囲気を残した山のひとつである御前山だが、このあたり前の自然、風景を後世に残すには、われわれ東京都山岳連盟の活動だけではなしとげることはできない。本書を読まれるみなさんひとりひとりが山岳自然保護の主役となってもらいたいものである。御前山がそのきっかけとなれば幸甚に思う。

現在はヘリコプターによる迅速な救助活動が盛んに行われるようになってきたが、時にはたいへん高額な請求をされることもある。自分に合った適切な「保険」に加入することも考慮したい。

日ごろから健康に気をつけ、体力づくりを行い、山行に備えることも大切だ。最近では、よいサプリメントなどの食品や、サポーターなどの衣料品など、山行に役立つ小物も多数にのぼっている。よく吟味して自分にあったものを試用してみるとよいだろう。

奥多摩の温泉

あきる野市在住・栗原達夫

多摩川、秋川流域にはいくつかの温泉施設がある。泉質はアルカリ性単純温泉が多く、すべすべ感が特徴である。また、スパ的な温浴施設もあり、風呂好きには魅力である。

十里木バス停から徒歩8分、秋川渓谷に臨む日帰り温泉の「瀬音の湯」

温泉と登山コースは、御岳山、日の出山コースに日の出町のつるつる温泉、御前山、三頭山コースに檜原村の数馬の湯、雲取山・日原コースに奥多摩町のもえぎの湯、奥秩父・大菩薩コースには小菅村の小菅の湯と丹波山村ののめこい湯が、それぞれ下山口周辺にある。

また、あきる野市には平成19年4月に「秋川渓谷瀬音の湯」がオープンした。場所は、大岳山・馬頭刈山コースから長岳尾根に至る長岳地区。秋川渓谷の自然景観を活かした天然温泉の施設で、泉質は国内屈指とも評価されるほどアルカリ度が高く、ヌルヌル感は美肌効果抜群である。そして、秋川渓谷の大自然を眺望しながら入浴できる露天風呂では、まさに自然との一体感を実感でき、心身ともにいやされる空間を与えてくれる。さらに、この施設では、地域の製材所から出る端材を燃料とする木質バイオマスを導入し、施設の熱源にしていることも大きな特徴となっている。

奥多摩の温泉は登山の行き帰りに便利な場所にあり、山行計画に「温泉入浴」の項目をぜひ加えてみてはいかがだろう。

瀬音の湯　あきる野市
①あきる野市乙津565　☎042-595-2614　②10～22時（受付21時まで）③無休　④800円（400円）　⑤アルカリ性単純温泉　27.2℃

つるつる温泉　日の出町
①東京都西多摩郡日の出町大久野4718　☎042-597-1126　②10～20時（受付19時まで）　③火曜　④800円（400円）　⑤アルカリ性単純泉　27.4℃

数馬の湯　檜原村
①東京都西多摩郡檜原村2527-2　☎042-598-6789　②4～11月：10～22時（受付20時まで）、12～3月：10～19時（受付17時まで）　③月曜　④800円（400円）　⑤アルカリ性単純温泉　26.7℃

もえぎの湯　奥多摩町
①東京都西多摩郡奥多摩町119-1　☎0428-82-7770　②3～11月：9時30分～9時30分（受付8時30分まで）、12～2月：9時30分～19時30分（受付18時30分まで）③月曜　④750円（400円）　⑤フッ素泉　19.0℃

のめこい湯　丹波山村
①山梨県北都留郡丹波山村778-2　☎0428-88-0026　②4～11月：10～19時（受付18時まで）、12～3月：10～18時（受付17時まで）　③木曜　④600円（300円）　⑤単純硫黄温泉　44.3℃

小菅の湯　小菅村
①山梨県北都留郡小菅村3445　☎0428-87-0888　②4～10月：10～19時（受付18時まで）、12～3月：10～18時（受付17時まで）　③第4金曜　④600円（300円）　⑤高アルカリ性温泉　31.4℃

凡例：①住所・電話番号　②営業時間　③休日　④料金／（）は子供料金　⑤泉質・泉温

御前山避難小屋	20人	通年無人	✆042-521-2947(東京都多摩環境事務所)	御前山
大岳山荘	50人	通年	✆0428-78-8450(宝亭支店)	大岳山
一杯水避難小屋	20人	通年無人	✆042-521-2947(東京都多摩環境事務所)	三ツドッケ
山鳩山荘	25人	通年	✆0428-85-2158	鳩ノ巣駅
数馬山荘	30人	通年	✆042-598-6166	笹尾根・浅間嶺・三頭山
三頭山荘	80人	通年	✆042-598-6159	笹尾根・浅間嶺・三頭山
山崎屋	30人	通年	✆042-598-6146	笹尾根・浅間嶺・三頭山
蛇の湯温泉たから荘	30人	通年	✆042-598-6001	笹尾根・浅間嶺・三頭山
止水荘	64人	通年	✆042-596-0387	秋川丘陵
国民宿舎秋川山荘	150人	通年	✆042-596-0880	浅間嶺・戸倉三山・今熊山・御前山・大岳山
国民宿舎嶺雲荘	60人	通年	✆0428-78-8501	御岳山
山香荘	200人	通年	✆0428-78-8476	御岳山
駒鳥山荘	63人	通年	✆0428-78-8472	御岳山
御嶽山荘	70人	通年	✆0428-78-8474	御岳山
宝寿閣	40人	通年	✆0428-78-8448	御岳山
山楽荘	50人	通年	✆0428-78-8439	御岳山

■交通機関

●鉄道・バス・ロープウェイ・汽船・航空機

秩父鉄道	✆048-523-3313	雲取山
西武観光バス	✆0494-22-1635	雲取山
三峰ロープウェイ	✆0494-54-0027	雲取山
西東京バス氷川車庫	✆0428-83-2126	雲取山・鷹ノ巣山・六ツ石山・倉戸山・西谷山 蕎麦粒山・三ツドッケ・川苔山・御岳山・大岳山・ 御前山・三頭山・奥多摩むかし道
都営バス青梅支所	✆0428-23-0288	棒ノ折山・高水三山・霞丘陵
御岳登山鉄道	✆0428-78-8121	御岳山・大岳山・
西東京バス五日市営業所	✆042-596-1611	日の出山・三頭山・笹尾根・浅間嶺・戸倉三山・ 今熊山・秋川丘陵
西東京バス本社	✆042-646-9041	滝山丘陵・北高尾山稜
西武バス飯能営業所	✆0429-72-4123	霞丘陵
神奈中バス津久井営業所	✆024-784-0661	陣馬山
多摩バス	✆042-646-9043	陣馬山
京王バス南	✆042-677-1616	景信山
高尾登山電鉄	✆042-661-4151	高尾山
神奈中バス相模原営業所	✆042-778-6793	草戸山
大島旅客自動車	✆04992-2-1822	大島
西東京バス楢原営業所	✆042-623-1365	陣馬山・醍醐丸
富士急都留バス上野原営業所	✆0554-63-1260	槇寄山
東海汽船本社	✆03-5472-9999	利島・新島・神津島・大島・御蔵島・八丈島
同利島案内所	✆04992-9-0193	利島
同新島案内所	✆04992-5-0187	新島
同神津島案内所	✆04992-8-1111	神津島
東邦航空予約センター	✆04996-2-5222	八丈島・大島・御蔵島・利島
大島バス	✆04992-2-1822	大島
大島出帆港問合せ	✆04992-2-5522	大島
大島エアーニッポン	✆04992-2-2337	大島
新中央航空	✆0422-31-4191	大島・新島・神津島
東京客船	✆03-5777-1673	大島
全日本航空　予約・案内センター	✆0120-029-222	大島・八丈島

●タクシー

京王タクシー(奥多摩駅)	✆0428-83-2158	相模湖交通(相模湖駅)	✆042-684-3994
京王タクシー(武蔵五日市駅)	✆042-596-1711	藤野交通(藤野駅)	✆042-687-3121
京王タクシー(青梅駅・御嶽駅)	✆0428-22-2612	秩父観光タクシー(西武秩父駅)	✆0494-22-5611
京王タクシー(高尾駅)	✆042-642-9966	丸通タクシー(西武秩父駅)	✆0494-22-3633
横川交通(武蔵五日市駅)	✆042-598-0083	秩父ハイヤー(西武秩父駅)	✆0494-22-2350

■登山口周辺の温泉・日帰り入浴施設

もえぎの湯	✆0428-82-7770	奥多摩駅周辺	浜の温泉露天風呂	✆04992-2-1441	大島
鶴の湯温泉・丹下堂	✆0428-86-2235	奥多摩駅周辺	陣谷温泉	✆042-687-2363	陣馬の湯(栃谷鉱泉)
三河屋旅館・麻葉の湯	✆0428-83-2027	奥多摩駅周辺	陣渓園	✆042-687-2537	陣馬の湯(栃谷鉱泉)
松乃湯温泉水香園	✆0428-85-2221	奥多摩駅周辺	姫谷旅館	✆042-687-2736	陣馬の湯(栃谷鉱泉)
つるつる温泉	✆042-597-1126	日の出山	藤野やまなみ温泉	✆042-686-8073	相模湖
馬頭館	✆0428-86-2151	三頭山	美女谷温泉	✆042-684-2010	相模湖
数馬の湯	✆042-598-6789	三頭山・笹尾根・浅間嶺			

データファイル「東京都の山」

■都庁・市町村役場

東京都庁	〒163-8001 東京都新宿区西新宿2-8-1 http://www.metro.tokyo.jp/	03-5321-1111	
奥多摩町役場	〒198-0212 東京都西多摩郡奥多摩町氷川215-6 http://www.town.okutama.tokyo.jp/	0428-83-2111	雲取山・鷹ノ巣山・六ツ石山・倉戸山 西谷山・蕎麦粒山・三ツドッケ・ 川苔山・本仁田山・大岳山・御前山・ 三頭山・奥多摩むかし道・ 大多摩ウォーキング・トレイル
秩父市役所	〒368-8686 秩父市熊木町8-15 http://www.city.chichibu.saitama.jp/	0494-22-2211	雲取山
丹波山村役場	〒409-0305 山梨県北都留郡丹波山村890 http://www.vill.tabayama.yamanashi.jp/	0428-88-0211	雲取山
青梅市役所	〒198-8701 青梅市東青梅1-11-1 http://www.city.ome.tokyo.jp/	0428-22-1111	棒ノ折山・高水三山・御岳山・大岳山 日の出山・青梅丘陵・霞丘陵
あきる野市役所	〒197-0814 あきる野市二宮350 http://www.city.akiruno.tokyo.jp/	042-558-1111	日の出山・戸倉三山・今熊山・ 秋川丘陵
日の出町役場	〒190-0192 東京都西多摩郡日の出町平井2780 http://www.town.hinode.tokyo.jp/	042-597-0511	日の出山
檜原村役場	〒190-0212 東京都西多摩郡檜原村467-1 http://www.vill.hinohara.tokyo.jp/	042-598-1011	三頭山・笹尾根・浅間嶺
上野原市役所	〒409-0192 上野原市上野原3832 http://www.city.uenohara.yamanashi.jp/	0554-62-3111	笹尾根
八王子市役所	〒192-8501 八王子市元本郷町3-24-1 http://www.city.hachioji.tokyo.jp/	042-626-3111	滝山丘陵・陣馬山・景信山・高尾山 北高尾山稜・草戸山
相模原市役所	〒229-8611 神奈川県相模原市中央2-11-15 http://www.city.sagamihara.kanagawa.jp/	042-754-1111	陣馬山・景信山
利島村役場	〒100-0301 東京都利島村248 http://www.toshimamura.org/	04992-9-0011	利島(宮塚山)
新島村役場	〒100-0402 東京都新島村本村1-1-1 http://www.niijima.com/	04992-5-0240	新島(宮塚山)
神津島村役場	〒100-0601 東京都神津島村904番地 http://vill.kouzushima.tokyo.jp/	04992-8-0011	神津島(天上山)
大島町役場	〒100-0101 東京都大島町元町1丁目1番14号 http://www.town.oshima.tokyo.jp/	04992-2-1441	大島(三原山)
御蔵島役場	〒100-1301 東京都御蔵島村字入りかねが沢 http://www.mikurasima.jp/	04994-8-2121	御蔵島(御山)
八丈町役場	〒100-1498 東京都八丈島八丈町大賀郷2345-1 http://www.town.hachijo.tokyo.jp/	04996-2-1121	八丈島(三原山・八丈富士)

■都庁・市町村役場

大滝観光協会	0494-55-0707	檜原村観光協会	042-598-0069
奥多摩観光案内所	0428-83-2152	五日市駅前観光案内所	042-596-0514
御岳ビジターセンター	0428-78-9363	多摩環境事務所	042-523-3171
奥多摩ビジターセンター	0428-83-2037	高尾ビジターセンター	042-664-7872
奥多摩都民の森(体験の森)管理事務所	0428-83-3631	神津島観光協会	04992-8-0321
都民の森	042-598-6006	大島町観光協会	04992-2-2177
奥多摩水と緑のふれあい館	0428-86-2731	御蔵島観光協会	04994-8-2022
青梅市観光協会(御岳インフォメーションセンターも)	0428-24-2481	八丈島ビジターセンター	04996-2-4811

■山小屋・宿泊施設

雲取山荘	200人	通年	0494-23-3338	雲取山
雲取山避難小屋	20人	通年無人	042-521-2947(東京都多摩環境事務所)	雲取山
町営雲取奥多摩小屋	70人	通年	0428-83-2112	雲取山
白岩小屋	30人	通年週末	0494-23-3338	雲取山
七ツ石小屋	40人	通年週末 シーズン特定日	0428-86-2191	雲取山
三条の湯	80人	通年	0428-88-0616	雲取山
鴨沢山ノ家	35人	通年	0428-86-2182	雲取山
西谷山避難小屋	6人	通年無人	0422-47-0111(東京都西部公園緑地事務所自然公園係)	西谷山
かんぽの宿・青梅	52室	通年	0428-23-1171	青梅丘陵
鷹ノ巣山避難小屋	20人	通年無人	042-521-2947(東京都多摩環境事務所)	鷹ノ巣山
三頭山避難小屋	20人	通年無人	042-521-2947(東京都多摩環境事務所)	三頭山

＊電話番号は県庁・各市町村の代表番号を紹介しています。

著者紹介

東京都山岳連盟は１９４８年、安全登山の普及・技術向上・自然保護などを目的に設立。２００７年1月より東京都教育委員会認可の社団法人となった。約２６０の山岳団体と約６５０人の個人会員を擁し、総会員は数万人を数える。自然保護・遭難対策・指導教育・山岳競技など13の専門委員会を置き、活発に活動している。各種の登山教室、講習会など多数開催し、その充実した内容は多くの登山愛好者から好評を博している。また、１９９３年より日本山岳耐久レースを主催している。活動の詳細はhttp://www.togakuren.com/をご覧戴きたい。

■『東京都の山』刊行にあたって

このたび、山と溪谷社のご指導をいただき、加盟団体の多大な協力で、『東京都の山』が発刊の運びになったことは、たいへん喜ばしいことです。調査執筆にあたった団体には本当にご苦労様でした。このガイドブックが、読者の皆様の安全で愉しい山登りの一助になればと願っております。奥多摩や高尾の山で、『東京都の山』を片手に歩いている皆様にお会いできることを期待しております。

東京都山岳連盟会長　森谷重二朗

■執筆山岳会

奥多摩山岳会　同流山岳会　東京薪水岳友会　やまねくらぶ　アルプス灯会　東京アルコウ会　雪標山岳会　昭島山岳会　聖稜倶楽部　東京雲稜会　東京山倶楽部　東京野歩路会　山岳写真ＡＳＡ　山岳同人ネームレス　日本登高研究会　アメニティ・アルパイン・クラブ　ＪＭＣ高嶺会　ともしび山岳会　日本山岳会　入谷山歩会　八王子山の会　新八王子山の会　京葉山の会　東京恋峰倶楽部　青梅石楠花山岳会　ＵＴＡＮ　ＣＬＵＢ　三角点友の会　スルギ山の会　ソニー山岳部（掲載順）

■東京都山岳連盟連絡先

〒１０４−００３７　東京都中央区京橋１−９−９
湘南産業八重洲ビル４F
☎０３−５５２４−５２３１

新・分県登山ガイド12

東京都の山

2005年７月25日 初版第１刷発行
2009年７月10日 初版第３刷発行

著　者──東京都山岳連盟
発行人──川崎深雪
発行所──株式会社 山と溪谷社
東京都千代田区九段北4-1-3
日本ビル8階
〒102-0073
☎03-6744-1912（編集部）
☎03-5275-9064
（山と溪谷社カスタマーセンター）
http://www.yamakei.co.jp/
印刷所──大日本印刷株式会社
製本所──株式会社明光社

ISBN978-4-635-02312-2

●乱丁、落丁などの不良品は送料小社負担でお取り替えいたします。
●定価はカバーに表示してあります。

●編集
WALK CORPORATION
平本雅信・小林千穂
●ブック・カバーデザイン
中村富美男
●DTP
WALK DTP Systems
●MAP
株式会社 千秋社

■本書に掲載した地図は、国土地理院長の承認を得て、同院発行の20万分の1地勢図、2万5千分の1地形図及び数値地図50mメッシュ（標高）を使用したものである。（承認番号 平17総使、第58号）
■本書に掲載した高低図の作製、累積標高差の計算等には、DAN杉本さん作製の「カシミール3D」を利用させていただきました。